Evamaria Wecker/Luis Stitzinger

Bergtouren
mit Bus & Bahn

Bayerische Alpen

88 Ziele zwischen Allgäu
und Berchtesgaden

Herausgegeben vom
Deutschen Alpenverein, **DAV** Sektion München
Zukunft schützen
Deutscher Alpenverein e.V.

Mit 110 Farbbildern und acht Übersichtskarten

Verlag **GEOBUCH**

Impressum

Einband-Titel: DB-Zug im Werdenfels-Takt;
im Hintergrund die Alpspitze (Wetterstein);
Umschlagseite 4: Ausblick vom Watzmann-
Hocheck auf Palfelhörner, Seehorn und
Leoganger Steinberge; ganz hinten die
Hohen Tauern.

Satz, Layout und Herstellung:
Agentur Brauer, München
Karten: Umweltkartografie und Geo-
informationstechnik Christian Rolle,
Holzkirchen
Reproduktion: Teipel & Partner, München
Druck und Bindung: Ulenspiegel Druck und
Verlag GmbH, Andechs

Gedruckt auf chlorfrei gebleichtem Papier

Bildnachweis: DAV-Sektion München: Umschlagseite 1, S. 51, 69, 72, 80, 82, 83, 85,
86, 87, 90, 92, 96, 97, 102, 106, 108, 109,
110 li., 114, 117, 118, 122, 123, 124, 125, 134,
135, 138, 139, 142, 143, 145, 146, 147, 157,
161, 162, 165, 167, 168, 174, 179, 184, 186,
189, 191, Umschlagseite 4; Edu Koch: S. 94,
95, 116, 130, 136; Luis Stitzinger: S. 4, 11, 12,
16, 22, 25, 27, 28, 29, 31, 35, 37, 39, 41, 45,
46, 49, 55, 56, 57, 58/59, 59, 62, 64, 66;
Walter Treibel: S. 9; Walter Tropschuh:
S. 110 re.; Evamaria Wecker: S. 6, 33, 74/75,
77, 78, 85, 88, 89, 91, 93, 99, 105, 107, 112,
120, 127, 128, 129, 140, 149, 151, 153, 154,
163, 171, 175, 177, 178, 181, 184, 187;
Gerlinde M. Witt: S. 104, 155, 169.

Die Tourenbeschreibungen stammen ausschließlich von den Autoren. Luis Stitzinger:
Tour 1-1 sowie alle weiteren Touren inklusive
5-5; 6-7; Evamaria Wecker: Tour 6-1 bis 6-6,
6-8 sowie alle weiteren Touren inklusive 12-5.

Die Angaben und Tourenbeschreibungen
in diesem Führer erfolgten nach bestem
Wissen und Gewissen der Autoren. Für die
Richtigkeit der Angaben kann jedoch keine
Haftung übernommen werden.
Die Benutzung dieses Führers geschieht auf
eigenes Risiko.

Für Hinweise und Anregungen sind wir jeder-
zeit dankbar. Bitte richten Sie diese an die
DAV-Sektion München, Servicestelle,
Bayerstraße 21/V, D-80335 München.

© 2002 Verlag **GEOBUCH**,
D-80331 München
Deutscher Alpenverein,
Sektion München,
D-80335 München
Alle Rechte vorbehalten

Printed in Germany

ISBN 3-925308-09-1

Vorwort

Bergwandern und Bergsteigen sind dem einen Erholung, dem anderen Natursport, dem dritten gar eine Lebensart. Wie die Motive im einzelnen auch gestaltet sein mögen, wohl jeder Bergsteiger fühlt sich auch ein bisschen als Naturliebhaber und Naturschützer. Verpackungspapiere werden sorgsam wieder im Rucksack verstaut, vegetationsschädigende Wegabschneider gewissenhaft gemieden, sich frevelhaft verhaltende Weggenossen sogleich zurecht gewiesen. Doch wenn es darum geht, zum Ziel der Wünsche zu gelangen, sind plötzlich alle Mittel erlaubt!? So geht es uns doch allen. Da kommt natürlich nur das eigene Auto in Frage. Bahn und Bus? Um Gottes Willen, nur das nicht! Stundenlange Bummelfahrten, ebensolche Wartezeiten, sich dauernd ändernde Fahrpläne und tagelange Vorplanungen existieren als vage Erinnerung im Hinterkopf.

Zugegeben, der Erstkontakt mit der Materie kann sogar den größten Idealisten abschrecken. Als Mitarbeiter einer Alpinen Beratungsstelle mussten wir jahrelang die hilflosen und konsternierten Gesichter beim Ringen mit den verschiedenen Kursbüchern, Busfahrplänen und Führerwerken beobachten. Was fehlte war ein verbraucherfreundliches Medium „aus einem Guss". Mit dem vorliegenden Führer hoffen wir, einen Schritt in diese Richtung zu tun und manch einem doch die Berührungsängste etwas nehmen zu können. Sobald man sich einmal mit dem Sachverhalt auseinandersetzt, zeigt sich rasch, dass der Öffentliche Personennahverkehr tatsächlich besser ist als sein Ruf. Viele Verbindungen – man denke nur an die Regionaltakte „Werdenfels-Takt" oder „Allgäu-Schwaben-Takt" – haben sich verbessert. Neue Technologie, allem voran wohl das Internet, erleichtert die Erkundigungen. Günstige Freizeitangebote wie das „Schöne-Wochenende-Ticket" oder spezielle Kombiangebote verringern die Kosten. Und: Der Erholungseffekt der Bergtour verpufft nicht im Stress der hektischen Heimfahrt, die gesammelten Natureindrücke werden nicht vom Ärger im allsonntäglichen Stau übertüncht!

Last but not least möchten wir mit diesem Führer etwas Neues bieten: So manche Region erschließen, die bisher als „öffentlich" nicht erreichbar galt oder eine Überschreitung vorstellen, die bisher noch nicht zum Repertoire gehörte.

Viel Spaß und Erholung wünschen wir all jenen, die sich darauf einlassen!

München, im Sommer 2002
Evamaria Wecker und Luis Stitzinger

3

Inhalt

Zum Gebrauch des Führers

Aufbau

Mit insgesamt 88 beschriebenen Unternehmungen enthält dieser Führer eine schöne Auswahl der lohnendsten, mit öffentlichen Verkehrsmitteln erreichbaren Tourenmöglichkeiten des deutschen Alpenraumes sowie der angrenzenden Regionen Österreichs. Ein Anspruch auf Vollständigkeit ist im Rahmen eines solchen Büchleins weder möglich noch erwünscht. Viel mehr möchten wir dazu anregen, nach dem Genuss der angebotenen Tourenvorschläge unter Benutzung der dann bekannten Verkehrsverbindungen weitere eigene Touren (Wegbeschreibungen lassen sich den gängigen Führerwerken entnehmen) zu planen. Einige ausgewählte Vorschläge finden sich jeweils unter dem Punkt „Weitere Tourenmöglichkeiten".

Der Aufbau der einzelnen Tourenvorschläge folgt dem gleichen Schema, das einfach nachzuvollziehen ist.

Bahn-/Busverbindung

Hier stehen die Verbindungsmöglichkeiten für Hin- und Rückfahrt. Eine Zusatzangabe unterscheidet zwischen Bahn und BOB (Bayerische Oberlandbahn). Umsteigebahnhöfe sind gesondert im Text ausgewiesen, ebenso die regionalen Personennahverkehrsunternehmen RVA (Regionalverkehr Allgäu) und RVO (Regionalverkehr Oberbayern) sowie private Busunternehmen. Gesamtfahrzeit (netto) und Liniennummern werden zusätzlich genannt. Regionale Auskunftstellen findet man unter „Wichtige Telefonnummern".

Kondition und Anforderungen

Hier sind die erforderlichen Voraussetzungen konditioneller und technischer Natur in Kurzform für einen raschen Überblick sowie etwas detaillierter (Höhenmeter, Zeitangabe, Schilderung der technischen Schwierigkeiten) für eine genaue Tourenplanung dargestellt. Wird bei Überschreitungen auf weitere angegebene Gipfel verzichtet, reduzieren sich die konditionellen – mitunter auch die technischen – Voraussetzungen entsprechend.

Kondition:

★ Ausdauer für eine Gehzeit (netto) von 3 bis 4 Stunden und einen durchschnittlichen Höhenunterschied bis 600 Meter erforderlich.

★★ Ausdauer für eine Gehzeit (netto) von 4 bis 6 Stunden und einen durchschnittlichen Höhenunterschied von 600 bis 1200 Meter erforderlich.

★★★ Ausdauer für eine Gehzeit (netto) von 6 bis 8 Stunden und mehr, wie einen durchschnittlichen Höhen-

unterschied von 1200 Meter und mehr erforderlich.

Anforderungen:

★ Bergwandertour auf breiten, generell gut markierten Wegen ohne allzu große Steigungen oder Höhenunterschiede. Diese Wanderungen befinden sich meist in Tallagen oder in mittleren Höhen bis 1500 Meter und sind auch bei etwas unsicherem Wetter oder in der Zwischensaison, ggf. sogar im Winter gefahrlos begehbar. Ideal für Anfänger und Kinder geeignet.

★★ Leichte Bergtour auf markierten Wegen, die allerdings zum Teil schmal und steinig sein können. Technische Schwierigkeiten im Sinne von Kletterei trifft man hier noch nicht an, jedoch können kurze ausgesetzte Stellen auftreten, die entsprechend mit Drahtseilen abgesichert sind. Ein gewisses Maß an Trittsicherheit ist bereits erforderlich, ab und zu kann es Passagen geben, die Tiefblicke bieten. Diese Bergtouren führen meist bis auf mittlere Höhen zwischen 1500 und 2000 Metern und sind während des gesamten Sommers bei stabilem Wetter gut

begehbar. Für den etwas routinierten, gut ausgerüsteten Bergsteiger bestens geeignet.

★★★ Anspruchsvolle Berg- oder/und Klettersteigtour, die sich generell an markierte Wege hält, aber ausgesetzte und weglose Abschnitte oder mit Drahtseilen, Bügeln und Stiften gesicherte Kletterpassagen aufweist. Mäßig steile Altschneefelder können vorhanden sein. Trittsicherheit, Schwindelfreiheit sowie eine gute allgemeine Ausdauer und ein gewisses Maß an Kraft sind hier unbedingt erforderlich. Diese Bergtouren bewegen sich in hochalpinen Lagen bis über 2500 Meter und sollten nur während einer besonders geeigneten Zeitperiode in der Sommersaison bei absolut stabilem Bergwetter unternommen werden. Nur für alpin erfahrene, konditionell und technisch versierte Bergsteiger zu empfehlen.

Jahreszeit

Hier ist der, bei normalem Witterungsverlauf, allgemein günstigste Zeitraum für eine Begehung angegeben.

Die Route

Eine in Stichpunkten aufgeführte Beschreibung der wichtigsten Geländebezeichnungen soll das Nachvollziehen der Route auf einer topographischen Landkarte während der Tourenplanung erleichtern. Im Fließtext der detaillierten Tourenbeschreibung werden Wegabzweigungen, spezielle Geländemerkmale sowie Problem- und Gefahrenstellen besonders erwähnt. Wichtige

Geländepunkte sind jeweils mit Höhenkotierung versehen.

Varianten

Routenalternativen, die die vorgestellte Tour sinnvoll in ihrem Charakter verändern sind unter diesem Punkt kurz dargestellt. Es handelt sich um keine systematische Aufzählung aller möglichen Wege zum Gipfel.

Hütten/Einkehrmöglichkeiten/ Wichtige Telefonnummern

Hier sind die Unterkunftsmöglichkeiten und tagsüber bewirtschafteten Raststationen aufgeführt, die sich auf der Route befinden. Darüber hinaus sind weitere Kontakte aufgeführt (Taxi, Gästeinformation, etc.) die „im Falle eines Falles" nützlich werden können.

Tipp

Für den Tourenvorschlag bezeichnende Eigenheiten, kulturelle, botanische und kulinarische Schmankerl sind hier – falls vorhanden – aufgeführt.

Weitere Tourenmöglichkeiten

Einige ausgewählte Vorschläge sollen dazu anregen, die angegebenen Verkehrsverbindungen für weitere Unternehmungen im gleichen Tourengebiet zu nutzen. Genaue Wegbeschreibungen lassen sich den gängigen Führerwerken entnehmen.

Ausrüstung

Auch die einfacheren der im Führer dargestellten Tourenziele bewegen sich in alpinem Gelände oder bieten Wegabschnitte abseits präparierter „Wanderautobahnen". Solides Schuhwerk, am besten ein stabiler, über den Knöchel reichender Berg- oder Trekkingschuh ist somit eine Grundvoraussetzung. Bei anspruchsvollen Bergtouren sollte ein stabiler Lederbergschuh mit Profilsohle verwendet werden. Immer dabei sein sollte ein ausreichender Kälte- und Wetterschutz, das heißt, am besten Fleecejacke oder Pullover, eine leichte wasserdichte und

Alpine Gefahren

„Leben ist immer lebensgefährlich". Dennoch sollte man sich der besonderen Gefahren im Gebirge bewusst sein. Ob der Steinschlag in der Gipfelrinne, das hochsommerliche Gewitter oder die hartgefrorene Schneefeldquerung – nur die Bedrohung, die man als solche erkennt, kann man vermeiden. Die Spielregeln genau zu kennen, ist beim Bergwandern und Bergsteigen also nicht nur ein Erfordernis, um „mitspielen" zu können, sondern um wohlbehalten wieder nach Hause zurückzukehren. Am besten ist dies über den Besuch von Ausbildungskursen, wie sie der Deutsche Alpenverein und eingetragene Bergschulen anbieten, gewährleistet. Legt man dann noch eine sorgfältige Tourenvorbereitung und verantwortungsvolle Durchführung an den Tag, wird man in dieser Hinsicht wenig negative Überraschungen erleben.

atmungsaktive Überhose und -jacke. Ein Ersatz-Funktionsunterhemd mitzunehmen, ist immer eine gute Idee. Kommt man in höhere Lagen, empfiehlt sich auch im Hochsommer die Mitnahme von leichten Fleecehandschuhen und einer Mütze. Karte, Kompass und Führerliteratur gehört ebenso zur Grundausstattung, wie ein gut ausgerüstetes Erste-Hilfe-Set, ein leichter Biwaksack und, so fern vorhanden, ein Handy. Im Tourenrucksack sollte sich ferner ausreichend Getränk (an warmen Sommertagen ist 1 Liter bereits zu wenig, wenn unterwegs nicht „aufgetankt" werden kann) sowie etwas kohlenhydratreicher Proviant befinden. Der Sonnenschutz beinhaltet nicht nur ausreichend starke Sonnenschutzcreme und Lippenstift (ab Lichtschutzfaktor 15), sondern auch eine Sonnenmütze oder -tuch sowie eine geeignete Sonnen- bzw. Gletscherbrille. Zwei- oder dreiteilige Teleskopstöcke entlasten die Gelenke. Für Touren, bei denen mit der Überquerung von Altschneefeldern gerechnet werden muss, empfiehlt sich die Mitnahme eines Pickels, evtl. Leichtsteigeisen oder Grödel. Auf Klettersteigen benötigt man eine komplette Klettersteig-Sicherheitsausrüstung bestehend aus Steinschlaghelm, Brust- und Hüftgurt, Klettersteigbremse inklusive Seilstück und 2 Klettersteigkarabiner (als komplettes Set im Fachhandel erhältlich). Auf Winterwanderungen sollten Gamaschen, unter Umständen auch Grödel nicht fehlen. Bei entsprechender Gefährdung sollte man auch an eine komplette Lawinen-Sicherheitsausrüstung (LVS-Gerät, Schaufel, Sonde) denken.

Verbindungen

Von den überregionalen Verkehrsknotenpunkten München, Augsburg und Ulm besteht über den „Werdenfels-Takt" und den „Allgäu-Schwaben-Takt" der Deutschen Bahn AG (DB) eine stündliche Verbindung zu vielen bedeutenden Regionalzentren dieses Führers. Weitere Ausgangspunkte können ebenso nahezu stündlich von München aus mit der Bayerischen Oberlandbahn (BOB) erreicht werden. Die Regionen

Allgäu, Außerfern und das Werdenfelser Land sind untereinander über einen Zwei-Stunden-Grundtakt sowie einzelne Taktverdichter verbunden. Keinen festen Takt gibt es bisher Richtung Rosenheim als Schnittstelle für die Züge Richtung Salzburg (= Chiemgau und Berchtesgaden) und Richtung Kufstein (= Berge rechts und links des Inn und Kaisergebirge), dennoch besteht in beide Richtungen etwa stündlich eine Verbindung. Ein häufiger aber örtlich beschränkter Anschluss ins Chiemgau besteht über die Chiemseebahn, die von Prien stündlich nach Aschau verkehrt. So liegt grundsätzlich ein flächendeckendes Netz an öffentlichen Verkehrsverbindungen bis in die hintersten Winkel der Republik vor.

Nicht ganz so gut sieht es mit den Busverbindungen aus. Die Mehrzahl der Busse fährt für Berufstätige und Schüler, so dass bergsteigerisch attraktive Gebiete oft schlecht erreichbar sind. Es ist ein Anliegen dieses Buches, auch Touren vorzustellen, die nur mit einem Bus erreichbar sind und unsere Leser auf den Geschmack zu bringen, noch mehr und interessante Überschreitungen auszuprobieren.

Schon wenige Stichproben werden dem Benutzer allerdings zeigen, dass dieses Netz am Wochenende stark an Dichte und Frequenz verliert, da es allem voran auf die große Masse der Berufspendler zugeschnitten ist. Daher kommen für den Wochenend-Bergsteiger, der darauf angewiesen ist, zeitig zu seinem Ausgangspunkt zu gelangen, häufig nur wenige Verbindungen in Frage. Diese sind der Klarheit wegen im Führer einzeln aufgeführt. Dort, wo zahlreichere Alternativen bestehen, wird darauf hingewiesen. Dennoch empfiehlt es sich, die Angaben vor dem Aufbruch nochmals auf ihre Aktualität hin zu überprüfen (Auskunftsstellen siehe „Tarife und Fahrpläne") – so ist man auch vor kurzzeitigen Streckenänderungen und Zugausfällen gefeit.

In einzelnen Fällen fanden beliebte und bekannte Touren keine Aufnahme, da sie am Wochenende nicht zu geeigneter Zeit erreicht werden können.

Tarife und Fahrpläne
Deutsche Bahn AG
Von den bereits erwähnten, größeren Metropolen in Alpennähe sind nahezu alle Ziele in diesem Führer über Nahverkehrszüge von DB Regio Bayern zu erreichen (dies gilt auch für die Ausgangspunkte im Verkehrsbereich der Außerfernbahn!). Diese sind über die Kürzel S (Schnellbahn), RB (Regionalbahn), RE (Regionalexpress) und IRE (Interregio-Express) gekennzeichnet.

Bayern-Ticket Mit dem in diesen Zügen gültigen „Bayern-Ticket" können bis zu fünf Personen oder ein bzw. beide Elternteile mit beliebig vielen eigenen Kindern (bis einschließlich 17 Jahre) von Montag bis Freitag, neun Uhr morgens bis drei Uhr nachts des Folgetags in der 2. Klasse für 21,– Euro günstig reisen. Gleiche Gültigkeit besitzt das Bayern-Ticket in allen Verkehrsmitteln des MVV (Münchner Verkehrsverbund). Werden Interregio-Züge (IR) benutzt, ist ein Zuschlag von 13,– Euro fällig. In Schnellzügen (D), Eurocity- (EC), Intercity- (IC) bzw. Intercity-Expresszügen (ICE) ist das Ticket nicht gültig.

Schönes-Wochenende-Ticket Alternativ kommt am Wochenende das „Schöne-Wochenende-Ticket" in Frage,

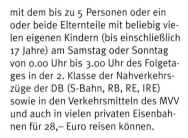

mit dem bis zu 5 Personen oder ein oder beide Elternteile mit beliebig vielen eigenen Kindern (bis einschließlich 17 Jahre) am Samstag oder Sonntag von 0.00 Uhr bis 3.00 Uhr des Folgetages in der 2. Klasse der Nahverkehrszüge der DB (S-Bahn, RB, RE, IRE) sowie in den Verkehrsmitteln des MVV und auch in vielen privaten Eisenbahnen für 28,– Euro reisen können.

Gruppenpreise Ab einer Gruppenstärke von mehr als 6 Personen gibt es eine Fahrpreisermäßigung von mehr als 45 % auf den regulären Fahrpreis (auch in Zügen des Fernverkehrs). Eine Ermäßigung von 75 % ist an eine Vorverkaufsfrist von 14 Tagen gebunden.

BahnCard BahnCard-Inhaber kommen in den Vorzug einer 50 %-igen Vergünstigung in nahezu allen Zügen der Deutschen Bahn AG. Die Kosten für die BahnCard sind je nach Lebensalter und -situation unterschiedlich.

Informationen Saisonal und regional werden Sonderangebote von der Bahn offeriert. Über die Tarife und Sonderofferten kann man sich bei der Buchungsauskunft der Bahn, Telefax 089/89 04 92 09 oder der Bahnauskunft, Tel. 0 18 05/99 66 33 (Sprachcomputer) erkundigen. Fahrplaninformationen für eine bestimmte Verbindung sind als Einzelblätter erhältlich, die alle Verbindungen zwischen einem Start- und Zielbahnhof enthalten, aber keine weiteren Haltestellen (z.B. München–Kufstein. Sehr praktisch für den Rucksack!). Weiterhin sind regionale Streckenfahrpläne und Fahrplanhefte, wie zum Beispiel die des Werdenfels-Takts, der Region Oberland (einschließlich BOB), der Region Oberallgäu erhältlich. Sie enthalten die Zug- und Busfahrpläne der betreffenden Region, teilweise auch die Betriebszeiten der Bergbahnen oder Dampfschifffahrt.

Für den MVV gibt es ein eignes Infotelefon: 089/41 42 43 44.

Die Streckenfahrpläne werden herausgegeben von der DB Regio Bayern, Richelstr. 3, 80634 München. Regionale Fahrplanhefte werden von den Landkreisen oder Landratsämtern veröffentlicht (Kontakt s. Regionale Besonderheiten) und auf Anfrage meist kostenlos zugesandt.

Internet: www.diebahn.de

Bayerische Oberland Bahn (BOB)
Bei der BOB haben BahnCard, Bayern-Ticket und Schönes-Wochenende-Ticket die gleiche Gültigkeit wie bei der DB.

Gruppenfahrschein und Mehrfahrtenkarte Darüber hinaus gibt es ab 6 Personen einen ermäßigten Gruppenfahrschein, für vier einfache Fahrten eine ermäßigte Mehrfahrtenkarte (ca. 20 % günstiger).

BOB-RVO-Kombiticket Besonders interessant für Bergsteiger ist das BOB-RVO-Kombiticket, das für den

Bergsteigerbus zum Achensee und in die Eng gültig ist. Hier gibt es eine Preisermäßigung für Mitglieder des Deutschen Alpenvereins (DAV).

Preise Kombiticket:

Erwachsene	18,50 Euro
Kinder	9,00 Euro
DAV-Mitglieder Erwachsene	16,50 Euro
DAV-Mitglieder Kinder	8,00 Euro

Informationen Wie auch bei der Deutschen Bahn AG werden jahreszeitlich unterschiedliche Angebote offeriert, die neben dem Fahrpreis oft eine Eintrittskarte zu einer Veranstaltung oder einen Skipass beinhalten. Nähere Informationen erhält man unter der Servicetelefonnummer der BOB 0 80 24/99 71 71 (Mo-Fr 8.00-12.00 und 12.30-18.00 Uhr, Sa/So/Fei 8.00-14.00 Uhr). Sehr praktisch sind die kleinen Faltfahrpläne der BOB, die nach BOB-Endbahnhof einzeln erhältlich sind.

Internet:
www.bayerischeoberlandbahn.de

Regionalverkehr Oberbayern und Allgäu (RVO/RVA)
Auch im Bereich des Busverkehrs der RVO/RVA gibt es verschiedene Angebote, die sich für Bergsteiger und Bergwanderer lohnen können.

RVO/RVA-Tagesticket Das Tagesticket gilt auf dem gesamten Streckennetz der RVO/RVA an dem Kalendertag, an dem es gelöst wurde.

Ausnahmen: Füssen–Oberstdorf, Tegernsee–München, Hintereck–Kehlstein, Bergsteigerbusse in die Eng und zum Achensee, MVV-Linien, ausländische Strecken.

Preise:

Erwachsene	7,– Euro
Kinder	3,50 Euro
Familien	16,– Euro

RVO-Pass Im Hochsommer ist der RVO/RVA-Pass eine interessante Option. Man kann ihn an 5 beliebigen Tagen innerhalb eines Monats ab Lösungstag benutzen. Am jeweiligen Nutzungstag entspricht seine Gültigkeit der des Tagestickets. Ausnahmen wie oben.

Preise:

Erwachsene	22,50 Euro
Kinder	11,– Euro
Familien	48,– Euro

Gruppenpreise Weiterhin gibt es für personenstarke Gruppen Preisnachlässe. Ab 10 Personen werden auf die einfache Fahrt 30 % Ermäßigung, bei Hin- und Rückfahrt 50 % Ermäßigung gewährt. Ausnahmen wie oben.

BahnCard Sie lohnt sich auch hier: Eigentümer der BahnCard erhalten in der Regel 50 % Ermäßigung auf den einfachen Fahrpreis bei den Verbindungen der RVO/RVA. Ausnahmen wie oben.

RVO-BOB-Komibticket Auch hier soll nochmals die Möglichkeit erwähnt

werden, mit dem Verbundticket BOB/ RVO kostengünstig im Bergsteigerbus zum Achensee und in die Eng zu fahren. Für Mitglieder des Deutschen Alpenvereins gibt es eine extra Ermäßigung.

Informationen Über spezielle Saisonangebote wie kombinierte Fahrkarten für Bus und Bergbahn sowie über die Fahrpläne und Tarife kann man sich in der RVO/ RVA-Zentrale oder bei den zuständigen RVO/RVA-Regionalbüros informieren:
RVO-Zentrale, Hirtenstr. 24,
80335 München (Nähe Hauptbahnhof), Tel. 089/551 64-0

Regionalbüros des RVO/RVA:
RVO Garmisch, Tel. 0 88 21/94 82 74
RVO Weilheim, Tel. 08 81/92 47 70
RVO Bad Tölz, Tel. 0 80 41/96 55
RVO Tegernsee, Tel. 0 80 22/39 80
RVO Rosenheim, Tel. 0 80 31/620 06
RVO Traunstein, Tel. 08 61/70 86 30
RVO Reit im Winkl, Tel. 0 86 40/10 08
RVO Berchtesgaden,
Tel. 0 86 52/94 48 20
RVA Füssen, Tel. 0 83 62/939 05 05
RVA Oberstdorf, Tel. 0 83 22/967 70

Internet: www.rvo-bus.de

Regionale Besonderheiten Die Verkehrsgemeinschaft Oberallgäu bietet ihren Kunden verschiedene Tageskarten zu günstigen Preisen an, die entweder auf dem gesamten oder einem Teil des Streckennetzes im Oberallgäu für Bahn und Bus gültig

sind. Hierbei können eigene Kinder bis 15 Jahre kostenlos mitfahren. Feriengäste und BahnCard-Inhaber kommen in den Genuss von extra Vergünstigungen.

Verschiedene Gemeinden im Oberallgäu (z.B. Sonthofen) bieten ihren Feriengästen vergünstigte Komplettangebote, die eine Anreise mit der Bahn von jedem beliebigen Bahnhof innerhalb Deutschlands mit der Buchung eines Quartiers und weiterer Leistungen verbinden. Nähere Informationen erhält man bei den jeweiligen Kur- und Gästeinformationen.

Informationen
Landratsamt Garmisch-Partenkirchen,
Tel. 0 88 21/75 11
Landratsamt Traunstein,
Tel. 08 61/583 93
Landratsamt Berchtesgadener Land,
Tel. 0 86 51/77 30
Landratsamt Oberallgäu,
Tel. 0 83 21/61 22 38
Landratsamt Ostallgäu,
Tel. 0 83 42/91 15 51

Abkürzungen	
Hbf/Bf	Hauptbahnhof/Bahnhof
Hst	Haltestelle
Std.	Stunden
min.	Minuten
Hm	Höhenmeter
Ww.	Wegweiser

1. Region Oberstaufen

Tourengebiete Westallgäuer Alpenvorland, Allgäuer Alpen

Oberstaufen ist die bekannteste Berggemeinde und der älteste Kurort im westlichen Allgäu. Mit der schroffen Nagelfluhkette im Süden und der lieblich hügeligen, von Weiden und Wäldern bedeckten Voralpenlandschaft im Norden muss man die Gründe nicht lange suchen. Hier kommen sowohl anspruchsvolle Bergsteiger als auch gemütliche Bergwanderer auf ihre Kosten.

Daneben hat der Ort seine Bekanntheit vor allem durch die landesweit in gutem Ruf stehenden Schrothkuren erlangt. Aber auch das Heimat- und Bauernhausmuseum und die hauptsächlich aus der Spätgotik stammenden Kirchen und Kapellen Oberstaufens und seiner Umgebung legen einen Besuch nahe. Viele leichte Wanderungen können vom Ort aus in der Umgebung unternommen werden.

Verkehrsverbindungen
Über die DB-Fernverkehrsverbindung München-Lindau und die zentrale Umsteigestelle Kempten existiert eine gute Zuganbindung Oberstaufens an die alpennahen Städte wie Ulm, Stuttgart, Augsburg oder München. Von Oberstaufen sind andere Orte des Oberallgäus wie Immenstadt, Sonthofen oder Oberstdorf über den Schienenverkehr schnell erreichbar. Es existieren vielfach stündliche Verbindungen. Nach Steibis und zur Hochgratbahn gibt es eine stündliche Busverbindung.

Informationen
Tourismusbüro Oberstaufen,
Tel. 0 83 86/93 00 13

Internet
www.oberallgaeu.de
www.allgaeu-schwaben.de
www.oberstaufen.de

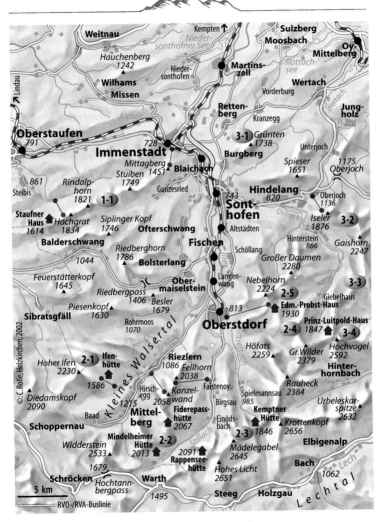

Kempten ↑

Weitnau

Sulzberg

Moosbach

Oy

Mittelberg

Niedersonthofener See

Hauchenberg
1242

Niedersonthofen

Martinszell

Rottachsee

Lindau

Wilhams

Missen

Vorderburg

Wertach

Wertach

Rettenberg

Kranzegg

Jungholz

Alpsee

Oberstaufen
791

Immenstadt
728

Burgberg

3-1 Grünten
1738

Mittagberg
Stuiben 1451 Blaichach
1749

Spieser
1651

Unterjoch

1175
Oberjoch

861

Rindalphorn
1821

1-1

Gunzesried

Hindelang
820

Oberjoch
1136

Steibis

Sont-
hofen
743

Staufner
Haus
1614 Hochgrat
1834

Siplinger Kopf
1746

Ofterschwang

Altstädten

Iseler
1876

3-2

Balderschwang

Riedberghorn
1786

Fischen

Schöllang

Hinterstein
866

Gaishorn
2247

1044

Bolsterlang

Großer Daumen
2280

Feuerstätterkopf
1645

Ober-
maiselstein

Langen-
wang

Nebelhorn
2224

2-5

3-3

Riedbergpass
1406

Besler
1679

813

Edm.-Probst-Haus
1930

Giebelhaus

Piesenkopf
1630

Oberstdorf

Prinz-Luitpold-Haus
1847

3-4

Sibratsgfäll

Rohrmoos
1070

2-4

Hoher Ifen
2230

2-1 Ifen-
hütte

Riezlern
1086

Höfats
2259

Gr.Wilder
2379

Hochvogel
2592

1586

Fellhorn
2038

Faistenoy

Rauheck
2384

Hinter-
hornbach

Diedamskopf
2090

Hirsch-
egg
1215

Kanzel-
wand
2058

Birgsau

Spielmannsau
985

Urbeleskar-
spitze
2632

Baad

Mittel-
berg

Fiderepass-
hütte
2067

Einöds-
bach

Kemptner
Hütte
1846

Krottenkopf
2656

Schoppernau

Mindelheimer
Hütte
2013

2-2

2091

2-3

Mädelegabel
2645

Elbigenalp

Widderstein
2533

Rappensee-
hütte

Hohes Licht
2651

Bach

1062

Schröcken

1679

Warth

Hochtann-
bergpass
1495

Steeg

Holzgau

Lechtal

5 km

Lech

RVO-/RVA-Buslinie

© C. Rolle, Holzkirchen, 2002

Kleines Walsertal

Breitach

Stillach

Trettach

Iller

Ostrach

17

Tour 1-1

Überschreitung der Nagelfluhkette

D ie Überschreitung der geologisch wie botanisch äußerst interessanten Nagelfluhkette gehört zu den beliebtesten Bergwandertouren in den Allgäuer Alpen.

Durch zwei Seilbahnen hält sich die Plage in Grenzen, und trotzdem kommen Gipfelsammler auf ihre Kosten.

Ausgangspunkt: Oberstaufen (791 m), Hochgratbahn-Talstation
Endpunkt: Immenstadt-Bf (728 m)
Bahn-/Busverbindung: Ab Oberstaufen-Bf (an 8.35 oder 9.35 Uhr; Abfahrt von München-Hbf um 6.21 oder 7.19 Uhr, *Umsteige-Bf* Immenstadt) um 8.35 oder 9.35 Uhr mit Privatlinie zur Hochgratbahn-Talstation (an 8.54 oder 9.54 Uhr).
Rückfahrt ab Immenstadt-Bf um 17.38 Uhr (an München-Hbf 19.31 Uhr; weitere Abfahrtszeiten mit gleicher oder entsprechender Verbindung: 15.48, 16.48, 17.46, 18.48, 19.41, 19.48, 20.46 Uhr
Fahrzeit gesamt: 4 1/4 Std.
Kondition: ★
↑ 800 Hm, ↓ 900 bis 1600 Hm, 6-7 Std.
Anforderungen: ★ bis ★★
Unschwierige Bergtour bis auf eine kurze, gesicherte Passage (die allerdings umgangen werden kann; dennoch etwas Trittsicherheit und Schwindelfreiheit erforderlich)
Jahreszeit: Juni bis Oktober

Die Route
Oberstaufen – Hochgratbahn – Hochgrat – Brunnenauscharte – Rindalphorn – Gündlescharte – Gündleskopf – Buralpkopf – Sedererstuiben – Steineberg – Bärenkopfsattel – Mittag – Immenstadt
Mit der Hochgratbahn zur Bergstation (1704 m). Von dort ostwärts zu einer Wegkreuzung und linkshaltend (Ww. Hochgrat, Immenstadt) über den Grat aufsteigen. Rasch steht man neben dem Gipfelkreuz (1834 m) und genießt den Blick ins weite Alpenvorland. Wir folgen dem Grat weiter nach Osten und steigen unschwierig in die Brunnenauscharte (1626 m) ab. Weiter am grasigen Grat entlang, dann südlich der Gratschneide durch Matten bis zu einer kleinen Kuppe. Von hier erblicken wir den Gipfel unseres nächsten Ziels, des Rindalphorns (1821 m). Einem Skelett gleich ragen immer wieder schrägstehende Nagelfluhplatten aus den Wiesen hervor. Es geht in eine Scharte hinab, ehe man linkshaltend auf eine Weggabelung trifft. Den rechten Abzweig nehmen wir zunächst noch nicht und halten uns geradeaus auf den markanten Gipfel zu, der von einer aufragenden Schichtplatte gebildet wird. Nach kurzem Verweilen gehen wir wieder zur Kreuzung zurück und steigen in einer steilen Wiesenmulde, dann auf dem Grat in die weite Gündlescharte (1540 m) ab. Hier beginnt nun der zweite, etwas schwierigere Wegabschnitt. An wetterzerzausten Fichten vorbei zum Gipfel des Gündleskopf (1748 m) und mit wenig Höhenverlust

über den schmalen Grat weiter zum Buralpkopf (1772 m). Als nächstes steht der Sedererstuiben (1737 m) auf dem Programm. Dorthin müssen wir erst einmal über die Oberen Sedererwände etwas ab-, dann steil zum Gipfel aufsteigen. Ein paar Meter weiter stehen wir bereits auf dem wenig höheren Stuiben (1749 m). Über einen steilen, gesicherten Felsgrat (Drahtseile) in den weiten Übergang zum Steineberg (1660 m) hinab. Wem das zu viel ist, kann vor dem Gipfel des Stuiben auf gutem Weg nach Nordosten zur Gundalpe (1502 m) absteigen, den Stuibengipfel umgehen und mit kurzem Gegenanstieg (150 m) wieder zum Grat zurückkehren. Immer am Grat weiter, die Abzweigung zum E 4 bleibt rechts. Dann etwas südlich des nun schon stärker bewaldeten Kammes in den Sattel nördlich des Bärenkopfs (1463 m). Gipfelsammler können diesen mit geringem Mehraufwand noch mitnehmen, ehe man den letzten Wegabschnitt (Ww. Mittagberg, Immenstadt) zum Mittag (1451 m) hinter sich bringt. Hier lässt es sich dann entweder bequem mit dem Lift zu Tal fahren oder weiter über die Mittagalpe (1210 m) nach Immenstadt (Ww. Immenstadt, Mittag-Talstation) absteigen. Von der Talstation der Mittagbahn geradewegs durchs Ortszentrum zum nahen Bahnhof.

Hinweis: Die Überschreitung der Nagelfluhkette nur bei trockenen Verhältnissen unternehmen, sonst unangenehm und gefährlich

Variante

• **Für Abenteurer:** Eine Gipfelüberschreitung ab Hochgrat ist auch in die andere Richtung, über die westliche Nagelfluhkette, sehr reizvoll und einsamer. Am Staufner Haus vorbei über Seelekopf (1663 m), Hohenfluhalpkopf (1626 m), Eineguntkopf (1639 m) zur Falkenhütte und über die Stiegalpe (1178 m) zurück zur Hochgratbahn-Talstation.

Hütten und Einkehrmöglichkeiten

Staufner Haus (1614 m), DAV-Sektion Immenstadt, bewirtschaftet Mitte Mai bis Ende Oktober, Tel. 0 83 86/82 55; **Mittag-Mittelstation** (Gastwirtschaft), Tel. 0 83 23/87 90, keine Übernachtungsmöglichkeit

Wichtige Telefonnummern

Privatbuslinie zur Hochgratbahn, Tel. 0 83 22/967 70;
Hochgratbahn, Tel. 0 83 86/82 22;
Mittagbahn, Tel. 0 83 23/61 49

Internet

www.hochgratbahn.de
www.mittagbahn.de
www.oberstaufen.de
www.immenstadt.de

Weitere Tourenmöglichkeiten

Hoher Häderich (1565 m), Salmaser Höhe (1254 m), Thaler Höhe (1166 m), Denneberg (1427 m)

Karte: Topogr. Karte 1 : 50 000, Allgäuer Alpen

2. Region Oberstdorf

Tourengebiete Oberallgäuer Alpenvorland, Allgäuer Alpen, Kleinwalsertal

Oberstdorf liegt im Herzen der Allgäuer Alpen. Als südlichster Markt Deutschlands zählt es zu den meistbesuchten Fremdenverkehrsorten der Republik.

Und das nicht zu Unrecht: Der Allgäuer Hauptkamm im Süden, zu dessen Füßen die Gemeinde liegt, wartet mit den wohl markantesten Berggestalten und den anspruchsvollsten bergsteigerischen Zielen im Allgäu auf.

Daneben existiert mit dem Oberallgäuer Vorland im Norden und dem angrenzenden Kleinwalsertal im Westen ein Tourengelände mit vollkommen anderem Charakter. Hier dominieren Grasmatten und lieblich runde Formen, die ideale Ergänzung für den gemäßigten Bergwanderer.

Obwohl zahlreiche historische Gebäude dem großen Brand von 1865 zum Opfer fielen, gibt es noch viele kulturelle Schmuckstücke, die einen Besuch lohnen; ob die uralten Bergbauernhöfe in Gerstruben, das Heimatmuseum oder die aus der Spätgotik und dem Barock stammenden Kapellen im Ort.

Viele leichte Wanderungen können von Oberstdorf aus in der Umgebung unternommen werden.

Verkehrsverbindungen

Der Allgäu-Schwaben-Takt bietet von München/Augsburg aus sowie für die Verkehrsachse Stuttgart/Ulm über die zentrale Umsteigestelle Kempten eine mindestens stündliche Verbindung nach Oberstdorf, wobei man den Ort direkt oder mit einmal umsteigen anfährt. Von Oberstdorf aus lassen sich die benachbarten Städte Immenstadt und Sonthofen über die gleichen Zugverbindungen problemlos erreichen.

Gleiches gilt für das Westallgäu. Eine sehr gute RVA-Busverbindung existiert ins Kleinwalsertal. Auch die Seitentäler des Illertals – das Stillachtal oder das Trettachtal – sind mit RVA-Bussen und Privatunternehmen gut erschlossen.

Informationen

Oberallgäu Tourismus,
Tel. 0 83 21/78 07 36;
Verkehrsamt und Kurverwaltung
Oberstdorf, Tel. 0 83 22/70 00

Internet

www.allgaeu-schwaben.de
www.oberallgaeu.de
www.oberstdorf.de

Tour 2-1

Hoher Ifen (2230 m)

Auch der Hohe Ifen ist ein geologisch interessanter Berg, besonders wegen der ausgedehnten Karrenhochfläche des Gottesackerplateaus. „Steinernes Meer der Allgäuer Alpen" könnte man es nennen, denn im Westen der Nordalpen treten solche Karstflächen seltener auf als in den Berchtesgadenern, im Dachstein oder im Toten Gebirge.

Die Route

Auenhütte – Sessellift „Ifen 2000" – Ifen-hütte – Ifenmulde – Hoher Ifen – Bergadlerhütte – (Hahnenköpfle) – Gottesackerplateau – Gottesackeralpe – Obere Gottesackerwände – Windecksattel – Mahdtal – Mahdtalalpe – Riezlern
Von der Auenhütte (1275 m) mit dem Sessellift „Ifen 2000" zur Bergstation. Von dort folgen wir dem Weg (Ww. Hoher Ifen, Hahnenköpfle, Gottesackerplateau) zur bewirtschafteten Ifenhütte (1586 m). Zunächst noch auf dem asphaltierten Weg aufwärts, dann durch die Ifenmulde auf angenehmem Wanderweg bis zu einer Weggabelung im felsigen Kar. Hier links ab (Ww. Hoher Ifen) und über steiles Geröll zu den Ifenwänden empor. Einige gut mit Drahtseilen gesicherte Stellen vermitteln den Weg aufs Hochplateau. Hier folgt man sanften Grasmatten zum nahen Gipfel (2230 m). Steil brechen in alle Richtungen die Wände zu unse-

Ausgangspunkt: Auenhütte (1275 m) südwestlich über Riezlern
Endpunkt: Riezlern Post (1086 m)
Bahn-/Busverbindung: München-Hbf ab 6.21, Oberstdorf-Bf an 8.47 Uhr (*Umsteige-Bf* Immenstadt); München Hbf ab 7.19, Oberstdorf-Bf an 9.52 Uhr; Oberstdorf-BusBf ab 8.50 oder 10.00 Uhr, Riezlern Post an 9.10 oder 10.20 Uhr (RVA-Linie 9742); Riezlern Post ab 9.30 oder 10.30 Uhr, Auenhütte an 9.45 oder 10.45 Uhr (Privatlinie). **Rückfahrt** Riezlern Post ab 16.15 Uhr, Oberstdorf-BusBf an 16.35 Uhr (RVA-Linie 9742; 10 min.-Takt); Oberstdorf-Bf ab 16.59, München-Hbf an 19.31 Uhr (*Umsteige-Bf* Immenstadt, Buchloe); weitere Abfahrtszeiten: 17.35, 18.35, 19.35, 20.35 Uhr
Fahrzeit gesamt: 6 Std.
Kondition: ★★
↑ 800 Hm, 2 ¹/₂ Std.; ↓ 1300 Hm, 2 ¹/₂ Std.
Anforderungen: ★★
Unschwierige Bergtour mit Ausnahme von kurzen, gesicherten Passagen im Gipfelbereich des Hohen Ifen; Trittsicherheit stellenweise erforderlich
Jahreszeit: Juni bis Oktober

ren Füßen ab. Die Ausblicke sind grandios: Vom Allgäuer Hauptkamm im Südosten über das Lechquellengebirge, den Bregenzer Wald bis hin zu den ersten Gebirgsgruppen der Schweizer Alpen im Westen reicht die Sicht an klaren Tagen.

Auf dem Anstiegsweg zur Scharte hinab und kurz darauf nach Norden auf den schmalen Pfad hinüberqueren, der sich vom Hahnenköpfle (2143 m)

Hoher Ifen, Gipfel

in die Ifenmulde herabzieht. Ihm folgen wir bis zur Bergadlerhütte bei der Gipfelstation des Schlepplifts und weiter in Richtung Nordwesten zum Hahnenköpfle. Wem der Hohe Ifen genügt, versüßt sich die Wartezeit auf die Gipfelstürmer mit einer Einkehr in der bewirtschafteten Hütte. An der Weggabelung (Ww. Gottesackerplateau) geht es auf die gewaltige Karsthochfläche. Über Karren und Spalten, durch Gassen und an tiefen Dolinen vorbei folgen wir der Markierung in ständigem Auf und Ab über ein zu Stein gewordenes Meer. Kurz vor dem Aufschwung zu den Oberen Gottesackerwänden kommt man zur verfallenen Gottesackeralpe (1835 m). An der Weggabelung halten wir uns geradeaus und steigen zunächst sanft, dann immer steiler in die Scharte (1967 m) der Oberen Gottesackerwände hinauf. Jenseitig

abwärts, über den „Schiffsbug" des Mittelecks hinüber und um den Torkopf (1930 m) herum in den Windecksattel (1751 m). Hier, zwischen Oberen und Unteren Gottesackerwänden, steigen wir nun durchs hübsche Mahdtal (Ww. Kleinwalsertal) ab, den Blick immer dem Allgäuer Hauptkamm – vom Fellhorn bis zum Biberkopf – zugewandt. Wir passieren die Mahdtalalpe, bis der Wald immer dichter wird und wir an der Höflealpe ein Alpsträßchen erreichen, auf dem wir zu den ersten Häusern von Schwende hinabschlendern. Auf der Hauptstraße an der Kirche vorbei, dann rechts Richtung Riezlern. Kurz nach der Kehre können wir rechterhand auf einen Fußpfad wechseln. Wir überschreiten eine kleine Brücke über den Schwarzwasserbach und kürzen am Campingplatz vorbei zum Ort hin ab. Durch

Tipp

In verkürzter Form ist diese Tour als Tagesunternehmung für Spätaufsteher geeignet. Bei schlechter Sicht sollte man jedoch von einem Gang über das Gottesackerplateau absehen. Die Gefahr, dass man sich auf der unübersichtlichen Karsthochfläche verirrt, ist dann zu groß.

Riezlern steuern wir die bereits bekannte Bushaltestelle an der Post an, wenn wir nicht in einem der Wirtshäuser hängen bleiben.

Varianten

• Ifengipfel aussparen und gleich zur Bergadlerhütte aufsteigen. Technisch einfacher und Zeitersparnis ca. 1 Std.
• Anstatt den Sessellift zu benutzen, zu Fuß auf bezeichnetem Weg von der Auenhütte (1275 m) zur Ifenhütte (1586 m) aufsteigen. Zeitbedarf ca. 3/4 Std.

Hütten und Einkehrmöglichkeiten

Ifenhütte (1586 m), privat, kein Telefon;
Bergadlerhütte, kein Telefon

Wichtige Telefonnummern

Privatbuslinie zur Auenhütte, Tel. 0 83 22/967 70;
Lift „Ifen 2000", Tel. 0 83 29/53 34;
Kleinwalsertal Tourismus, Tel. 0 83 29/511 40;
Taxi Riezlern, Tel. 0 83 29/52 56 oder 00 43/(0)55 17/52 56

Internet

www.kleinwalsertal-online.at
www.oberstdorf.de

Weitere Tourenmöglichkeiten

Steinmandl (1981 m),
Walmendinger Horn (1990 m)

Karte: Topogr. Karte 1:50 000, Allgäuer Alpen

Tour 2-2

Mindelheimer Klettersteig

Er ist die begehrteste „Via ferrata" in den Allgäuer Alpen, eine Tour, die die Bezeichnung „Klettersteig" durchaus verdient. Wir stellen sie hier in einer Zweitage-Unternehmung vor, wobei der erste Tag eher das stimmungsvolle sich „Warmlaufen" bringt, ehe es anderntags so richtig zur Sache geht.

Die Route

1. Tag: Faistenoy – Fellhornbahn – Gundsattel – Warmatsgundkopf – Schüsser – Wannenalpe – Fiderepass – Fiderepasshütte;
2. Tag: Fiderescharte – Nordöstlicher Schafalpenkopf – Mittlerer Schafalpenkopf – Südwestlicher Schafalpenkopf – Kemptner Köpfl – Kemptner Scharte – Hintere Wildenalpe – Fluchtalpe – Schwendle – Mittelberg im Kleinwalsertal

1. Tag: Von Faistenoy (904 m) Auffahrt mit der Fellhornbahn zur Gipfelstation (1960 m). Von dort auf dem grasigen Rücken in den tiefen Gundsattel (1800 m) und geradewegs hinauf auf den Gipfel des Warmatsgundkopfs der Kanzelwand (2058 m). Unschwierig über den langgezogenen Grat auf den Schüsser (2170 m). Wir überschreiten den Gipfel, verlassen aber den Gratverlauf, der nun schwieriger zu den beiden Hammerspitzen (2258 m, 2253 m) hinüberführen würde, und

Ausgangspunkt: Faistenoy (904 m)
Endpunkt: Mittelberg (1218 m) im Kleinwalsertal
Bahn-/Busverbindung: Ab Oberstdorf-BusBf (Oberstdorf-Bf an 8.47 Uhr; Abfahrt von München-Hbf um 6.21 Uhr, *Umsteige-Bf* Immenstadt) um 9.30 Uhr mit RVA-Linie 9762 nach Faistenoy/Fellhornbahn (an 9.45 Uhr).
Weitere Abfahrtszeiten mit gleicher oder ähnlicher Verbindung: 7.19, 8.20, 9.19, 10.20 Uhr.
Rückfahrt ab Mittelberg Post um 16.20 oder 17.20 Uhr mit RVA-Linie 9742 (Oberstdorf-BusBf an 16.55 oder 17.55 Uhr). Oberstdorf-Bf ab 16.59 Uhr (an München-Hbf 19.31 Uhr, *Umsteige-Bf* Immenstadt, Buchloe) oder 18.10 Uhr (an München-Hbf 20.36 Uhr)
Fahrzeit gesamt: 5 3/4 Std.
Kondition: ★★
1. Tag ↑ 680 Hm, 3 bis 3 1/2 Std.;
2. Tag ↑ ca. 500 Hm, ↓ ca. 1300 Hm, 7 bis 8 Std.
Anforderungen: ★★★
Anspruchsvolle Klettersteig- und Bergtour, Schwindelfreiheit, Trittsicherheit, alpine Erfahrung und eine gute Portion Kraft erforderlich
Jahreszeit: Juli bis September

steigen am grasigen und steilen Südwestrücken des Schüssers bis zur Wannenalpe (1821 m) ab. Hier treffen wir auf den Weg, der von Mittelberg durch das Wildental heraufführt. Ein Stück auf ihm ostwärts empor, bis man sich an einer weiteren Weggabelung links (Ww. Fiderepasshütte)

hält. Unter den Felswänden der Hammerspitzen durch in die Grasböden unterhalb des Passes. Wenig später hat man den Fiderepass (2035 m) bereits überschritten und steigt die verbleibenden Meter bis zur Fiderepasshütte (2067 m) auf.
2. Tag: Von der Hütte nach Süden und über einen weiten Geröllkessel in die Fiderescharte (2199 m) zum Beginn des Mindelheimer Klettersteigs. Gleich zu Beginn ist volle Konzentration gefragt: Eine 9 Meter lange, senkrechte Eisenleiter führt schwindelerregend auf den ersten Gratkopf empor. Über eine Metallbrücke und teils ausgesetzter Kletterei auf den Nordöstlichen Schafalpenkopf (2321 m). Dann ohne größere Schwierigkeiten in die weite Einsattelung hinab, unter der sich das große Kar „In der Wanne" nach Süden absenkt. Nun folgt der schwierigste Teil des Klettersteiges. Am Gratsockel des turmartigen Nordostgrats über steile Platten hinweg in die Nordwestwand des Gipfelaufbaus des Mittleren Schafalpenkopfs. Weiterhin ausgesetzt und anhaltend schwierig bis auf dessen zackigen Gipfel (2301 m). Wieder ausgesetzt und steil in die Scharte zwischen Mittlerem und Südwestlichem Schafalpenkopf hinunter klettern. Über die nahezu waagrechte Kante der Einsattelung weiter gen Westen. Den Sicherungen folgen in die steile Nordwestflanke. Ein abenteuerliches, überdachtes Kriechband führt schließlich aus der Flanke heraus. Über ein ausgesetztes

Schuttband gelangen wir bis knapp unter den Gipfel des Südwestlichen Schafalpenkopfs (2273 m). Die letzten Meter sind nicht mehr schwierig, und überhaupt sind die Hauptschwierigkeiten vorbei. Nun haben wir uns wahrlich eine Ruhepause verdient. Unbeschwert können wir jetzt die Rundsicht vom Gottesackerplateau im Nordwesten bis zum Allgäuer Hauptkamm im Südosten genießen.

Jenseitig über Gras und Schrofen am Gipfelaufbau hinunter bis zum Beginn einer kaminartigen Steilrinne. Über viele Eisenbügel und Sprossen hinab zum Fuß des Berges. Über weitere Schrofen und Grasmatten steigen wir schließlich in den Nordostsattel vor dem Kemptner Köpfl (2191 m) ab. Selbiges ist dann auch schnell und unschwierig überschritten. Wir stehen in der westlich gelegenen

Kemptner Scharte, an der Weggabelung zur Mindelheimer Hütte (2013 m), die gut sichtbar zu unseren Füßen liegt. Unser Weg führt uns allerdings auf direktem Weg nach Norden – zunächst über einige Serpentinen, dann flacher über einen Bach hinüber und durch einen weitläufigen Karkessel hindurch –, zur Hinteren Wildenalpe (1777 m) hinunter. Auf dem anschließenden breiten Weg folgt man den Kehren an der Materialseilbahn der Fiderepasshütte und der Fluchtalpe (1390 m) vorbei ins sanfte Wildental hinab. An der Wiesalpe halten wir uns links, gelangen auf einer Brücke über den Wildenbach und im Ortsteil Schwendle auf die geteerte Straße. Dieser folgen wir ins Ortszentrum von Mittelberg im Kleinwalsertal und zur Bushaltestelle.

Varianten

• **Für Genießer:** Anstelle des Mindelheimer Klettersteiges dem Krummbacher Höhenweg (unschwierig) von der Fiderepasshütte zur Mindelheimer Hütte folgen. Zeitbedarf 3 Std. Verlängerungsmöglichkeit zum Walser Geißhorn (2366 m) und über Koblat und Gemsteltal nach Mittelberg möglich;

Tipp

Diese Tour können Klettersteiggeher und „Genießer" gemeinsam unternehmen. Jeder kommt auf seine Kosten und ab der Mindelheimer Hütte kann man wieder gemeinsam unterwegs sein.

• **Für Knieschnaggler:** Von Mittelberg Aufstieg zur Mindelheimer Hütte (*s. Seite 25*) und Begehung des Klettersteigs in umgekehrter Richtung. Abfahrt mit der Kanzelwand- oder Fellhornbahn (Achtung: zeitiger Aufbruch notwendig!)

Hütten und Einkehrmöglichkeiten

Kanzelwandhaus (1519 m), Touristenverein „Die Naturfreunde", bewirtschaftet Ende Mai bis Ende Oktober und Mitte Dezember bis Ostern, Tel. 0 83 22/33 46;
Fiderepasshütte (2067 m), DAV-Sektion Oberstdorf-Allgäu, bewirtschaftet Pfingsten bis Mitte Oktober, Tel. 0 83 22/70 01 51;
Mindelheimer Hütte (2013 m), DAV-Sektion Mindelheim, bewirtschaftet Mitte Juni bis Mitte Oktober, Tel. 0171/672 89 90

Wichtige Telefonnummern

RAV-Bus-Info, Tel. 0 83 22/96 77-0;
Verkehrsamt und Kurverwaltung Oberstdorf, Tel. 0 83 22/70 00;
Kleinwalsertal Tourismus, *s. Seite 23*
Taxizentrale Oberstdorf,
Tel. 0 83 22/982 10;
Taxi Riezlern, *s. Seite 23*

Internet

www.oberstdorf.de
www.kleinwalsertal-online.at

Weitere Tourenmöglichkeiten

Überschreitung Fellhorn (2038 m) – Söllereck (1706 m)

Tour 2-3

Mädelegabel (2645 m) und Heilbronner Weg

Heilbronner Weg, Mädelegabel – Namen, die man schon im Kindesalter kannte, obwohl man noch nicht in die Berge zog. Begriffe aus dem Heimatkunde-Unterricht! Als Bergfreund(in) indessen muss man zumindest einmal dort gewesen sein, wo die Allgäuer Hochalpen am wildesten sind.

Ausgangspunkt: Spielmannsau (985 m)
Endpunkt: Birgsau (956 m)
Bahn-/Busverbindung: Ab Oberstdorf-Bf (an 8.47 Uhr; Abfahrt von München-Hbf um 6.21 Uhr, *Umsteige-Bf* Immenstadt) mit Kleinbus (Privatlinie, Tel. Anmeldung 0 83 22/30 15) nach Spielmannsau.
Rückfahrt ab Birgsau um 16.00 Uhr mit RVA-Linie 9762 (Oberstdorf-BusBf an 16.20 Uhr). Oberstdorf-Bf ab 16.59 Uhr (an München-Hbf 19.31 Uhr).
Weitere Abfahrtszeiten mit gleicher oder entsprechender Verbindung: 17.00, 18.00, 19.00 Uhr (Juli bis August)
Fahrzeit gesamt: 5 1/2 Std.
Kondition: ★★★
1. Tag ↑ 860 Hm, 2 1/2 Std.; *2. Tag* ↑ 1050 Hm, ↓ 1980 Hm, 8 1/2 bis 9 1/2 Std.
Anforderungen: ★★
Anspruchvolle Bergtour mit klettersteigähnlich gesicherten Passagen, Schwindelfreiheit, Trittsicherheit und alpine Erfahrung erforderlich
Jahreszeit: Juli bis September

Trettachspitze, Mädele-gabel, Hochfrottspitze (von links)

Die Route

1. Tag: Oberstdorf – (Kleinbus) – Spiel-mannsau – Sperrbachtobel – Kemptner Hütte;

2.Tag: Oberes Mädelejoch – Kratzerjoch – Schwarzmilzferner – Mädelegabel – Bock-karscharten – Bockkarkopf – Socktal-scharte – Wilder Mann – Steinscharten-kopf – Heilbronner Törl – Große Steinscharte – Rappenseehütte – Enzian-hütte – Einödsbach – Birgsau

1. Tag: Vom Gasthof Spielmannsau (985 m) über die weiten Wiesen der Oberau ins Tal hinein. An der Material-seilbahn der Kemptner Hütte vorbei und an der Trettach entlang in den Talschluss. Über eine kleine Brücke überqueren wir den rauschenden Sperrbach und steigen über die stei-len Hänge an, bis der Weg am „Knie" endgültig ins linke Tal des Sperrba-ches abzweigt. Eine weitere Brücke leitet auf die andere Bachseite und in den Sperrbachtobel. Hier finden sich zumeist noch bis weit in den Sommer hinein große Lawinenreste. Nachdem sich das Tal wieder geweitet hat, ge-

langt man bequem über einige Kehren zur Kemptner Hütte (1846 m).

2. Tag: Über die Almwiesen in Rich-tung Mädelejoch (1973 m) bis zur Weggabelung. Hier bleibt man rechts (Ww. Heilbronner Weg, Mädelegabel, Rappenseehütte) und steigt über die Nordostflanke des Kratzers (2428 m) bis zu einer weiteren Wegkreuzung auf. Dort hält man sich wiederum rechts (Ww. Heilbronner Weg, Mädele-gabel) und überquert die große Ein-sattelung des Oberen Mädelejochs (1974 m) nach Süden. Deutlich sieht man südseitig den Steig von Holzgau (Lechtal) ins Joch herauf ziehen. Bequem führt uns der Weg durchs südseitige Schuttkar des Kratzers bis ins Kratzerjoch (2203 m). Ein Blick hinab in die steile Trettachrinne auf der Nordseite muss schon sein. Über die Mergelböden der „Schwarzen Milz", das Schwarzmilzseele (2250 m) und eine kurze Felspassage (Klam-mern, Drahtseil) erreichen wir den Schwarzmilzferner. Majestätisch er-heben sich die Gipfelwände von

Mädelegabel und Hochfrottspitze über dem kleinen Gletscherrelikt. Über das flache Firnfeld hinweg und rechts in eine Scharte des langen Ostgrats der Mädelegabel hinauf. Über Schrofen und Fels steigen wir das letzte Stück am Grat bis zum Gipfel (2645 m) an und werden mit einer phänomenalen Aussicht für unsere Mühen belohnt.

Vom Gipfel auf bekanntem Weg absteigen und bei erster Gelegenheit nach Südwesten queren. Hier treffen wir wieder auf die Hauptspur des Heilbronner Weges, umgehen die Hochfrottspitze (2649 m) und gelangen in die Östliche Bockkarscharte (2523 m). Auf der Nordseite führt ein steiler Weg zum Waltenberger Haus (2084 m) hinab. Wir halten uns jedoch weiter geradeaus (Ww. Heilbronner Weg, Rappenseehütte) und folgen dem Grat zur Westlichen Bockkarscharte. Hier beginnt der eigentliche Heilbronner Weg. Über Stahlseilsicherungen und Eisengeländer steigen wir in vielen

Tipp

Der Heilbronner Weg wurde im Sommer 2001 fachkundig saniert und befindet sich in sehr gutem Zustand.

Serpentinen bis zum Gipfel des Bockkarkopfes (2609 m) auf und – stets gut gesichert – über plattigen Fels steil in die Socktalscharte (2446 m) ab. Auch hier kann man den Heilbronner Weg wieder nach Norden zum Waltenberger Haus verlassen. Unschwierig geht es weiter zum Wilden Mann (2577 m), dessen Gipfel östlich umgangen wird, ehe wir zum schwierigsten Streckenabschnitt des Weges gelangen. Kurz auf den Steinschartenkopf (2615 m) hinauf, dann südwestlich steil über eine lange Eisenleiter in die Kleine Steinscharte (2541 m) hinab. Vorsichtig über die Schneefelder zum engen Schlupf des Heilbronner Törls hinüber und über ein Felsband durch die Nordwestflanke des Hohen Lichts bis zur Weggabelung. Hier führt der Weg über den Westrücken hinauf zum Gipfel des Hohen Lichts (2651 m). Wir wollen allerdings keine Zeit verlieren und steigen direkt nach rechts (Ww. Rappenseehütte) ins Wieslekar bis zur Großen Steinscharte (2263 m) zwischen Rotgund- und Hochgundspitze (2263 m) ab. Über Wiesenhänge ist die bald danach sichtbare Rappenseehütte (2091 m) schnell erreicht. Nach einer Einkehr steigen wir von der Hütte zunächst in nordwestlicher Richtung ab und folgen dann an der Wegkreuzung dem rechten Weg (Ww. Einödsbach). Unterhalb der Gamswände schließt sich eine lange

Mädelegabel (links) und „Trettach"

Querung durch die zerrissene Steilflanke des Linkerskopfes (2459 m) zur
bewirtschafteten Enzianhütte (1780 m)
an. Viele weite Kehren führen an der
Petersalpe vorbei ins Rappenalptal
hinunter. An den zwei Abzweigungen
halten wir uns jeweils rechts (Ww.
Einödsbach) und marschieren bis
zum Wirtshaus im idyllischen Einödsbach (1142 m), dem südlichsten
ganzjährig besiedelten Fleckchen
Deutschlands. Ein Blick auf die Uhr
sagt uns, ob wir noch Zeit für eine
Einkehr haben, oder ob wir sogleich
der Kiesstraße (2 km) unmittelbar
zur RVA-Bushaltestelle in Birgsau
folgen müssen.

Varianten

• **Für Abenteurer:** Eine schöne Auf-
stiegsalternative zur Kemptner Hütte
besteht von Holzgau/Lechtal über die
Schochenalpe und die Roßgumpenal-
pe. Zeitbedarf 3 1/2 Std. Einziger Ha-
ken: Man muss sehr früh aufstehen,
da es nur eine Verbindung gibt. Und
die kommt auch nur an Wochen- oder
Samstagen in Frage: München-Hbf ab
4.57, Reutte/Tirol-Bf an 8.20 Uhr;
Bus: Reutte/Tirol-Bf ab 8.30, Holzgau
Post an 9.45 Uhr;
• **Für Siebenmeilenstiefel:** Das Hohe
Licht (2651 m), einen der höchsten
Gipfel der Allgäuer Alpen, unschwierig
mitnehmen. Zeitbedarf ca. 1 Std.;
• **Für Genießer:** Tour in 3 Tagen ab-
solvieren und eine weitere Nacht auf
der freundlichen Rappenseehütte
(2091 m) verbringen

Malerische Stimmung am Rappensee

Hütten und Einkehrmöglichkeiten

Kemptner Hütte (1846 m), DAV-Sek-
tion Allgäu-Kempten, bewirtschaftet
Mitte Juni bis Mitte Oktober,
Fax 0161/182 65 10;
Rappenseehütte (2091 m), DAV-Sek-
tion Allgäu-Kempten, bewirtschaftet
Mitte Juni bis Mitte Oktober,
Tel. 0 83 21/265 66;
Enzianhütte, Tel. 0161/182 65 14;
Gasthof Spielmannsau,
Tel. 0 83 22/30 15;
Gasthof Einödsbach,
Tel. 0 83 22/984 54

Wichtige Telefonnummern
RVA-Businfo und Oberstdorf s. *Seite 26*

Internet
Oberstdorf s. *Seite 26,* www.lechtal.at

Weitere Tourenmöglichkeiten
Kreuzeck (2376 m), Biberkopf (2599 m)

Karte: AV-Karte 1 : 25 000,
Allgäuer-Lechtaler Alpen, Westblatt

Tour 2-4

Laufbacher Eck (2178 m)

Nicht nur bei Allgäuer-Alpen-Kennern und -Liebhabern freut sich das Laufbacher Eck samt seinem Panoramaweg hoch überm Oytal großer Beliebtheit. Die Fern- und Nahblicke während dieser Tour sind interessant und die Mühe hält sich in Grenzen. Angesichts des schroffen Schneck schnuppert man Allgäuer-Alpen-Prominenz.

Die Route

Oberstdorf – Nebelhornbahn – Zeigersattel – Schochensattel – Laufbacher Eck-Sattel – Laufbacher Eck – Bärgündeletal – Pointhütte – Giebelhaus – Hinterstein
Vom Bahnhof in Oberstdorf (813 m) zur Talstation der Nebelhornbahn (Ww.). Mit der Bahn bis zur Bergstation. Am nahen Edmund-Probst-Haus (1930 m) vorbei geht es ein Stück das Fahrsträßchen bergab (Ww. Oytal, Laufbacher Eck) und dann auf einem Wanderweg (Ww. Laufbacher Eck, Zeigersattel) zum nahen Zeigersattel. Immer im Blick: Die steilen Grasflanken der Höfats (2259 m). An der Weggabelung im Sattel halten wir uns links und queren die grasigen Westflanken des Großen Seekopfs (2085 m) und des Kleinen Seekopfs

Tipp

Tour nur bei trockenen Verhältnissen unternehmen, da sonst schmierig und absturzgefährlich.

Ausgangspunkt: Oberstdorf (813 m), Nebelhornbahn-Talstation
Endpunkt: Giebelhaus (1063 m)
Bahn-/Busverbindung: Oberstdorf-Bf an 8.47 Uhr (Abfahrt von München-Hbf 6.21 Uhr; *Umsteige-Bf* Immenstadt).
Rückfahrt ab Hinterstein, Gasthaus „Grüner Hut" um 17.40 Uhr mit RVA-Linie 9748 (Sonthofen-Bf an 18.20 Uhr). Sonthofen-Bf ab 18.29, München-Hbf an 20.36 Uhr (*Umsteige-Bf* Immenstadt). Weitere Abfahrtszeiten: 18.40 Uhr (nur sonntags)
Fahrzeit gesamt: 5 Std.
Kondition: ★★
↑ 450 Hm, 2 1/2 Std.; ↓ 1450 Hm, 2 Std.
Anforderungen: ★ bis ★★
Unschwierige Bergtour, bis auf kurze etwas ausgesetzte Passagen; stellenweise Trittsicherheit erforderlich
Jahreszeit: Juli bis September

(2096 m). Hinter diesem gelangen wir in einen Sattel. Ein Stück auf dem Grat entlang, dann abermals auf der Westseite der Gipfelhänge des Schochen (2100 m) queren. Auf dessen Südwestgrat angelangt, biegt der Weg jäh gegen Osten ab und quert die Steilabstürze des Lachenkopfs (2111 m; kurze Drahtseilsicherung), ehe er vor dem Laufbacher Eck (2178 m) wieder den Grat erreicht. In einigen Serpentinen geht es nun zum Sattel und hinauf zum Gipfel. In weiteren Kehren führt der Weg auf der Ostseite abwärts und beschreibt einen weiten Rechtsbogen um die Ostabstürze des Rotkopfs (2194 m). Die glatte Ostwand

des Schneck, eine der schwierigsten Traditionsklettereien der Allgäuer Alpen, rückt ins Blickfeld. An der Abzweigung bei der Zmerchwand gehen wir geradeaus weiter, passieren die nahe Schönberghütte (1686 m) und queren die Hänge zum Fuß der Wildengruppe weiter, bis wir nach der Überquerung eines Baches auf eine Weggabelung treffen. Hier hält man sich links und steigt auf direktem Weg ins Bärgündeletal hinunter. Im Talboden angelangt passieren wir die Pointhütte (1319 m). Bald mündet der Weg in ein Fahrsträßchen, auf dem wir rasch zum Giebelhaus (1063 m) gelangen. Mit dem Bus in kurzer Fahrzeit zur RVA-Bushaltestelle in Hinterstein. Die Wartezeit überbrücken wir auf der Terrasse des Giebelhauses ...

Varianten

• **Für Siebenmeilenstiefel:** Ab der Weggabelung an der Zmerchwand nach rechts zum Himmeleck (2007 m) aufsteigen und über Wildenfeldhütte (1692 m), Käseralp (1401 m, tagsüber bewirtschaftet) und Oytalhaus (1000 m, bewirtschaftet) nach Oberstdorf (813 m)

Hütten und Einkehrmöglichkeiten

Edmund-Probst-Haus (1930 m), DAV-Sektion Allgäu-Immenstadt, bewirtschaftete Ende Mai bis Mitte Oktober und ca. 20. Dezember bis Sonntag nach Ostern, Tel. 0 83 22/47 95;
Giebelhaus (1063 m),
Tel. 0 83 24/81 46;
Oytalhaus, Tel. 0 83 22/47 97

Wichtige Telefonnummern

Nebelhornbahn, Tel. 0 83 22/10 92:
Busverkehr Giebelhaus,
Tel. 0 83 24/82 7;
Kurbetriebe und Taxizentrale Oberstdorf, *s. Seite 26*
Kurverwaltung Hindelang,
Tel. 0 83 24/89 20;
Taxi Greiter Hindelang,
Tel. 0 83 24/21 40

Internet

www.oberstdorf.de
www.hinterstein.com
www.nebelhorn.de

Weitere Tourenmöglichkeiten

Schattenberg (1721m),
Oytal-Gerstruben-Runde

Karte: Topogr. Karte 1 : 50 000,
Allgäuer Alpen

Tour 2-5

Großer Daumen (2280 m) und Hindelanger Klettersteig

D er Hindelanger Klettersteig ist ein luftiges „Kraxelvergnügen", das nicht unterschätzt werden sollte. Sein anspruchsvollstes Stück wird neben der fantastischen Aussicht zum Höhepunkt dieser Tour, die sogar noch mit einem beachtlichen Gipfelziel, dem Großen Daumen, garniert wird.

Ausgangspunkt: Oberstdorf (813 m)
Endpunkt: Giebelhaus (1063 m)
Bus-/Bahnverbindung: s. Seite 30
Fahrzeit gesamt: 5 Std.
Kondition: ★★
↑ 500 Hm, ↓ 1200 Hm, 7 bis 8 Std.
Anforderungen: ★★★
Anspruchsvolle Klettersteig- und Bergtour, alpine Erfahrung, Trittsicherheit und Schwindelfreiheit erforderlich
Jahreszeit: Juli bis September

Die Route

Oberstdorf – Nebelhornbahn – Hindelanger Klettersteig – Westlicher Wengenkopf – Östlicher Wengenkopf – Zwiebelesträng – Glasfeld – Großer Daumen – Laufbichelsee – Engeratsgundsee – Engeratsgundhof – Giebelhaus – Hinterstein
Vom Bahnhof in Oberstdorf (813 m) zur Nebelhornbahn (Ww.). Mit der Bahn bis zur Berg- und weiter mit dem Sessellift zur

Gipfelstation (2224 m). Von dort auf bezeichnetem Weg (Ww. Hindelanger Klettersteig) kurz abwärts und über die ersten beiden kleinen Aufschwünge des Grates hinweg. Eine Leiter vermittelt den Beginn des Klettersteigs und führt auf den ersten Gratzacken hinauf. Auf der an eine Querung anschließenden Gratschneide anfangs noch luftig bis zum Gipfel des Westlichen Wengenkopfs (2235 m). Wer sich überfordert fühlt, kann hier noch unschwierig nach Süden zum Koblat absteigen. In eleganter Kletterei folgen wir den Sicherungen und Markierungstupfen hinab in eine Scharte und hinüber zum Östlichen Wengenkopf (2206 m). Wieder in eine Scharte hinunter und über den sieben Felsköpfe zählenden Gratabschnitt der „Zwiebelesträng". Zum Schluss warten die letzten beiden Felsgipfelchen mit sage und schreibe fünf hintereinander folgenden Leitern auf. Hier sind die Schwierigkeiten dann vorbei und nach einer kurzen Rast im weiten Wiesensattel stellt auch der letzte Gipfelanstieg übers Glasfeld zum Großen Daumen (2280 m) kein Hindernis mehr dar. Am Gipfel können wir endlich die Sicht, die sich uns schon den ganzen Tag präsentiert hat, unbeschwert genießen.

> ### Tipp
>
> Diese Tour können Klettersteiggeher und „Genussspechte" gemeinsam unternehmen.
> Jeder kommt auf seine Kosten, und ab dem Großen Daumen ist man gemeinsam unterwegs.

Alles was in den Allgäuer Alpen Rang und Namen hat, steht heute Spalier: der Hochvogel, der Große Krottenkopf, die Trettachspitze, die Mädelegabel, bis hin zur Höfats.

Nach diesem Höhepunkt verlassen wir den Hindelanger Klettersteig – der über den Kleinen Daumen (2191 m), die Heubatspitze oder „Gamsbollar" (2001 m) bis hin zum Breitenberg (1887 m) noch lange weiterführt –, um uns dem zweiten, beschaulicheren aber nicht minder schönen Wegabschnitt zu widmen. Vom Gipfel zurück zum Sattel und zum Grat. Jenseits des letzten Gratkopfes weist uns ein guter Pfad den Weg zum idyllisch gelegenen Laufbichelsee (2012 m). An der Wegverzweigung wählen wir den nach links abbiegenden Weg (Ww. Engeratsgundsee, Giebelhaus) zum Engeratsgundsee (1876), der tiefblau unter uns liegt. Am rechten Ufer überschreiten wir den Karriegel fast komplett, ehe wir uns nach rechts wenden und über die steilen Hänge der Engeratsgundalpe (1622 m) und der Käseralpe

(1401 m) eine Abzweigung erreichen. Geradeaus folgen wir dem steilen Weg weiter zum Engeratsgundhof, dann geht's auf der Fahrstraße zum Giebelhaus. Es bleibt in jedem Fall noch genügend Zeit für eine Erfrischung, ehe uns der Bus gemütlich durchs Ostrachtal zur RVA-Bushaltestelle nach Hinterstein bringt.

Varianten

• Begehung des gesamten Hindelanger Klettersteigs vom Nebelhorn bis nach Hinterstein. Zeitbedarf 8-10 Std.;
• **Für Genießer:** Ohne Klettersteig vom Nebelhorn übers Koblat zum Koblatsee und über den Laufbichelsee zum Großen Daumen. Abstieg über Engeratsgundsee wie oben beschrieben. Zeitbedarf 5 Std.

Hütten und Einkehrmöglichkeiten
Edmund-Probst-Haus und **Giebelhaus**, s. Seite 31

Wichtige Telefonnummern
Gästeinformation Hinterstein, Tel. 0 83 24/81 18; weitere Telefonnummern s. Seite 31

Internet
Internetadressen s. Seite 31

Weitere Tourenmöglichkeiten
Entschenkopf (2043 m), Himmeleck (2007 m)

Karte: Topogr. Karte 1:50000, Allgäuer Alpen

3. Region Sonthofen

Tourengebiete Oberallgäuer Alpenvorland, Riedbergpass, Allgäuer Alpen

Sonthofen ist die Drehscheibe des Oberallgäus. Im weiten Tal, an der Mündung der Ostrach in die Iller gelegen, besitzt der Ort eine offene Atmosphäre. Die Wege sind kurz, wohin man sich auch wendet: Richtung Oberstdorf im Süden mit dem Allgäuer Hauptkamm, nach Hindelang und Hinterstein im Osten mit den Allgäuer und Tannheimer Bergen, nach Obermaiselstein und Balderschwang im Südwesten mit dem weitläufigen Tourengebiet des Riedbergpasses oder nach Norden, wo der Grünten als „Wächter des Allgäus" thront.

Diese Atmosphäre spiegelt sich auch im kulturellen Leben wider. Unverkennbar besitzt der Ort bereits städtischen Charakter. Aus dem regen kulturellen Angebot locken unter anderem Sehenswürdigkeiten wie die spätgotische Kirche und Friedhofskapelle oder das sorgsam gestaltete Heimathaus. Viele leichte Wanderungen können von Sonthofen aus in der Umgebung unternommen werden.

Verkehrsverbindungen

Von München/Augsburg sowie von Stuttgart/Ulm besteht über den Allgäu-Schwaben-Takt und den zentralen Umsteigebahnhof Kempten eine mindestens stündliche direkte oder mit einmal Umsteigen gewährleistete Verbindung nach Sonthofen. Von dort aus lassen sich die benachbarten Orte Immenstadt, Oberstaufen und Oberstdorf ohne Probleme über die gleichen Zugverbindungen erreichen. Eine sehr gute RVA-Busverbindung existiert nach Hindelang und Oberjoch. Auch das weit hinten im Ostrachtal gelegene Hinterstein lässt sich mit dem Bus noch gut erreichen, wenn er auch weniger oft verkehrt. Von Hinterstein zum Giebelhaus pendelt ein privates Busunternehmen.

Informationen

Oberallgäu Tourismus,
Tel. 0 83 21/78 07 36;
Verkehrsamt Sonthofen,
Tel. 0 83 21/615-291 oder -292

Internet

www.allgaeu-schwaben.de
www.oberallgaeu.de
www.sonthofen.de

Tour 3-1

Grünten (1738 m)

„Wächter des Illertals" oder gar des Allgäus nennt man den Grünten. Er ist dank seiner dem Allgäuer Hochgebirge vorgelagerten Stellung ein herrlicher Aussichtsberg, dazu geologisch und botanisch von einigem Interesse. Auf dem Grünten-Vorgipfel befindet sich ein 92 Meter hoher Sendeturm.

Ausgangspunkt: Blaichach (733 m)
Endpunkt: Kranzegg
Bahn-/Busverbindung: Blaichach-Bf (an 8.22 oder 9.45 Uhr; Abfahrt von München Hbf 6.21 Uhr mit *Umsteige-Bf* Immenstadt oder 7.19 Uhr mit *Umsteige-Bf* Sonthofen). **Rückfahrt** ab Kranzegg 15.56 Uhr mit RVA-Linie 9718a (*Füssen-Bf* an 16.55 Uhr). Füssen-Bf ab 17.05 Uhr (an München-Hbf 19.07 Uhr)
Fahrzeit gesamt: 5 Std.
Kondition: ★ bis ★★
↑ 980 Hm, 3 Std.;
↓ 880 Hm, 1 bis 1 1/2 Std.
Anforderungen: ★
Unschwierige Bergtour bis auf kurze, schrofige Passagen
Jahreszeit: Mai bis November

Die Route

Blaichach – Burgberg – Starzlachbrücke – Starzlachklamm – Gasthof Alpenblick – Grüntenhaus – Übelhorn – Grüntenalp – Kranzegg
Vom Bahnhof Blaichach (733 m) kurz an der Bundesstraße Immenstadt-Sonthofen nach Süden, bis links die Verbindungsstraße nach Burgberg abzweigt. Auf dieser übers Bahngleis und auf einer Brücke über die Iller bis zum Bad (ca. 1,3 km vom Bahnhof). Hinter dem Bad rechts ab, über den Parkplatz und jenseits auf einem schmalen Sträßchen weiter, das bald in ein größeres mündet. Auf diesem Richtung Burgberg (Osten). Im Ort auf der Hauptstraße kurz nach rechts, dann gleich wieder nach links. Nach 200 Metern mündet die Straße in eine weitere ein. Dort rechtshaltend wiederum nach 200 Metern zu den letzten Häusern. Nun treffen wir auf eine breitere Schotterstraße, die uns auf direktem Weg zum Beginn der Starzlachklamm führt. Über die Starzlachbrücke, direkt danach – noch vor dem Ortsteil Winkel (752 m) – biegt der ausgewiesene Wanderweg nach links Richtung Klamm ab. Am Kassenhäuschen vorbei in die wilde Klamm. Man wechselt von einer Seite auf die andere und wieder zurück. Die

Schlucht wird allmählich enger. Als Finale umgehen wir einen großen Wasserfall durch einen Tunnel. Zwischen Felstürmchen und unter den steilen Wänden eines Klettergartens durch schließlich auf gutem Weg aus der Starzlachschlucht heraus. Wir überqueren eine Wiese und gelangen zum Gasthof Alpenblick (990 m). Auf der breiten Teerstraße, die zum Gasthof führt, wandert man wieder etwas abwärts (Ww. Burgberg), bis rechts eine Forststraße abzweigt (Ww. Grünten, Grüntenhaus), auf der es immer steiler bergauf geht. Gemeinsam mit den anderen Wanderwegen, die von Burgberg heraufziehen, nach einigen Kehren über den Bach. Nach kurzer Zeit biegt rechterhand ein breiter Weg ab (Ww. Grünten, Burgberger Hörnle). Diesem folgen wir in steilen Serpentinen durch den Bachtobel, der von Burgberger Hörnle (= Kreuzelspitz, 1496 m; Topogr. Karte) und Stuhlwand (1432 m) gebildet wird, weiter aufwärts. Noch ein letztes Mal wechseln wir den Weg (Ww. Grüntenhaus), überqueren den Bach abermals und folgen den Kehren durch den Wald empor, bis er sich lichtet und auf Alpweiden führt. Wer hier Lust verspürt, den Gipfel des Burgberger Hörnle zu erklimmen, zweigt am Weidezaun links ab. Die letzten Meter auf den felsigen Gipfel sind allerdings nicht zu unterschätzen. Die Mühe wird mit einem spektakulären

Tiefblick ins Illertal belohnt. Ansonsten geht es geradeaus zum nahen Grüntenhaus (1535 m) weiter. Trotz des schattigen Aufstiegs hat der eine oder andere vielleicht schon etwas Durst bekommen. Über Weiden (Ww. Grünten) steigen wir zum bewaldeten Bergkamm hinauf und folgen ihm bis knapp vor die nicht zugänglichen Sendeanlagen des Bayerischen Rundfunks. An der folgenden Weggabelung orientieren wir uns nach links (Ww. Jägerdenkmal) und erreichen kurze Zeit später den Gipfel des Übelhorns (1738 m) mit seinem kegelförmigen Gebirgsjägerdenkmal. Ein überwältigender Blick in alle Richtungen eröffnet sich uns hier: Im Norden das Allgäuer Vorland, im Süden die Allgäuer Alpen. Der Weiterweg ist einfach zu finden: Immer der Nase nach über den Nordostgrat des Grünten abwärts. Am Anfang ist es noch etwas felsig, doch bald kommt man ins grasige Umfeld der Grüntenlifte und passiert die Grüntenalp (1477 m). Kurz darauf an der Gipfelstation des längsten Lifts nach links abbiegen und auf gutem Steig – immer parallel zum Lift – zum Beginn eines Sträßchens hinab. Dieses leitet direkt nach Kranzegg zur Dorfkirche. Wenig daneben befindet sich die Bushaltestelle.

Varianten

• **Für Bequeme:** Nach der Starzlachklamm beim Gasthof Alpenblick auf der Teerstraße nicht

---

Tipp

In verkürzter Form gut als Tagestour für Spätaufsteher geeignet. Spannend für geologisch Interessierte und Fossiliensammler.

nach links, sondern nach rechts (Nordosten) und nach einem Kilometer bis zur Kehralp. Dort links auf den Fußpfad abzweigen und auf ihm zur Zweifelsgernalp. Nun entweder nach links zum Grüntenhaus (1535 m), oder unter dem Übelhorngipfel auf dessen Südseite durch, bis der Pfad am Nordostgrat auf den von Kranzegg heraufführenden Weg trifft. Nahezu gleicher Zeitbedarf. Abstieg wie oben oder zurück nach Burgberg.

• **Je nach Zugverbindung:** Alternativ kann auch am Bahnhof Sonthofen begonnen werden, der Weg durch die Stadt gestaltet sich etwas länger.

Hütten und Einkehrmöglichkeiten
Berggasthof Alpenblick,
Tel. 0 83 21/33 54;
Grüntenhaus, kein Telefon;
Grüntenalp, kein Telefon.

Wichtige Telefonnummern:
Taxi Sonthofen, Tel. 0 83 21/12 34;
Stadtbus Sonthofen,
Tel. 0 83 21/61 52 91;
Gästeamt Sonthofen,
Tel. 0 83 21/61 52 91;
Grüntenlifte, Tel. 0 83 27/231

Internet
www.sonthofen.de, www.gruenten.de

Weitere Tourenmöglichkeiten
Falken (1115 m),
Tiefenbacher Eck (1525 m)

Karte: Topogr. Karte 1 : 50 000,
Allgäuer Alpen

Übergang Zerrerköpfle – Gaishorn

Tour 3-2

Iseler (1876 m), Bschießer (2000 m), Ponten (2045 m), Gaishorn (2247 m)

Da geht's ein gutes Stück über den Allgäuer Hauptkamm – auf einer „Haute Route", wenn man so will. Die Gipfelnamen haben Klang, und die Südkante des Bschießer genießt bei Kletterern einen guten Ruf. Das aber nur nebenbei. Unser Gipfelquartett ist auch ohne Kletterambitionen große Klasse!

Ausgangspunkt: Oberjoch (1136 m)
Endpunkt: Vilsalpsee (1167 m)
Bahn-/Busverbindung: Von Sonthofen-Bf (an 8.53 Uhr; Abfahrt von
München-Hbf um 6.21 Uhr, *Umsteige-Bf*
Immenstadt) um 9.05 Uhr mit RVA-Linie
9748 nach Oberjoch-Zentralparkplatz (an
9.40 Uhr). **Rückfahrt** ab Vilsalpsee um
15.56 mit RVA-Linie 9719 nach Füssen-Bf
(an 17.13 Uhr). Füssen-Bf ab 18.05 Uhr
(an München-Hbf 20.16 Uhr, *Umsteige-Bf*
Kempten, Buchloe)
Fahrzeit gesamt: 6 1/4 Std.
Kondition: ★★
1. Tag: ↑ 1300 Hm, ↓ 1000 Hm, 3 1/2 bis
4 Std.; *2. Tag:* ↑ 800 Hm, 2 1/4 Std.,
↓ 1080 Hm, 2 Std.
Anforderungen: ★★
Leichte Bergtour, bis auf kurze ausgesetzte und schrofige Passagen;
im Gipfelbereich Trittsicherheit und
Schwindelfreiheit erforderlich
Jahreszeit: Juli bis September

Die Route

**1. Tag: Oberjoch – Iselerlift – Iseler –
Stuibensattel – Zipfelsalpe – Bschießer –
Ponten – Zirlesegg – Willersalpe;
2. Tag: Vordere Schafwanne – Gaiseck-
joch – Gaishorn – Vilsalpe – Vilsalpsee –
Tannheim**

1.Tag: Vom Zentralparkplatz in Oberjoch (1136 m) geradewegs hoch zur
Talstation des Iselerlifts (1210 m). Mit
ihm hinauf zur Bergstation (1640 m).
Auf dem breiten, steinigen Weg empor
zum Grat und durch Krummholz zum
Gipfel unserer ersten Station, des Ise-
lers (1876 m). Schöner Blick übers

Illertal im Norden und zum majestäti-
schen Hochvogel im Süden. Nach kurzer Rast gehen wir wieder zurück zum
Beginn des Grates und steigen von
dort aus ostwärts zum weiten Stuibensattel ab. Etwas oberhalb des Sattels
biegen wir an einer Gabelung rechts
ab und gelangen zur wenig unterhalb
des Sattels gelegenen, bewirtschafteten Zipfelsalpe (1534 m) hinunter.
Nach einem frischen Glas Milch steigen
wir direkt von der Hütte über weite,
grasige, dann steinige Hänge wieder
aufwärts und erreichen den Gipfel des
Bschießers (2000 m) auf einem immer
schmäler werdenden Grat. Mit seiner
runden Gipfelhöhe bietet uns der
Bschießer einen ebenso „runden"
Ausblick. Bereits sichtbar ist auch
unser nächster Höhepunkt, der Ponten. Steil und felsig bricht seine Nordseite ins Tannheimer Tal ab. Links der
Abbruchkante steigen wir über eine
kurze Flanke in den Pontensattel hinunter. Über Gras und Geröll folgen wir
dem gleichmäßigen Aufschwung des
Grates bis zum Gipfel (2045 m). Ein
wahrer Tag für Gipfelsammler! Und
noch immer soll es nicht der letzte
sein. In einigen Serpentinen geht es
nun über die grasige Südflanke des
Ponten hinunter bis zu einem unter
dem Gipfelaufbau kreuzenden Weg.
Diesem folgen wir in die Scharte und
über einen kurzen Grasrücken aufs Zirlesegg (1872 m). Jenseits auf dem Grat
in den kleinen Sattel hinab. Einen Blick
auf die Etappe des nächsten Tages ris-
kieren wir noch, ehe wir schnurstracks

Auf dem Rauhhorn-Gipfel

auf gut markiertem Weg nach Westen zur Willersalpe (1459 m) absteigen. Die Feldalpe lassen wir weit links liegen. Im schönen Wiesenkessel lassen wir den Tag ausklingen.

2. Tag: Von der Willersalpe rechtshaltend in südlicher Richtung durch zum Teil hoch stehende Wiesen zum Beginn der Vorderen Schafwanne. In zahlreichen Serpentinen überwinden wir den immer steiler werdenden Hang, anfangs noch im Gras, dann im Geröll. Schließlich erreicht man das Gaiseckjoch (2056), das Gaishorn und Gaiseck verbindet. Über eine lange Querung durch Gras und Schrofen in der Südwand des Gipfels gelangen wir auf das exponierte Gaishorn (2247 m). Nach ausgiebiger Besichtigungspause – das Tannheimer Tal liegt uns wortwörtlich zu Füßen – folgen wir

dem gleichen Weg zurück in den Sattel und steigen ins Kar nach Osten ab (Ww. Vilsalpsee, Tannheim). Immer steiler wird der Abstieg, der Weg windet sich in unzähligen Serpentinen nach unten. Der tiefblaue Vilsalpsee (1165 m) liegt dabei unmittelbar unter uns. Man möchte fast glauben, dass man sich mit einem beherzten Kopfsprung ins kühle Nass stürzen könnte. Nachdem wir die Vilsalpe (1178 m) passiert haben, steht einem Bad schließlich nichts mehr im Weg. Nun kann man sich nur noch überlegen, ob man den Vilsalpsee lieber rechts oder links umgehen möchte, ehe man bei einem kühlen Getränk auf der Terrasse des Gasthofs „Fischerstube" auf den Bus wartet.

Varianten

• **Für Extreme:** Am zweiten Tag von der Willersalpe über die Feldalpe in den Sattel östlich des Zirleseggs aufsteigen und Zirreköpfe (1946 m), Gaiseck (2212 m), Gaishorn (2247 m) miteinander verbinden. Sehr anspruchsvolle, teils klettersteigähnlich gesicherte (mehrere kurze Leitern, Drahtseile), eindrucksvolle Kammüberschreitung, für die Schwindelfreiheit, Trittsicherheit und alpine Erfahrung erforderlich ist;

> ### Tipp
>
> In verkürzter Form ist diese Tour als Tagesunternehmung für Spätaufsteher bestens geeignet. In Kombination mit dem Jubiläumsweg zum Prinz-Luitpold-Haus eine der großzügigsten Mehrtagesunternehmungen in den Allgäuer Alpen. Einkehr in der Zipfelsalpe (1534 m) bei frischer Alpenmilch, selbstgemachtem Käse, Butter, Quark und Joghurt!

• **Für Seilbahngegner:** Anstatt mit dem Iselerlift hinaufzufahren, von Oberjoch auf der Straße einige Minuten Richtung Tannheimer Tal gehen, dann am Wiedhag (Liftparkplätze) über Weideflächen und einen Latschenhang zum Grat des Kühgundkopfs aufsteigen. Über Kühgundspitze (1881 m) und Kühgundkopf-Gipfel (1907 m) zur Oberen Stuibenalpe (1613 m). Zeitbedarf 2 1/4 Std.

Hütten und Einkehrmöglichkeiten

Zipfelsalpe (1534 m), kein Telefon;
Willersalpe (1459 m),
Tel. 0 83 24/89 20;
Vilsalpe (1178 m); kein Telefon.

Wichtige Telefonnummern

Bus-Info, Tel. 00 43/(0)56 72/625 88;
Tourismusverband Tannheimer Tal,
Tel. 00 43/(0)56 75/625 30;
Gästeinformation Bad Hindelang,
Tel. 0 83 24/89 20;
Taxi Schwarzer Adler,
Tel. 00 43/(0)56 75/62 04

Internet

www.tannheimertal.at
www.oberjoch.info, www.hindelang.net
www.skilifte-oberjoch.de

Weitere Tourenmöglichkeiten

Rauhhorn (2240 m),
Kugelhorn (2125 m)

Karte: Topogr. Karte 1 : 50 000,
Allgäuer Alpen

Tour 3-3

Jubiläumsweg und Saalfelder Weg

Jubiläumsweg, Saalfelder Weg – das sind Parade-Höhenwege der Allgäuer Alpen.

Bei dieser Zwei-Tage-Tour erfahren wir das Beste von beiden: unvergessliche Schau-Erlebnisse, zum Beispiel auf den mächtigen Hochvogel, wilde Kare, saftige Bergwiesen, malerische Seen. Alles, was die Allgäuer Bergwelt ausmacht.

Ausgangspunkt: Giebelhaus (1066 m)
Endpunkt: Vilsalpsee (1155 m)
Bahn-/Busverbindung: Ab Sonthofen-Bf (an 9.31 Uhr; Abfahrt von München-Hbf 7.19 Uhr) mit RVA-Linie 9748 um 9.35 Uhr nach Hinterstein, Ghf. „Grüner Hut" (an 10.10 Uhr).
Rückfahrt ab Vilsalpsee um 15.56 mit RVA-Linie 9719 nach Füssen-Bf (an 17.13 Uhr). Füssen-Bf ab 18.05 Uhr (an München-Hbf 20.16 Uhr,
Umsteige-Bf Kempten, Buchloe)
Fahrzeit gesamt: 6 Std.
Kondition: ★★★
1.Tag: ↑ 780 Hm, 2 1/2 Std.; *2.Tag:* ↑ 850 Hm, ↓ 1500 Hm, 6 1/2 bis 7 Std.
Anforderungen: ★★
Unschwierige Bergtour, bis auf eine kurze gesicherte und eine weglose Passage; Trittsicherheit stellenweise erforderlich.
Jahreszeit: Juli bis September

Ausblick ins Hintersteiner Tal

Die Route

1.Tag: Hinterstein – (Bus) – Giebelhaus – Bärgündeletal – Bärgündelealpen – Prinz-Luitpold-Haus;

2.Tag: Bockkarscharte – Kessel – Notländsattel – Lahnerscharte – Schrecksee – Kirchdachsattel – Kastenjoch – Steinkarjoch – Lachenspitze – Landsberger Hütte – Lache – Traualpsee – Vilsalpsee

1. Tag: Von der RVA-Haltestelle in Hinterstein (866 m) steigen wir in den Bus um, der uns durchs Ostrachtal zum Giebelhaus (1066 m) bringt. Von dort folgen wir der Teerstraße (Ww. Prinz-Luitpold-Haus, Hochvogel) über den Fluss und zweigen wenig nach der zweiten Brücke auf einen schmalen Weg ab (Ww. Bärgündeletal, Prinz-Luitpold-Haus), der die Kehren abkürzt. Wieder auf der Straße, überqueren wir den Bärgündelesbach und steigen immer steiler bis zur Materialbahn des Prinz-Luitpold-Hauses auf. Kurz vorher bereits aus dem Bärgündeletal heraus (Ww. Prinz-Luitpold-Haus). Über eine kleine Brücke und in vielen Serpentinen durch den steilen Bergwald. An der Unteren Bärgündelealp (bewirtschaftet) vorbei zu den Wiesen der Oberen Bärgündelealp. Danach wird eine felsige Steilstufe links umgangen. Der letzte, steile Geröllhang wird in einigen Kehren überwunden, dann ist das Prinz-Luitpold-Haus (1847 m) erreicht.

2.Tag: Direkt an der Hütte links und abwärts „Ins Täle", ein kleines Hochtal, das über herrliche Wiesenmatten

41

in die Bockkarscharte (2164 m) führt. Schöner Ausblick auf die gefalteten Hauptdolomitschichten der Fuchskarspitze (2314 m) zur rechten. Jenseitig steigen wir mit Kehren ins Kar des „Kessels" hinter der Kesselspitze (2284 m) ab, bis wir auf die Abzweigung ins Schwarzwassertal und zur Balkenscharte treffen. Wir halten uns weiter geradeaus und queren die steilen Flanken von Lärchwand (2186 m) und Sattelköpfen (2097 m) – zum Teil drahtseilgesichert – in nördliche Richtung zum Notländsattel oder „Gschnitzböden". Ein Blick zurück zeigt uns den majestätisch über dem Schwarzwassertal thronenden Hochvogel. An der Weggabelung im Sattel halten wir uns rechts (Ww. Schrecksee, Jubiläumsweg) und queren wieder auf der Ostseite des Kammes unter den Felsflanken von Schänzlekopf (2069 m) und Schänzlespitze (2052m) durch zur Südseite des Lahnerkopfes (2121 m). Durch einen unangenehm steilen Geröllhang führt der Weg hinauf zur Lahnerscharte (1988 m). Nach Osten zweigt hier der Saalfelder Weg ab, doch wir halten uns weiter geradeaus (Ww. Jubiläumsweg, Schrecksee) und steigen zum grünblauen Schrecksee (1813 m) ab. Auf der Ostseite des Sees quert man die Wiesenhänge des wunderschönen Kars und hält sich stets Richtung Norden aufs Kugelhorn zu

Tipp

In Kombination mit einer Überschreitung des Allgäuer Hauptkamms ab dem Schrecksee eine der eindrucksvollsten Mehrtage-Unternehmungen in den Allgäuer Alpen.

(Ww. Jubiläumsweg, Willersalpe), bis ein Pfad zum Kirchdachsattel (1926 m) hinaufführt (Ww. Saalfelder Weg, Landsberger Hütte). Jenseits folgen wir einer langen Querung nach Osten. Weit unter uns liegt der winzige Alplsee (1620 m). Im Kastenjoch (1865 m) treffen wir wieder auf die „Hauptader" des Saalfelder Weges. Weiter ostwärts auf den Westrücken der Steinkarspitze zu. Auf etwa 1920 m verlassen wir den Weg, der nun deutlich nach Norden abknickt und halten uns kurz weglos immer auf gleicher Höhe ostwärts. Über einen flachen Sattel zwischen Steinkarspitze und einem kleinen Felskopf und jenseits mit wenigen Metern auf ca. 1880 m zu einem Weg, der vom Schwarzwassertal kommt, hinunter. Auf diesem bequem ins Steinkarjoch (1955 m). Vom Sattel folgen wir einem gut markierten Steig in einigen Kehren zum Gipfel der Lachenspitze (2126 m). Nach einsamer Gipfelrast und bezauberndem Blick auf die vielen Seen der Umgebung steigen wir wieder ins Steinkarjoch ab. Nun im weiten Rechtsbogen zunächst über Geröll, dann durch den Wiesenkessel nach Norden hinab zur Landsberger Hütte (1805 m).

Nach einer Stärkung erwartet uns zu guter Letzt noch ein Tageshöhepunkt, der Drei-Seen-Abstieg: An der kleinen Lache vorbei zum Traualpsee, einem der Stromerzeugung dienenden Stauseelein. Über eine steile Stufe gelangen wir hinab zur Unteren Traualpe (1180 m), immer den großen Vilsalpsee (1167 m) im Blick. An dessen Ostufer entlang folgen wir schließlich der „Promenade" zum Gasthof Fischerstube, wo wir mit Blick auf die beschrittenen Pfade nochmals den Tag Revue passieren lassen können, während wir auf den Bus warten.

Varianten

• **Für Spätaufsteher:** Nach dem Schrecksee anstatt nach Osten ins Tannheimer Tal abzusteigen, nach Westen abwärts zur Willersalpe (1459 m) und weiter nach Hinterstein (letzter Bus 18.40 Uhr). Zeitbedarf ca. 1 1/2 Std.

• **Für Extreme:** Vom Schrecksee weiter über den Allgäuer Hauptkamm nach Norden. Ab dem Kugelhorn kann der gesamte Kamm über Rauhhorn, Gaiseck, Zerrerköpfle zum Zirleseck direkt überschritten werden. Dabei ist das solide Beherrschen des II. Schwierigkeitsgrades, Trittsicherheit und alpine Erfahrung erforderlich. Zeitbedarf 4 bis 5 Std.

Es empfiehlt sich eine Übernachtung auf der Willersalpe. Die Überschreitung kann – je nach zur Verfügung stehender Zeit – beliebig nach Nordwesten verlängert (*s. auch Tour 3-2*) und wahlweise ins Tannheimer Tal oder ins Hintersteiner Tal abgestiegen werden.

• **Für Zeitlose:** Am zweiten Tag ggf. noch Leilachspitze (2274 m) ersteigen und auf der Landsberger Hütte über

nachten. Anderntags Verlängerung des Saalfelder Weges über Sulzspitze und Neunerköpfle (Sessellift) ins Tannheimer Tal. Zeitbedarf etwa 3 Std.

Hütten und Einkehrmöglichkeiten

Giebelhaus (1066 m),
Tel. 0 83 24/81 46;
Prinz-Luitpold-Haus (1847 m), DAV-Sektion Allgäu-Immmenstadt, bewirtschaftet Anfang Juni bis Mitte Oktober, Tel. 0171/623 34 17;
Willersalpe (1459 m),
Tel. 0 83 24/89 20;
Landsberger Hütte (1805 m), DAV-Sektion Landsberg, bewirtschaftet Pfingsten bis Mitte Oktober,
Tel. 00 43/(0)56 75/62 82

Wichtige Telefonnummern

Bus-Info, Tel. 00 43/(0)56 72/625 88;
Busverkehr Giebelhaus,
Tel. 0 83 24/82 27;
Tourismusverband Tannheimer Tal,
Tel. 00 43/(0)56 75/625 30;
Kurverwaltung Hindelang,
Tel. 0 83 24/89 20;
Taxi Wötzer, Tel. 00 43/(0)56 75/62 21

Internet

www.tannheimertal.at
www.hinterstein.com

Weitere Tourenmöglichkeiten

Sulzspitze (2084 m), Leilachspitze (2274 m), Schochenspitze (2069 m)

Karte: Topogr. Karte 1:50000,
Allgäuer Alpen

Tour 3-4

Hochvogel (2592 m)

Zweifellos gehört der Hochvogel zu den Berühmtheiten in den Allgäuer Alpen. In ihrem Hauptkamm ist er ein echter Paradeberg, begehrt, aber nicht ungefährlich vor allem dann, wenn man auf den Altschneefeldern nicht aufpasst. Die nordseitigen Kletterrouten sind berühmt-berüchtigt wegen ihrer Brüchigkeit und Steinschlaggefahr.

Ausgangs-/Endpunkt: Giebelhaus (1066 m)

Bahn-/Busverbindung: Ab Sonthofen-Bf (an 8.27 Uhr; Abfahrt von München-Hbf 6.21 Uhr) mit RVA-Linie 9748 nach Hinterstein, Ghf. „Grüner Hut" (an 9.10 Uhr). **Rückfahrt** ab Hinterstein, Ghf. „Grüner Hut" um 17.40 Uhr mit RVA-Linie 9748 nach Sonthofen-Bf (an 18.20 Uhr). Sonthofen-Bf ab 18.29 (an München-Hbf 20.36 Uhr). Weitere Abfahrtszeiten mit gleicher oder entsprechender Verbindung: 18.40 Uhr (nur sonntags)

Fahrzeit gesamt: 5 1/2 Std.

Kondition: ★ ★ ★

1. *Tag:* ↑ 780 Hm, 2 1/2 Std.;
2. *Tag:* ↑ 750 Hm, 3 bis 4 Std., ↓ 1530 Hm, 4 bis 4 1/2 Std.

Anforderungen: ★ ★ ★

Anspruchsvolle Bergtour mit klettersteigähnlich gesicherten Passagen, Trittsicherheit und Schwindelfreiheit erforderlich

Jahreszeit: Juli bis September

Die Route

1. Tag: Hinterstein – (Bus) – Giebelhaus – Bärgündeletal – Bärgündelealpen – Prinz-Luitpold-Haus;

2. Tag: Oberes Tal – Balkenscharte – Sättele – Kalter Winkel – Kaltwinkelscharte – Schnur – Gipfel – Kaltwinkelscharte – Kreuzspitze – Prinz-Luitpold-Haus – Bärgündeletal – Giebelhaus – Hinterstein

1. Tag: Von der RVA-Haltestelle in Hinterstein (866 m) per Bus durchs Ostrachtal zum Giebelhaus (1066 m). Von dort wie bei Tour 3-3 beschrieben zum Prinz-Luitpold-Haus (1847 m).

2. Tag: Gleich neben der Hütte folgen wir dem Weg nach rechts (Ww. Hochvogel) und umwandern die kleine Seemulde vor der Fuchskarspitze. Dann in Serpentinen aufwärts, über den Bach und auf der anderen Seite über Felsplatten empor ins „Obere Tal". An einer Quelle verzweigt sich der Weg. Wir wählen den linken (Ww. Hochvogel über Kalter Winkel) und steigen in Serpentinen über das Schuttkar empor zur Balkenscharte. Schon von weitem ist der schlanke Felsfinger mit seinem Kreuz, der die Scharte markiert, sichtbar. In die Scharte mündet auch der südseitig vom Schwarzwassertal heraufführende Steig. Nun folgt man dem Ww. „Hochvogel" und quert unter den Felsflanken der Kreuzspitze durch ins Sättele (2136 m). An der folgenden Abzweigung halten wir uns rechts (Ww. Hochvogel) und steigen über das Schuttkar zum Firnfeld des „Kalten

Hochvogel (links) von Norden

Winkels" hinauf. Über das Firnfeld (ca. 30° steil) erreichen wir die Kaltwinkelscharte (2283 m). Nun wenden wir uns nach links, übersteigen eine kleine Felsstufe und erreichen die „Schnur" – ein felsüberdachtes, nahezu waagrechtes Band, auf dem man die felsige Westschulter des Hochvogels umgehen kann. Am Ende des Bandes über gestuften Fels und eine Schuttflanke mit einigen Kehren höher, bis nur noch ein paar kurze Felsabsätze und der Blockgrat zum Gipfelkreuz (2592 m) zu überwinden sind.

Nachdem wir ausgiebig gerastet haben, steigen wir auf bereits bekanntem Weg in die Kaltwinkelscharte ab, von dort aber geradeaus weiter über den klettersteigähnlich gesicherten Steig der Kreuzspitze (Ww. Kreuzspitze, Prinz-Luitpold-Haus). Kurz unter deren Gipfel quert man nach rechts zu einer Scharte des Nordgrats und steigt jenseits über plattigen Fels und Drahtseilsicherungen ab. Mit einer weiten Linksquerung erreicht man schließlich wieder das Schuttkar und trifft bei der kleinen Quelle auf den Weg zur Balkenscharte. Zügig sind wir zum Prinz-

Luitpold-Haus abgestiegen und können uns bei Kaffee und Kuchen für den weiteren Abstieg zum Giebelhaus stärken.

Varianten

• **Für Abenteurer:** Abstieg vom Hochvogelgipfel über den anspruchsvollen Bäumenheimer Weg (Achtung Steinschlaggefahr!) nach Süden ins Hornbachtal. Von Hinterhornbach bis Vorderhornbach im Taxi. Ab Vorderhornbach Post verkehrt um 17.06 und 18.01 Uhr (letzterer nicht während der Schulferien) ein Bus nach Reutte-Bf.

Hütten und Einkehrmöglichkeiten:
Giebelhaus (1066 m),
Tel. 0 83 24/81 46;
Prinz-Luitpold-Haus, *s. Tour 3-3*

Wichtige Telefonnummern
Busverkehr Giebelhaus, Kurverwaltung Hindelang, Taxi Greiter
s. Tour 3-3;
Taxi-Ausflugsfahrten Stanzach,
Tel. 00 43/(0)56 32/332;
Postbusinfo Reutte,
Tel. 00 43/(0)56 72/625 88

Internet
www.hinterstein.com
www.hindelang.net

Weitere Tourenmöglichkeiten
Himmeleck (2007 m), Rauheck (2384 m)

Karte: AV Karte 1 : 25 000,
Allgäuer-Lechtaler Alpen, Ostblatt

4. Region Pfronten

Tourengebiete Ostallgäuer Alpenvorland, Tannheimer Berge, Außerfern, Lechtal

Pfronten ist etwas Besonderes. Das bestätigen schon die 13 verschiedenen Ortsteile mit ihren Eigenheiten. Doch auch die Pfrontener Bergwelt ist es: Die felsigen, schroffen Tannheimer Berge im Süden, die einsamen Züge des Außerferns und des Lechtals im Südosten sowie die bewaldeten Hügelketten des beginnenden Oberallgäus im Westen. Mit dieser Mischung kommt jeder auf seine Kosten.

Nicht nur geographisch, auch politisch war Pfronten seit seiner Gründung als römisches Kastell Ad Frontes ein Grenzort. Das bezeugen die vielen Burgruinen im Umland, darunter auch Deutschlands höchstgelegene, Falkenstein. Daneben lädt noch so manches barockes Schmuckstück unter den Dorfkirchen und -kapellen zu einem Besuch ein. So kommen auch kulturell interessierte Bergwanderfreunde keinesfalls zu kurz. Viele leichte Wanderungen lassen sich von Pfronten aus in der Umgebung unternehmen.

Verkehrsverbindungen

Verkehrstechnisch lässt sich Pfronten

Aggenstein (rechts), daneben Breitenberg bei Pfronten

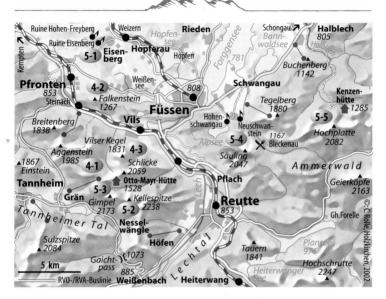

mit der DB-Zugverbindung über Kempten und Garmisch-Partenkirchen von Stuttgart/Ulm bzw. München/Augsburg bestens erreichen. Von Kempten verkehrt stündlich ein Zug direkt nach Pfronten. Von München aus besteht über den Werdenfels-Takt eine stündliche Verbindung nach Garmisch-Partenkirchen. Dort existiert ein zweistündlicher Anschluss (zusätzlich einige Taktverdichter) über die Außerfernbahn nach Pfronten. Nach Füssen und nach Sonthofen oder Oberstdorf ins angrenzende Oberallgäu gibt es gute RVA-Busverbindungen. Lediglich das bergsteigerisch so interessante Tannheimer Tal ist verkehrstechni-

sches Entwicklungsgebiet. Die wenigen an Wochenenden bestehenden Busverbindungen scheiden zu allem Überfluss meist auch noch aus, da sie zu spät oder zu früh für Bergsteiger und Bergwanderer verkehren.

Informationen

Tourismusverband Ostallgäu, Tel. 0 83 42/91 13 13; Gästeinformation der Gemeinde Pfronten, Tel. 0 83 63/698-0

Internet

www.ostallgau-tourismus.de
www.allgaeu-schwaben.de
www.pfronten.de

Tour 4-1

Aggenstein (1985 m)

D er Breitenberg mit seinen eher sanften Formen und der dunkelfelsige, schroffe Aggenstein sind ein ebenso ungleiches wie markantes Gipfelpaar, das weit und unverkennbar ins Alpenvorland hinausgrüßt. Besonders der Aggenstein ist eine wahre „Pfrontner Aussichtsloge".

Die Route

Pfronten-Steinach – Breitenbergbahn-Bergstation – Hochalphütte – Engerle – Langer Strich – Aggenstein – Bad Kissinger Hütte – Aggensteinwiesen – Enge – Lumberger Hof/Grän

Aufstieg: Vom Bahnhof Pfronten-Steinach (840 m) schnurstracks über die Bundesstraße zur Talstation der Breitenbergbahn. Von der Bergstation zu Fuß an der Hochalphütte vorbei (Ww. Ostlerhütte, Aggenstein) und zum Engerle, dem Wiesenrücken, der Aggenstein und Breitenberg verbindet.

Tipp
Die Tour auf den Aggenstein ist vor allem im Herbst sehr schön; der Abstieg über die Südseite ist dann nicht mehr so heiß.

Über diesen Rücken auf die dunkle Nordwand des Aggensteins zu. Über einen steilen Grashang gelangen wir auf die Nordwestseite des Berges und auf die breite Rampe des Langen Strichs. In angenehmen Serpentinen steigt man rasch über einige mit Drahtseilen und

Ausgangspunkt: Pfronten-Steinach (840 m)
Endpunkt: Lumberger Hof/Grän (1138 m)
Bahn-/Busverbindung: Pfronten-Steinach-Bf (an 8.52 Uhr; München-Hbf ab 6.21 Uhr, *Umsteige-Bf* Kempen).
Rückfahrt ab Grän, Ghs. „Lumberger Hof" um 16.25 Uhr mit RVA-Linie 9719 (Füssen-Bf an 17.13 Uhr). Füssen-Bf ab 18.05 Uhr (München-Hbf an 20.16 Uhr, *Umsteige-Bf* Buchloe).
Fahrzeit gesamt: 5 1/2 Std.
Kondition: ★★
↑ 500 Hm, 2 Std.; ↓ 800 Hm, 1 1/2 Std.
Anforderungen: ★★ bis ★★★
Teils anspruchsvolle Bergtour, im Gipfelbereich klettersteigähnlich gesicherte Stellen; Trittsicherheit und Schwindelfreiheit erforderlich
Jahreszeit: Juni bis Oktober

Ketten gesicherte Stellen hinweg auf den Grat. Nach einer kurzen Querung treffen wir auf die Weggabelung zur Bad Kissinger Hütte (ehemalige Pfrontener Hütte), halten uns hier aber rechts aufwärts, denn wir wollen ja noch auf den Gipfel! Er verlangt uns zu guter Letzt nochmals alles ab, doch zum Glück gewähren die Sicherungsketten guten Halt in der steilen Grasflanke. Am Gipfel bietet sich uns ein Rundblick par excellence ins Ostallgäuer Vorland und zu den benachbarten Tannheimer Bergen.

Abstieg: Nach gebührender Gipfelrast machen wir uns nun doch zur Bad Kissinger Hütte (1788 m) auf den Weg, um uns eine Erfrischung auf diesem kühnen „Adlerhorst" zu gönnen. Kurz unterhalb der Hütte verzweigt sich der Weg. Hier sollte man nochmals genau auf die Uhr schauen, ob man den einzigen Nachmittagsbus vom Tannheimer Tal nach Füssen erwischt. Ansonsten empfiehlt sich ein Abstieg nach links zum Breitenberg und nach Pfronten. Geht man rechts weiter, kann der Blick ungehindert bis ins Tal, in die „Enge" schweifen, die man über viele Serpentinen und nach Überqueren des Seebachs erreicht. Auf einem Sträßchen gelangt Richtung Tannheimer Tal in kurzer Zeit zum Lumberger Hof/Grän.

Aggenstein von Süden

Tel. 00 43/(0)676/373 11 66;
Lumberger Hof,
Tel. 00 43/(0)56 75/63 92;
Füssener Jöchle Bergstation,
Tel. 00 43/(0)56 75/63 63

Varianten

• **Für Seilbahngegner:** Anstatt die Breitenbergbahn zu benutzen, kann man auch vom Bahnhof Pfronten-Steinach auf der Bundesstraße in Richtung Staatsgrenze/Reutte bis zur Abzweigung zum Campingplatz, dann über die sehenswerte Reichenbachklamm und die Grenzhütte (1504 m, unbewirtschaftet) zur Bad Kissinger Hütte gelangen.

• **Für Siebenmeilenstiefel:** Abstieg von der Bad Kissinger Hütte auf dem Tannheimer Höhenweg an der Sefenspitze (1948 m) vorbei zum Füssener Jöchle (1818m). Mit der Seilbahn nach Grän (Achtung: Busabfahrtszeit!). Zeitbedarf 1 1/2 Std.

Hütten und Einkehrmöglichkeiten

Bad Kissinger Hütte (1788 m), DAV-Sektion Bad Kissingen, bewirtschaftet Ende Mai bis Anfang Oktober,

Wichtige Telefonnummern

Bus-Info RVA-Verbindungen, Tel. *Seite 26* sowie 00 43/(0)56 72/625 88; Tourismusverband Grän-Haldensee, Tel. 00 43/(0)56 75/62 85; Gästeinformation Pfronten, Tel. 0 83 63/698-0; Taxi Schwarzer Adler, Tel. 00 43/(0)56 75/62 04; Taxi GbR Pfronten, Tel. 0 83 63/92 47 11

Internet

www.tannheimertal.at
www.pfronten.de
www.breitenbergbahn.de

Weitere Tourenmöglichkeiten

Alpspitz (1575 m), Sorgschrofen (1635 m)

Karte: Topogr. Karte 1 : 50 000, Füssen und Umgebung

Tour 4-2

Falkenstein (1267 m)

Falkenstein – wer würde da nicht an König Ludwig II. Idee denken, hier ein noch größeres, noch prunkvolleres Schloss zu bauen als sein nahegelegenes Neuschwanstein. Es kam nicht mehr dazu. Der Falkenstein bietet eine sehr schöne, eher gemütliche Kammwanderung mit etlichen Einkehrstationen.

Die Route

Pfronten-Steinach – Manzengrat – Schlossangeralm – Burgruine Falkenstein – Einerkopf – Zwölferkopf – Zirmgrat – Salobersattel – Saloberalm – Alatsee – Vilser Scharte – Vils

Vom Bahnhof Pfronten-Steinach (840 m) folgt man etwa 200 Meter der Bundesstraße Richtung Osten (Reute), bis linkerhand der „Zirmenweg" abbiegt, die Bahnlinie überquert und über die Vilsbrücke führt. Auf dem nun kreuzenden breiten Kiesweg wandern wir nach links und 1 Kilometer an der Vils entlang. Noch ein gutes Stück ehe man neuerlich an eine Brücke über die Vils gelangt, zweigen wir nach rechts (Ww. Manzengrat) ab und gelangen durch einen Bachtobel auf eine Teerstraße, an deren Ende sich der Gasthof Manzenstüble befindet. Gegenüber führt ein markierter, schmaler Fußpfad in vielen Serpentinen über den Manzengrat hinauf zur Schlossangeralm, der ersten der vielen Einkehrmöglichkeiten auf unserem Weg.

Ein kurzes Stück muss man der Teerstraße in Richtung Norden folgen, dann zweigt ein Weg rechts ab, auf dem wir durch Wiesen und über einem steilen Waldhang die Burggaststätte Falkenstein, Einkehrmöglichkeit Numero zwei, erreichen. Links an der Terrasse beginnt der kurze Schlussanstieg zur Burgruine Falkenstein (1268 m). Diese wenigen Schritte sollte man nicht scheuen, die Mühe wird durch einen phänomenalen Ausblick auf die von den Eiszeiten geprägte Alpenvorlandschaft belohnt. Wer,

Ausgangspunkt: Pfronten-Steinach (840 m)
Endpunkt: Vils (826 m)
Bahn-/Busverbindung: Pfronten-Steinach-Bf an 8.52 (Abfahrt von München-Hbf 6.21 Uhr, *Umsteige-Bf* Kempten) oder 9.54 Uhr (Abfahrt von München-Hbf 7.00 Uhr, *Umsteige-Bf* Garmisch). Weitere Abfahrtszeiten mit gleicher oder entsprechender Verbindung: 7.19, 8.20, 9.19, 10.20 Uhr.
Rückfahrt von Vils-Bf 15.46 (an München-Hbf 18.36 Uhr, *Umsteige-Bf* Pfronten-Steinach, Kempten). Weitere Abfahrtszeiten mit gleicher oder entsprechender Verbindung: 16.06, 17.46, 18.06, 18.46, 19.06, 19.46 Uhr.
Fahrzeit gesamt: 5 1/4 Std.
Kondition: ★
↑ 500 Hm, ↓ 550 Hm, 4 bis 4 1/2 Std.
Anforderungen: ★
Bergwandertour, bis auf eine kurze drahtseilgesicherte Passage
Jahreszeit: ganzjährig

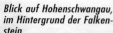

Blick auf Hohenschwangau, im Hintergrund der Falkenstein

wieder zurück an der Burggaststätte, noch Lust verspürt, die wenige Minuten unterhalb gelegene Mariengrotte zu besuchen, sollte es sich nicht lange überlegen. Ansonsten folgen wir der Fahrstraße nach Norden und Osten talwärts, bis diese nach etwa 20 min. an einer Einsattelung mit Rastbank verlassen wird. Auf dem Europäischen Fernwanderweg Nr. 4 folgt man nun dem Grat und zugleich dem Landesgrenzverlauf über den Einerkopf und den Zwölferkopf. Immer wieder erschließen sich vom Zirmgrat spektakuläre Blicke, die vielen Rastbänke laden zum Verweilen ein. Nach der idyllischen Wiesenfläche des Salobersattels und der „Schlüsselstelle" des Weges, einem kurzen, gesicherten Steilhang, steigt man zum Holzgebäude der Saloberalm (1088 m), Einkehrmöglichkeit Nummer drei, hinab. Frisch gestärkt widerstehen wir nun auch der Versuchung, direkt nach Süden ins Tal der Vils abzusteigen und machen uns stattdessen auf dem breiten Fahrweg noch zum Umweg an den Alatsee

(865 m) auf. Dort angekommen hat man die Wahl, den See rechts (kürzer) oder links zu umrunden. Am Südufer des Sees leitet ein Fußweg über die Vilser Scharte und führt schließlich in einigen Serpentinen ins Vilstal und nach Vils hinab. Bei den ersten Häusern folgen wir der Teerstraße geradeaus weiter in Richtung Zementwerk, dann in einer Rechtsschleife unter der Lorenbahn hindurch. Kurz danach nehmen wir die erste Straße links und folgen ihr bis zum Bahnhof.

Varianten

• **Für Eilige:** Rundtour über den Manzengrat zum Falkenstein und auf dem Südanstieg, direkt an der Mariengrotte vorbei, hinab zurück nach Pfronten-Steinach. Zeitbedarf etwa 3 Std.;

• **Für Siebenmeilenstiefel:** Vom Alatsee weiter zum Hotel Alatsee, dann über den „Trimm-Dich-Pfad" nach Faulenbach. Am Obersee und Mittersee vorbei zum Lechfall und durch die Füssener Altstadt zum Bahnhof (Zugverbindung nach München).

> ### Tipp
>
> Ideale Tagestour für Spätaufsteher. Bei entsprechender Schneelage auch als Winterwanderung gut geeignet. Von der Saloberalm zum Alatsee Rodelbahn

Hütten und Einkehrmöglichkeiten

Schlossangeralp,
Tel. 0 83 63/91 45 50;
Burghotel Falkenstein,
Tel. 0 83 63/91 45 40;

Saloberalm, 00 43 (0) 56 77/87 88

Wichtige Telefonnummern

Verkehrsamt Pfronten,
Tel. 0 80 63/698 88;
Kurverwaltung Füssen,
Tel. 0 83 62/70 77;
Taxi GbR Pfronten,
Tel. 0 80 63/92 47 11;
Taxizentrale Füssen,
Tel. 0 83 62/62 22

Internet

www.pfronten.de
www.fuessen.de

Weitere Tourenmöglichkeiten

Schönkahler (1688 m),
Edelsberg (1630 m)

Karte: Topogr. Karte 1 : 50 000, Füssen
und Umgebung

Tour 4-3

Vilser Kegel (1831 m)

Zum ersten Mal in einem Berggebiet, das einem noch unbe-
kannt ist, da wäre doch eine zum
„Witterung aufnehmen" geeignete
Tour gerade recht.

Der Vilser Kegel, der einsame
„Außenposten" der Tannheimer
Berge, stellt so eine Unternehmung dar: nicht sonderlich lang
aber doch schon ein bisschen
fordernd ...

Ausgangs-/Endpunkt: Vils (826 m)
Bahn-/Busverbindung: Vils-Bf an
9.46 (Abfahrt von München-Hbf 7.00 Uhr,
Umsteige-Bf Garmisch). Weitere Abfahrtszeiten mit gleicher oder entsprechender
Verbindung: 7.19, 9.00, 9.19 Uhr.
Rückfahrt von Vils-Bf 15.46 (an München-Hbf 18.36 Uhr, *Umsteige-Bf* Pfronten-Steinach, Kempten). Weitere Abfahrtszeiten mit gleicher oder entsprechender Verbindung: 16.06, 17.46, 18.06,
18.46, 19.06, 19.46, 20.48, 21.10 Uhr
Fahrzeit gesamt: 5 1/2 Std.
Kondition: ★★
↑ 1000 Hm, 2 1/2 Std.; ↓ 1000 Hm, 2 Std.
Anforderungen: ★★
Unschwierige Bergtour, bis auf kurze
nahezu weglose Passagen im Gipfelbereich; Trittsicherheit erforderlich
Jahreszeit: Juni bis Oktober

Die Route

**Vils – Konradshüttlelift – Hundsarschalpe
– Hundsarschjoch – Vilser Kegel – Vilser
Alpe – Alptal – Vils**

Aufstieg: Vom Bahnhof Vils (826 m)
auf dem Sträßchen östlich des Bahnhofs zur Bundesstraße Pfronten–Reutte. Diese überqueren und auf einem
Pfad am Fuß eines Hügels, des „Ran-
zen", geradeaus nach Süden, bis eine
Straße kreuzt. Nun entweder schnurstracks über die Wiesen zum bereits
sichtbaren Konradshüttlelift, oder auf
besagter Straße rechts, am Eisstock-
platz wieder links zum Lift. Auf der
kleinen Forststraße bis zum Hunds-
arschbach, der bei einem Wasserspei-
cher nach rechts überschritten wird.

Auf dem folgenden Forstweg ¹/₂ Std. ansteigen, an einer Gabelung links bis man wieder auf den Bach mit dem schönen Namen trifft. Auf der anderen Seite folgen wir einem deutlich steiler werdenden Fußpfad durch Wald und Krummholz aufwärts bis zur Lichtung der Hundsarschalpe (1400 m, unbewirtschaftet). Auf dem markierten Pfad weiter in ein Wiesentälchen, an dessen Ende über einige Serpentinen ins Hundsarschjoch (1607 m). Von dort folgen wir zunächst einige Meter dem schmalen Grat Richtung Gipfel, dann verlassen wir ihn und queren rechts einen steilen, mit Latschen bewachsenen Schrofenhang. Hier gilt es, an einigen abschüssigen Stellen den Halt nicht zu verlieren. Schließlich muss nur noch eine Wiesenmulde über ein paar Kehren überwunden werden und wir stehen auf dem Vilser Kegel (1831 m). Zur Belohnung gibt es einen wunderbaren Blick aufs Vilstal und die Nordseite der Tannheimer Berge.

Abstieg: Nach der Gipfelrast ist man rasch wieder im Joch und steigt westlich über eine kurze Rinne und viel Geröll zur Vilser Alpe (1224 m) ab. Nach einer gemütlichen Einkehr wandern wir auf dem Forstweg durchs Alptal hinab nach Vils und passieren die gewaltigen Abraumhalden des Zementwerks am Talausgang. Durchs Ortszentrum in wenigen Minuten zum Bahnhof.

> **Tipp**
>
> Ideal als Eingehtour bei einem Aufenthalt im Tannheimer Tal oder in Pfronten

Varianten

• **Für Zeitlose:** Von der Vilser Alpe zum Füssener Jöchle (1818 m) aufsteigen und mit der Seilbahn bzw. zu Fuß nach Grän/Tannheimer Tal oder weiter zur Otto-Mayr-Hütte im Raintal (in beiden Fällen muss vor Ort übernachtet werden)

Hütten und Einkehrmöglichkeiten

Vilser Alpe (1224 m),
Tel. 00 43/(0)676/511 12 63
Otto-Mayr-Hütte, DAV-Sektion Augsburg, bewirtschaftet Anfang Mai bis Ende Oktober,
Tel. 00 43/(0)56 77/84 57;
Füssener Hütte (1520 m),
Tel. 00 43/(0)676/342 32 21

Wichtige Telefonnummern

Liftgesellschaft Füssener Jöchle,
Tel. 00 43/(0)56 75/63 63;
Füssen Tourismus,
Tel. 0 83 62/938 50;
Tourismusverband Grän-Haldensee,
Tel. 00 43/(0)56 75/62 85;
Taxizentrale Füssen, Tel. 0 83 62/62 22

Internet

www.fuessen.de
www.reutte.at

Weitere Tourenmöglichkeiten

Einstein (1866 m),
Sulzspitze (2084 m),
Krinnenspitze (2000 m)

Karte: Topogr. Karte 1 : 50 000, Füssen und Umgebung

5. Region Füssen

Tourengebiete Ostallgäuer Alpenvorland, Ammergauer Alpen, Tannheimer Berge, Außerfern, Lechtal

Im Füssener Land finden Bergwanderer und Bergsteiger alles was sie sich wünschen: Allein stehende schroffe Gipfel, liebliche Hügel, viele Seen und eine unversperrte Aussicht ins Alpenvorland. Mitten zwischen Halblech und den Ammergauer Alpen im Osten, Pfronten und den Tannheimer Bergen im Südwesten gelegen, ist Füssen gleichzeitig Tor zur Bergwelt des Lechtals und des Außerferns mit seinem Hauptort Reutte im Süden. Auch kulturell bietet das Füssener Land einiges. Man denke nur an die königlich bayerischen Schlösser Neuschwanstein und Hohenschwangau oder an die vielen Burgruinen, die häufig bis zur vorletzten Jahrtausendwende zurückdatieren. Doch auch die malerischen Wallfahrtskirchen, die historische Altstadt Füssens oder die vielen idyllischen Weiler von Hopferau bis Trauchgau lohnen einen Besuch.

Verkehrsverbindungen

Verkehrstechnisch ist die Region über den Allgäu-Schwaben-Takt der Bahn gut erschlossen. Ein stündlich verkehrender Zug verbindet München/Augsburg direkt oder mit einem Mal Umsteigen mit Füssen. Gleiches gilt für die Verbindung Stuttgart/Ulm nach Füssen. Vom Verkehrsknotenpunkt Füssen aus bestehen gute RVA/RVO-Busverbindungen Richtung Steingaden, Schongau und Weilheim ins angrenzende Oberbayern. Auch das benachbarte Oberallgäu mit seinen Hauptorten Sonthofen und Oberstdorf kann über Pfronten gut mit dem RVA erreicht werden. Anders verhält es sich mit den Verbindungen ins Tannheimer Tal, Lechtal und ins Außerfern. Hier dünnt sich das Angebot am Wochenende erheblich aus. Aus diesem Grund werden einige Tourenziele trotz ihrer Ortsnähe zu Füssen besser über die häufiger verkehrende Außerfernbahn (Garmisch-Partenkirchen bis Reutte) erschlossen.

Informationen

Tourismusverband Ostallgäu,
Tel. 0 83 42/91 13 13;
Füssen Tourismus,
Tel. 0 83 62/938 50;
Gästeinformation Halblech,
Tel. 0 83 68/285 oder 0 83 68/912 22 22;
Gästeinformation Schwangau,
Tel. 0 83 62/819 80;

Internet

www.allgaeu-schwaben.com
www.ostallgaeu-tourismus.de
www.fuessen.de
www.halblech.de
www.schwangau.de

Tour 5-1

Burgruinen Hohen-Freyberg und Eisenberg

Burgruine Eisenberg

Ein Ausflug ins Mittelalter, der für Kinder und für Erwachsene gleichermaßen spannend sein kann. Informationstafeln auf Hohen-Freyberg klären über die bewegte Geschichte der Festungen auf. Der örtliche Burgenverein hat viel getan, um Hohen-Freyberg, dessen Mauern schon bröckelten, vor dem Verfall zu bewahren.

Ausgangs-/Endpunkt: Weizern-Hopferau (809 m)
Bahnverbindung: Weizern-Hopferau-Bf an 8.46 Uhr (Abfahrt von München-Hbf 6.51 Uhr). Weitere Abfahrtzeiten mit gleicher oder entsprechender Verbindung stündlich. **Rückfahrt** ab Weizern-Hopferau 13.16 Uhr (München-Hbf an 15.07 Uhr). Weitere Abfahrtzeiten mit gleicher oder entsprechender Verbindung stündlich
Fahrzeit gesamt: 3 3/4 Std.
Kondition: ★
↑ 300 Hm, ↓ 300 Hm, 2 1/4 Std.
Anforderungen: ★
Bergwandertour
Jahreszeit: ganzjährig

Die Route

Weizern – Lieben – Drachenköpfle – Ruine Eisenberg – Ruine Hohen-Freyberg – Zell – Speiden/Maria-Hilf – Weizern
Aufstieg: Vom Bahnhof Weizern-Hopferau (809 m) folgen wir zunächst den Gleisen in Richtung Norden (Seeg), bis linkerhand ein schmales Sträßchen zum Weiler Weizern abzweigt. An der nächsten Kreuzung nach links, nach 100 Metern an die Bundesstraße Seeg – Hopferau. Dieser folgen wir 200 Meter nach rechts (Seeg), bis links ein kleines Schild Richtung Lieben weist. Auf der schmalen Teerstraße gelangt man bis in den kleinen Weiler, an einer weiteren kleinen Teerstraße biegen wir links, nach 50 Metern abermal links (Ww. Hohen-Freyberg, Eisenberg) ab. Nach einem kurzen Steilstück geht es an einer Weggabelung geradeaus über die Wiese. Am Waldrand folgen wir einem schmalen, markierten Steig (Ww. Ruinen Hohen-Freyberg, Eisenberg) über einen Waldhang linkshaltend hinauf. Auf dem breiten Ostrücken des Drachenköpfle (1009 m) weglos höher. Auf einer Ebene gelangen wir zu einem breiteren Weg. Diesen verlassen wir nach kurzem Abstieg wieder, wechseln auf einen schmalen

Pfad, überqueren eine Wiese und gelangen schließlich über einen Feldweg und ein Viehgatter zur Schloßbergalp. Der traumhafte Ausblick auf die Ammergauer Alpen verführt bereits hier das erste Mal zur Einkehr. Hinter dem Gasthof folgt man kurz einem asphaltierten Sträßchen nach rechts aufwärts, verlässt es aber schon vor dem Viehgatter nach links zugunsten des Wanderwegs zu den Ruinen (Ww.). Nach kurzer Zeit gelangt man zu einer Wegkreuzung auf dem Bergrücken zwischen den beiden Ruinen. Wir halten uns zunächst links an den ausgeschilderten Pfad zur Ruine Eisenberg (1055 m), ehe wir auf gleichem Weg zurückkehren und zur benachbarten Ruine Hohen-Freyberg (1041 m) ansteigen.

> **Tipp**
>
> Ideale Tagesunternehmung für Spätaufsteher. Auch im Winter bestens geeignet. In Lieben sollte man bei der örtlichen Sennerei einen Zwischenstop einlegen und den ausgezeichneten Allgäuer Bergkäse probieren.

Abstieg: Nach ausgiebiger Besichtigung steigen wir zu einem Wiesensattel ab und folgen einem kleinen Weg (Ww. Schweinegg, Zell) am Waldesrand zu einer Gabelung. Dort halten wir uns rechts, an der nächsten Kreuzung (Ww. Zell) links. Durch Zell (902 m) und an der Kirche vorbei. Weiter geradeaus und an der Kreuzung mit der Bundesstraße links. Nach 200 Metern verlassen wir diese bereits wieder nach rechts. Schon nach weiteren 100 Metern biegen wir links ab (Richtung Unterdolden), nach 700 Metern wiederum links auf einen Feldweg. Diesem folgt man bis ins Ortszentrum von Eisenberg (850 m). An der ersten Abzweigung rechts und gleich darauf wieder rechts nach Speiden/Maria-Hilf (817 m). Nach Besichtigung der schönen Wallfahrtskapelle kann im Sudhaus der Privatbrauerei Kössel der Tag mit einem frischgezapften Bier und einer deftigen Brotzeit seinen Ausklang finden. Zum Glück muss von Maria-Hilf nur noch seiner Nase nach zum Bahnhof Weizern-Hopferau zurück gegangen werden.

Varianten

• **Für Siebenmeilenstiefel:** Ausdehnung der Runde von Lieben nach Schwarzenbach – Schweinegg – rund um den Schweineg-

Hohen-Freyberg von Eisenberg

ger Weiher bis nach Zell und gegen-
läufig zur obigen Beschreibung zu den
Ruinen und zurück nach Weizern. Zeitbedarf 1 Std. mehr.
• **Für Zeitlose:** Beendigung der Runde
in Zell und RVA-Busverbindung nach
Pfronten, oder Weiterfahrt mit dem
Zug ab Weizern nach Füssen. Ab dort
zahlreiche weitere Möglichkeiten im
Tourengebiet Pfronten oder Schwan-
gau/Füssen.

Hütten und Einkehrmöglichkeiten

Schloßbergalm, Tel. 0 83 63/17 48;
Burghotel Bären, Tel. 0 83 63/50 11;
Kössel Bräu, Mariahilfer Sudhaus,
Tel. 0 83 64/85 56

Wichtige Telefonnummern

Verkehrsamt Eisenberg,
Tel. 0 83 64/12 37;
Verkehrsamt Pfronten,
Tel. 0 83 63/698 88;
Füssen Tourismus,
Tel. 0 83 62/938 50;
Taxi GbR Pfronten,
Tel. 0 83 63/92 47 11

Internet

www.eisenberg.de
www.pfronten.de, www.fuessen.de
www.schwangau.de

Weitere Tourenmöglichkeiten

Alpseerundwanderung,
Alpenrosenweg

Karte: Topogr. Karte 1 : 50 000,
Füssen und Umgebung

Tour 5-2

Tannheimer Berge
Durchquerung von Süden nach Norden

D ie eigentlichen Tannheimer Berge
mit ihren berühmten Klettergip-
feln Rote Flüh, Gimpel, Kelle- und Gehrenspitze sind zwar eine relativ kleine
Gruppe in den Allgäuer Alpen, nichts-
destoweniger werden sie ob ihrer For-
menvielfalt gerne besucht. Die hier
vorgestellte Zwei-Tage-Tour ist die
„leichte" Durchquerung.

Die Route

**1.Tag: Höfen – Reuttener Bergbahn –
Lechaschauer Alpe – Gehrenjoch – Gehrenspitze – Sabachjoch – Nesselwängler
Scharte – Wanne – Otto-Mayr-Hütte;
2.Tag: Große Schlicke – Vilser Scharte –
Karboden – Hundsarschscharte –
Karrettal – Hundsarschalpe – Konradshüttlelift – Vils**
1.Tag: Von der Bushaltestelle in Höfen
(868 m) zur nahen Talstation der Reuttener Bergbahn. Ab Bergstation „Höfe-
ner Alm" (1733 m) 100 Meter bergauf

Ausgangspunkt: Höfen (868 m)
Endpunkt: Vils (826 m)
Bahn-/Busverbindung: Ab Reutte-Bf
(an 8.20 Uhr; Abfahrt von München-Hbf
4.57 Uhr, *Umsteige-Bf* Kempten, Pfronten-Steinach) um 8.30 Uhr mit Buslinie
4268 nach Höfen (an 8.42 Uhr; Verbindung nur wochen- und samstags).
Rückfahrt von Vils-Bf um 15.46 Uhr
(München-Hbf an 18.36 oder 20.36 Uhr,
Umsteige-Bf Pfronten-Steinach, Kempten).
Weitere Abfahrtzeiten mit gleicher oder
entsprechender Verbindung: 17.46 Uhr
Fahrzeit gesamt: 6 ¹/₂ Std.
Kondition: ★★
1. Tag: ↑ 450 Hm, 2 bis 2 ¹/₂ Std.;
↓ 650 Hm, 2 Std.;
2. Tag: ↑ 530 Hm, 1 ¹/₂ bis 2 Std.;
↓ 1500 Hm, 3 Std.
Anforderungen: ★★
Anspruchsvolle Bergtour mit kletter-
steigähnlich gesicherten Passagen und
Kletterstellen bis Schwierigkeitsgrad I;
Schwindelfreiheit, Trittsicherheit und
alpine Erfahrung erforderlich
Jahreszeit: Juli bis September

in Richtung Hahnenkammgipfel. An
der Wegekreuzung rechts halten zum
Alpenblumengarten. Dem bequemen
Weg folgen wir ohne großen Höhen-
gewinn bis zur tagsüber bewirtschafteten Lechaschauer Alpe (1700 m).
Weiter auf dem aussichtsreichen
Alpenrosenweg an der Schneid
(2009 m) vorbei, bis der Weg nach
Osten abknickt. An der Weggabelung
links halten und über die Flanken
eines weiten Wiesenkessels in das
Gehrenjoch (1858 m) aufsteigen. Aus
dem Joch über den grasigen Rücken
weiter bis zum Beginn des Westgrats.
Nun quert man auf markiertem Steig
rechts in die Schrofenflanke zum
Beginn einer auffälligen Geröllrinne.
Darin höher bis das Gelände nach
links zwingt. Über eine kurze Felsstufe
(I) erreichen wir eine Scharte im Westgrat, den wir überqueren und auf der
Nordseite in die tiefe, vom Gipfel her-
unterreichende Schlucht queren. Kurz
in ihr aufwärts, dann wieder rechts
zum Grat hinauf und zum Gipfel der
Gehrenspitze (2163 m). Bis zur Zugspitze reicht der Blick im Osten, zu
unseren Füßen das Lechtal und das
Raintal. Nach Westen, wie auf einer
Perlenschnur gereiht, die Tannheimer
Felsberge.

Nach einer Rast steigen wir auf dem
bekannten Weg ins Gehrenjoch ab.
Dort queren wir die Nordflanke der
Schneid und gelangen ins benach-

Tannheimer Kletterberge: Kellespitze (Mitte), Babylonischer Turm und Gehrenspitze von Süden

belung. Hier folgen wir der rechten Abzweigung durch lichten Bergwald und über Matten zu einer Wegkreuzung. Dort links und steiler über viele Kehren bis zum Gipfel der Großen Schlicke (2059 m). Die Tannheimer Berge im Süden mit ihren abweisenden Nordwänden, durch die viele schwierige Kletteranstiege führen, stehen Spalier. Nicht weniger beeindruckend ist der Ausblick ins weite Ostallgäuer Vorland, das sich gegen Norden ausdehnt.

Nach einer Verschnaufpause steigen wir wenige Meter auf dem uns schon bekannten Weg ab, bis wir bei einer Verzweigung den rechten Weg wählen. Wenig abfallend queren wir die steilen Wiesen bis zur Vilser Scharte (1817 m). Dort verzweigt sich der Weg abermals. Wir steigen rechterhand über eine kurze Eisenleiter in die steile Nordseite ab, queren unter einer Felswand (Drahtseil) und steigen ins steile Kar hinunter. Im Karboden (1500 m) verlassen wir den markierten Weg zur Vilser Alpe und gehen in nordöstlicher Richtung über Steig- und Pfadspuren in einen weiten Wiesen-

barte Sabachjoch (1860 m). Auf schmalem Pfad am markanten Babylonischen Turm – einem Ziel für gute Kletterer – vorbei, unter den Südwänden der Kellespitze durch und zur Nesselwängler Scharte (2004 m) empor. Hier steigen wir nordseitig über einige Kehren zu einer Steilstufe ab. Ein Drahtseil sichert uns über die steile Passage und wir gelangen über Geröll hinab in das Hochkar der „Wanne". Am Weg passieren wir den „Bächlestein", einen großen, markanten Felsblock. In vielen Serpentinen geht es nun bis in den Hochwald hinab. Auf einem kleinen Steg überqueren wir schließlich den Sababach, wenden uns nach links und steigen kurz zur Otto-Mayr-Hütte oder zur benachbarten Füssener Hütte (1528 m) auf.

2. Tag: Von der Hütte über die Wiesen direkt nach Norden ansteigen (Ww. Große Schlicke) zu einer Wegga-

Ausblick von der Großen Schlicke

sattel zwischen Großer Schlicke und Wildböden, die Hundsarschscharte (1744 m). Jenseitig ins latschenbestandene Karrettal und auf Steigspuren bis zur Hundsarschalpe (1400 m) hinab. Hier treffen wir auf den markierten Wanderweg, der von Vils zum Hundsarschjoch (1600 m) führt. Nun auf dem Weg (ausführliche Beschreibung *siehe Tour 4-3*) bis zu einem Fahrsträßchen und zum Konradshüttlelift. Von dort links halten (Ww. Vils) nach Vils (826 m) und durch den kleinen Ort zum Bahnhof.

> ### Tipp
>
> Alpenblumengarten bei der Bergstation „Höfener Alm" mit ca. 500 verschiedenen Arten von Alpenblumen, Laub- und Nadelbäumen auf 2 Hektar Gelände.

Varianten

• **Für Bequeme:** Am zweiten Tag alternativer Abstieg von der Großen Schlicke über Raintaler Joch und Füssener Jöchle (Zeitbedarf 1 Std.), Abfahrt mit der Bergbahn nach Grän (Achtung Busabfahrtszeit; siehe *Tour 4-1*) oder wie oben, nur ab dem Karboden (1500 m) nach Norden auf durchwegs markiertem Weg zur Vilser Alpe absteigen. (Beschreibung *siehe Tour 4-3*).

• **Für Genießer:** Anstatt über die Nesselwängler Scharte kann auch einfacher direkt über das Gehrenjoch und die Sabahütte ins Raintal abgestiegen, d. h. der Gehrenspitzgipfel weggelassen werden.

Hütten und Einkehrmöglichkeiten

Tannheimer Hütte (1760 m), DAV-Sektion Allgäu-Kempten, bewirtschaftet Anfang Mai bis Ende Oktober, Tel. 00 43/(0)676/342 32 39;

Gimpelhaus (1720 m), privat, bewirtschaftet Anfang Mai bis Ende Oktober, Tel. 00 43/(0)56 75/82 51;

Otto-Mayr-Hütte, DAV-Sektion Augsburg, bewirtschaftet Anfang Mai bis Ende Oktober, Tel. 00 43/(0)56 77/84 57;

Füssener Hütte (1528 m), Tel. 00 43/(0)676/342 32 21;

Lechaschauer Alpe, kein Telefon;

Füssener Jöchle Bergstation, Telefon siehe Lift

Wichtige Telefonnummern

Bus-Info, Tel. 00 43/(0)56 72/625 88
Tourismusverband Ferienregion Reutte, Tel. 00 43/(0)56 72/623 36;
Liftgesellschaft Füssener Jöchle, Tel. 00 43/(0)56 75/63 63;
Taxi Wötzer Tannheim, Tel. 00 43/(0)56 75/62 21

Internet

www.tirol-php.highway.telekom.at/bergbahn/
www.tannheimertal.at
www.reutte.at

Weitere Tourenmöglichkeiten

Kellespitze (2238 m), Gimpel (2173 m), Gaichtspitze (1986 m)

Karte: Topogr. Karte 1 : 50 000, Füssen und Umgebung

Tour 5-3

Tannheimer Berge
Durchquerung von Westen nach Osten

Diese gegenüber Tour 5-2 noch rassigere und bergsteigerisch anspruchsvollere Durchquerung der Tannheimer Gruppe schließt die Ersteigungen der Roten Flüh und der Kellespitze – des höchsten Gipfels der Tannheimer – mit ein.

Die Route

1. Tag: Grän – Füssener Jöchle – Hallergernjoch – Schartschrofen – Friedberger Klettersteig – Gelbe Scharte – Rote Flüh – Judenscharte – Gimpelkar – Tannheimer Hütte bzw. Gimpelhaus;

2. Tag: Nesselwängler Scharte – Kellespitze – Sabachjoch – Sabahütte – Hahlesattel – Schallerkapelle – Kostarieskapelle – Wängle – Lechaschau – Reutte

1. Tag: Von Grän (1138 m) zur Bergbahn Füssener Jöchle. Von der Bergstation (1821 m) südöstlich (Ww. Schartschrofen, Friedberger Klettersteig) zum nahen Raintaler Joch. Unter dem Gipfelaufbau der Läuferspitze und den Flanken des Hallerschrofens auf markiertem Wanderweg erst links, dann rechts des Grates durch die Wiesenhänge und Latschenfelder, bis wir das Hallergernjoch (1853 m) erreichen. Von dort (Ww. Schartschrofen), zunächst durch dichtes Krummholz, dann immer freier auf

Ausgangspunkt: Grän (1138 m)
Endpunkt: Reutte (853 m)
Bahn-/Busverbindung: Ab Füssen-Bf (an 8.57 Uhr, Abfahrt von München-Hbf 6.51 Uhr, *Umsteige-Bf* Buchloe) um 9.35 Uhr mit RVA-Linie 9719 nach Grän Kirche (an 10.20 Uhr). **Rückfahrt** von Reutte-Bf um 16.25 (München-Hbf an 18.54 Uhr, *Umsteige-Bf* Garmisch) oder 17.32 Uhr (München-Hbf an 20.36 Uhr, *Umsteige-Bf* Pfronten-Steinach, Buchloe). Weitere Abfahrtzeiten mit gleicher oder entsprechender Verbindung: 18.24, 18.32, 19.29, 19.32, 20.34 Uhr
Fahrzeit gesamt: 5 1/4 Std.
Kondition: ★★★
1. Tag: ↑ 450m, ↓ 400 Hm, 4 bis 4 1/2 Std.;
2. Tag: ↑ 700 Hm, ↓ 1530 Hm, 5 bis 5 1/2 Std.
Anforderungen: ★★★
Anspruchsvolle Klettersteig- und Bergtour mit gesicherten Passagen und Kletterstellen bis Schwierigkeitsgrad II; Schwindelfreiheit, Trittsicherheit, alpine Erfahrung und eine gute Portion Kraft erforderlich
Jahreszeit: Juli bis September

den ausgesetzten Gipfel des Schartschrofens (1968 m). Die Aussicht nach Süden ins Tannheimer Tal, zum Haldensee und hinüber zu unserem nächsten Ziel, der Roten Flüh, lässt uns wünschen, wir hätten etwas mehr Zeit zum Verweilen übrig. Doch sie drängt, denn nun wird es ernst. Felsig, steil und ausgesetzt, doch immer gut gesichert (überwiegend

Aufstieg zur Roten Flüh; in der Tiefe der Haldensee im Tannheimer Tal

Drahtseilsicherungen) geht es direkt vom Gipfelkreuz auf der anderen Seite über den Friedberger Klettersteig hinab. Der etwas brüchige Kalkstein trägt seinerseits dazu bei, dass mit diesem Abschnitt – insbesondere bei stärkerer Frequentierung – wenig zu spaßen ist (Achtung: Steinschlaggefahr!). Doch wer's beherrscht, hat seine Freude: Atemberaubende Tiefblicke und spektakuläre Seitblicke auf die abweisende Nordwestseite der Roten Flüh sind zuhauf geboten. Über eine glatte Platte erreichen wir zuletzt die Gelbe Scharte. Ab hier nochmals kurz bergab Richtung Raintal, dann wieder bergauf, über eine drahtseilgesicherte Felsstufe und rechts um den Gilmenkopf herum. Weiter über den Nordwestgrat der Roten Flüh, dann über ein Band in

die Südwestflanke. Von einem kaminartigen Einschnitt führen einige Sprossen und Stifte über die plattige Seitenwand hinauf. Danach wird weiter gequert und über ein paar Serpentinen und ein abschließendes Drahtseil der luftige Gipfel der Roten Flüh (2108 m) erreicht. Beherrschend ragt der Gimpel (2176 m) neben uns auf, der Tiefblick hinab ins Tannheimer Tal lässt uns von einem Dasein als Dohle träumen.

Vom Gipfel zunächst unschwierig, doch bei Nässe rutschig über Grasabsätze und mergelige Runsen hinab. Über eine glatte Felsplatte führen eingeschlagene Tritte und ein Stahlseil sicher zur engen Judenscharte und an den Fuß der Gipfelwand hinunter. Dort, an der Weggabelung, wählen wir den rechten Abzweig. Wir passieren eine kleine Quelle und steigen über Geröll und Gras über das Gimpelkar hinab, bis sich weit unten die beiden Pfade wieder vereinen. Nahe eines großen Gedenkkreuzes zweigt rechts der Pfad zum Gimpelhaus ab. Dorthin abwärts oder links über eine weite Querung durch lichten Bergwald zur kleinen Tannheimer Hütte (1718 m). Auf der sonnigen Südterrasse lassen wir den schon späten Tag gebührend ausklingen.

2. Tag: Von der Hütte (Ww. Judenscharte, Rote Flüh) auf dem Weg vom Vortag zurück bis zur Weggabelung im Wiesenboden. Nun nordöstlich mit einigen Serpentinen über die Grashänge bis zum Fuß der schroffen Felswände. Auf einem wenig ausgetretenen Pfad unter der Südwand des Schäfers durch zur Nesselwängler Scharte (2004 m). Nach einem Blick in die steile Nordseite, wo der Weg ins Raintal abfällt, wenden wir uns wieder gen Osten und steigen parallel zum Westgrat der Kellespitze auf. Nach einer schmalen Scharte Abstieg durch eine enge Steilrinne (I) und auf der anderen Seite über gestuften Fels empor. Wir queren links aufsteigend zum Begin eines Kamins. Den steilen Aufschwung überwinden wir über einige Bügel und ein Drahtseil (II), ehe es im Kamin weiter hinauf und schließlich über Schrofen in die Gipfelscharte geht. Über eine letzte Stufe (I) gelangen wir zum Gipfelkreuz (2238 m). Nur noch die Gehrenspitze (2163 m) liegt zwischen uns und dem weiten

Reuttener Talkessel im unteren Lechtal. Ein Blick zurück zeigt uns noch einmal die Etappe des Vortages. Nach ausgiebiger Gipfelrast kehren wir auf der Anstiegsroute zur Nesselwängler Scharte zurück. Nun unter den Kellespitz-Südwänden durch nach Osten bis ins Sabachjoch (1860 m). Von dort Abstieg nach Norden durchs weite Kar. Tief drunten, nahe der Sabahütte, quert man auf den östlichen Parallelpfad hinüber. Auf ihm ostwärts, unter den Nordabstürzen der Gehrenspitze nahezu auf gleicher Höhe durch, dann wieder 200 Höhenmeter aufsteigen in den weiten Hahlesattel, der Gehrenspitze und Hahlekopf (1758 m) miteinander verbindet. Jenseits auf einem schmalen Weglein an steilen Grasflanken entlang queren zum Wiesenrücken mit der Schallerkapelle. Auf den Alpwiesen um die Kapelle weiden im Sommer Haflinger. Dem Rücken entlang weiter talwärts und an der Hahle- und der Sulztaleralp vorbei zur Kostarieskapelle. Eine in weiten Kehren immer wieder kreuzende Forststraße lassen wir unbeachtet. Von der Kapelle leiten Serpentinen über den steilen Waldhang hinunter. Am Hangfuß queren wir auf markiertem Pfad weit nach rechts und gehen an einem kleinen Schlepplift vorbei

> **Tipp**
>
> Bei Gewittergefahr von einer Begehung der „eisengespickten" Wege von Schartschrofen, Roter Flüh und Kellespitze absehen!

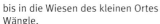

bis in die Wiesen des kleinen Ortes Wängle.

Auf dem nun asphaltierten Sträßchen bis zur Kirche, dann weiter auf einem breiteren Sträßchen nach Lechaschau. Bei gutem Timing lässt sich hier der Bus nach Reutte „abpassen". Ansonsten schneller zu Fuß durch den Ort, über die Lechbrücke und geradeaus weiter durch das Ortszentrum von Reutte (853 m) zum Bahnhof.

Varianten
• Anstelle der Kellespitze kann auch die Gehrenspitze als östlichste Bastion der Tannheimer Berge bestiegen werden.
• **Für Genießer:** Anstatt den Friedberger Klettersteig und die Rote Flüh zu begehen, gemütlich am ersten Tag von Nesselwängle (Zeitbedarf 2 Std.) oder vom Hahnenkamm (*siehe Tour 5-2*) zur Tannheimer Hütte aufsteigen. Zweiter Tag wie beschrieben, evtl. Gipfel aussparen, dann ebenfalls leichter.

Hütten und Einkehrmöglichkeiten
Siehe Tour 5-2

Wichtige Telefonnummern
Bus-Info, Tel. 0 83 62/939 05 05, 00 43/(0)56 72/625 88;
Tourismusverband Grän-Haldensee, Tel. 00 43/(0)56 75/62 85;
Taxi Hornstein, Lechaschau, Tel. 00 43/(0)56 72/623 00;
weitere siehe Tour 5-2

Internet
www.tannheimertal.at
www.reutte.at
www.fuessen.de

Weitere Tourenmöglichkeiten
Gehrenspitze (2163 m),
Krinnenspitze (2000 m),
Einstein (1866 m)

Karte: Topogr. Karte 1 : 50 000, Füssen und Umgebung

Auch am Rande einer Säuling-Ersteigung faszinierend: Neuschwanstein

Tour 5-4

Säuling (Westgipfel, 2039 m)

Ob man den felsigen Säuling vom Alpenvorland oder aus dem Reuttener Talkessel sieht, ob man ihn gar von einem Wettersteingipfel oder vom Thaneller aus ortet – er ist ein markanter, ein auffallender Berg. Und er bietet abwechslungsreiche Routen für Bergsteiger und Kletterer.

Die Route

Hohenschwangau – Wildsulzhütte – Pilgerkar – Sattel – Gemswiese – Westgipfel – Säulinghaus – Pflach
Aufstieg: Von der Bushaltestelle in Hohenschwangau (810 m) diagonal über die Kreuzung und unterhalb des Hotel Kainz über den Parkplatz. Dort folgt man entweder direkt dem asphaltierten Fußweg zum Schloss Neuschwanstein. Am Buswendeplatz vor dem Schloss halten wir uns halb rechts (nicht auf der asphaltierten Straße!) und steigen auf dem „Wasserleitungsweg" (Ww. Säuling, Pilgerschrofen) aufwärts. Die Forststraße zweigt einige Male ab, doch die Wegweisung „Säuling" lässt keine Zweifel über den Wegverlauf aufkommen. An der Abzweigung im schattigen Kessel des „Älpele", bei der kleinen Wildsulzhütte, biegt man nach rechts zum Pilgerschrofen ab. Nach links führt der anspruchsvolle Nordwandanstieg zum Säulinggipfel. Durchs Pilgerkar, am Älpeleskopf (1591 m) vorbei und

Ausgangspunkt: Hohenschwangau (810 m)
Endpunkt: Pflach (840 m)
Bahn-/Busverbindung: Ab Füssen-Bf (an 7.54 oder 8.57 Uhr; Abfahrt von München-Hbf 5.46 oder 6.51 Uhr, *Umsteige-Bf* Buchloe) um 8.05 oder 9.15 Uhr mit RVA-Buslinie 9715 bzw. 9713 nach Hohenschwangau Ortsmitte (an 8.13 oder 9.23 Uhr). **Rückfahrt** von Pflach-Bf um 15.35 (München-Hbf an 18.36 Uhr, *Umsteige-Bf* Pfronten-Steinach, Kempten). Weitere Abfahrtzeiten mit gleicher oder entsprechender Verbindung: 16.18, 17.35, 18.18, 18.35, 19.18, 19.35, 20.37 Uhr
Fahrzeit gesamt: 5 Std.
Kondition: ★★
↑ 1230 Hm, 3 1/2 bis 4 Std.;
↓ 1200 Hm, 2 Std.
Anforderungen: ★★
Unschwierige Bergtour, bis auf kurze drahtseilgesicherte Passagen; Trittsicherheit und Schwindelfreiheit erforderlich
Jahreszeit: Juli bis September

über den Westrücken des Pilgerschrofens führt uns der Weg einige Male auf und ab. Schließlich quert man am Fuß des „Zwölf-Apostel-Grates", der den Pilgerschrofen mit dem Säuling verbindet, durch Geröll, Grasmatten und Bergwald zum Südanstieg des Säulings hinüber. Kurz oberhalb des Säulinghauses (1693 m) trifft man auf den bezeichneten Anstieg und folgt diesem zu einer steilen Felsstufe. Mit Hilfe der guten Sicherung (Ketten

Am Forggensee; links der Säuling

und Stahlseile) hangeln wir uns über diese Schlüsselpassage. Die folgende schrofendurchsetzte Grasflanke zum „Sattel" stellt kein Hindernis mehr dar. Die Aussicht nach Norden übers Ostallgäuer Vorland, die Hohenschwangauer Schlösser und nach Süden ins Außerfern, Lechtal und zu den Tannheimer Bergen laden zum Verweilen. Ein kurzer Anstieg über die Gemswiese, auf der manchmal Drachenflieger vom benachbarten Tegelberg einlanden, leitet uns zum felsdurchsetzten Gipfelaufbau, der unschwierig bis zum Gipfelkreuz erstiegen werden kann.

> **Tipp**
>
> In Kombination mit dem Teilabschnitt Oberammergau – Bleckenau des Maximiliansweges oder mit Weiterführung in die Tannheimer Berge (*siehe Tour 5-2*) sehr lohnende Mehrtage-Unternehmung.

Abstieg: Auf dem gleichen Weg zurück zum Säulinghaus, wo uns eine kurze Einkehr gegönnt sein soll. Vom Säulinghaus steigt man dann durch den immer dichter werdenden Bergwald der Südseite – in der Nachmittagssonne eine wahre Wohltat – rasch auf gut bezeichnetem Weg nach Pflach und zum Bahnhof ab.

Varianten

• **Für Extreme:** Der Nordwandanstieg auf den Säuling ab der Wildsulzhütte. Mit Stahlseil gesicherte Passagen und steile Schrofen fordern Bergerfahrung, Trittsicherheit und Schwindelfreiheit. Abstieg entweder nach Pflach oder auf der oben beschriebenen Aufstiegsroute.

• **Für kühle Köpfe:** An nicht zu heißen Sommer-/Herbsttagen lässt sich die Tour auch andersherum durchführen (erste Zugankunft in Pflach

erst 9:35 Uhr!). Absteigen kann man alternativ ab Wildsulzhütte Richtung Nordwandsteig und weiter zur Bleckenau. Ab dort verkehrt ein Pendelbus nach Hohenschwangau.

Hütten und Einkehrmöglichkeiten

Säulinghaus (1720 m), Touristenverein „Die Naturfreunde", bewirtschaftet Ostern bis Ende November, Tel. 00 43/(0)56 72/296 32; **Berggaststätte Bleckenau** (1167 m), privat, bewirtschaftet Weihnachten bis Ende Oktober, Tel. 0 83 62/811 81

Wichtige Telefonnnummern

Bus-Info, Tel. 0 83 62/939 05 05; Busverkehr Bleckenau, s. Gaststätte; Kurverwaltung Schwangau, Tel. 0 83 62/819 80; Füssen Tourismus, Tel. 0 83 62/938 50; Taxi Hornstein Lechaschau, Tel. 00 43/(0)56 72/623 00; Taxizentrale Füssen, Tel. 0 83 62/62 22

Internet

www.schwangau.de
www.fuessen.de
www.reutte.at

Weitere Tourenmöglichkeiten

Dürrenberg (1797 m),
Kreuzkopf (1909 m),
Ochsenälpeleskopf (1905 m)

Karte: Topogr. Karte 1:50 000, Füssen und Umgebung

Hochplatte (2082 m)

Die Hochplatte ist der höchste Gipfel des Kenzengebiets, das mit dem Geiselstein den vielleicht attraktivsten Berg des Ammergebirges besitzt. Bei der hier vorgeschlagenen Tour wird sowohl der zweite Zweitausender der Kenzengipfel, die Krähe, erstiegen und dem spröden Geiselstein „auf die Pelle" gerückt.

Die Route

Halblech – (Bus) – Kenzenhütte – Schlößel – Wilder Freithof – Grat – Gipfelüberschreitung – Fensterl – Krähe – Gumpenkar – Geiselsteinsattel – Wankerfleck – (Bus) – Halblech
Von der Bushaltestelle in Halblech etwa 200 Meter auf der Hauptstraße Richtung Süden (Füssen), bis links die Füssener Straße (Ww. Halblechtal, Kenzenhütte) abzweigt. Ihr folgt man bis zum Halblechtal-Parkplatz nahe der Säge (5 min.). Ab dort verkehrt ein Pendelbus zur Kenzenhütte (1285 m).
Von der Kenzenhütte folgt man dem breiten Forstweg Richtung Lösertaljoch. Unterhalb des Lösertalkopfs (1859 m) zweigt der Weg zur Hochplatte südwestlich ab und führt um das Schlößel (1806 m) herum bis zu Wegverzweigung kurz vor dem Weitalpjoch. Man nimmt den rechten Weg. Er leitet auf die Karrenhochfläche des „Wilden Freithof". Der Markierung nach in Nordrichtung zum Gams-

angerl. Jetzt über den anfangs noch flachen Grat, später über eine kurze gesicherte Passage zum Ost- und weiter zum Hauptgipfel der Hochplatte (2082 m).

Von der Hochplatte über den luftigen Westgrat (Drahtseilsicherungen) hinab in Richtung Krähe. Ab dem Westgipfel der Hochplatte deutlich weniger anspruchsvoll zum „Fensterl" (1916 m), einem natürlichen Torbogen, durch den man nordseitig ins Gumpenkar absteigen könnte. Vom „Fensterl" weiter dem Grat entlang auf die Krähe (2012 m). Dann über den Westgrat und durch eine schmale Felsrinne in den Gabelschrofensattel hinab. Dort rechts (im Abstiegssinn) abwärts ins Gumpenkar. Bei Weggabelung links (nach rechts würde man über den Kenzensattel wieder zur Kenzenhütte zurückkehren können; kürzer) und mit relativ sanftem Gegenanstieg in den Geiselsteinsattel (1729 m).

Nun geht's nur noch bergab. Zuerst kommt man an der glatten Westwand, danach an der beeindruckenden Nordwand des Geiselsteins vorbei. Mit etwas Glück kann man Kletterern bei ihrer „Arbeit" zuschauen, ehe man zum Wankerfleck hinuntergeht. Am jenseitigen Ende dieser idyllischen Almhochfläche befindet sich die Haltestelle des Kenzenbusses. Die Wartezeit lässt sich mit einem Besuch der Bergsteigerkapelle verkürzen.

> **Tipp**
>
> Eine Besteigung der Hochplatte in Kombination mit der Begehung des Teilabschnitts Pürschling – Säuling des Maximilianweges gehört zu den großzügigsten Mehrtage-Unternehmungen in den Ammergauer Alpen!

Ausgangs-/Endpunkt:
Halblech (825 m)
Bahn-/Busverbindung: Hinfahrt
Bahn: München-Hbf ab 5.46, Füssen-Bf an 7.54 Uhr (*Umsteige-Bf* Buchloe); München-Hbf ab 7.00, Weilheim-Bf an 7.37 Uhr
Bus: Füssen-Bf ab 8.05, Halblech Ortsmitte an 8.29 Uhr (Linie 9715); Weilheim-Bf ab 8.15, Halblech Ortsmitte an 9.28 Uhr (Linie 9651 und 1084, *Umsteige-Hst* Echelsbacher Brücke)
Rückfahrt *Bus:* Halblech Ortsmitte ab 16.56, Weilheim-Bf an 18.06 Uhr (Linie 1084 und 9651, *Umsteige-Hst* Steingaden, Ammergauer Straße). Weitere Abfahrtzeiten mit gleicher oder entsprechender Verbindung: 17.43 Uhr. Halblech Ortsmitte ab 18.32, Füssen-Bf an 18.59 Uhr (Linie 9716); *Bahn:* Weilheim-Bf ab 18.15, München-Hbf an 18.54 Uhr; Füssen-Bf ab 19.05, München-Hbf an 21.07 Uhr. Weitere Abfahrtzeiten mit gleicher oder entsprechender Verbindung: 19.13, 22.53 Uhr
Fahrzeit gesamt: 4 1/4 Std.
Kondition: ★★
↑ 1000 Hm, ↓ 1100 Hm, 5 bis 6 Std.
Anforderungen: ★★ bis ★★★
Teilweise anspruchsvolle Bergtour mit kurzen, klettersteigähnlich gesicherten Passagen; Trittsicherheit und Schwindelfreiheit erforderlich
Jahreszeit: Juni bis Oktober

Varianten

• **Für Eilige:** Vom „Fensterl"
nach Norden ins Gumpenkar
(kurze Stahlseilsicherungen)
und weiter zum Kenzensattel
und zur Kenzenhütte absteigen. Zeitbedarf 1 $^1/_4$ Std.

• **Für Bequeme:** Anstatt auf
die Hochplatte zu steigen,
von der Kenzenhütte aus zum
Kenzensattel und übers Gumpenkar zum Geiselsteinsattel
wandern. Weiter wie oben
beschrieben. Zeitbedarf
etwa 5 Std.

• **Für Siebenmeilenstiefel:**
Vom Gabelschrofensattel
nach Westen hinab in den
Schwangauer Kessel und über
den „Maxweg" zum Nieder-
straußbergsattel. Weiter über die
Jägerhütte in die Bleckenau absteigen.
Zeitbedarf ca. 2 Std. Ab dem Berggasthof Bleckenau fährt ein Pendelbus
nach Hohenschwangau (ab dort RVA-
Busanschluss).

Geiselstein vom Kenzensattel; links der Geiselsteinsattel

Hütten und Einkehrmöglichkeiten

Kenzenhütte (1285 m), privat, bewirt-
schaftet von Christi Himmelfahrt bis
Mitte Oktober, Tel. 0 83 68/390;
Berggaststätte Bleckenau,
Tel. 0 83 62/811 81;
Jägerhütte, tagsüber bewirtschaftet,
kein Telefon

Wichtige Telefonnummern

Bus-Info, Tel. 0 83 62/939 05 05;
Kenzenbus, Tel. 0 83 68/550;

Busverkehr Bleckenau, Telefon s.
Berggaststätte;
Tegelbergbahn, Tel. 0 83 62/983 60;
Gästeinformation Halblech,
Tel. 0 83 68/285;
Kurverwaltung Schwangau,
Tel. 0 83 62/819 80

Internet

www.halblech.de
www.schwangau.de
www.tegelbergbahn.de

Weitere Tourenmöglichkeiten

Geiselstein (1884 m), Hochblasse
(1989 m), Schönleitenschrofen (1703 m)

Karte: Topogr. Karte 1:50 000,
Füssen und Umgebung

6. Region Werdenfels

Tourengebiete Ammergauer Alpen, Wetterstein-, Karwendel-, Estergebirge

Die ehemalige Grafschaft Werdenfels reichte während ihrer Blüte unter dem Domkapitel von Freising von Sachenbach am Walchensee im Norden bis nach Seefeld im Süden, und etwa von der Schellschlicht im Westen bis fast nach Achenkirch im Osten. Im Lauf der Zeit freilich ging Stück für Stück an andere Obrigkeiten verloren, und heute denken die meisten, wenn sie den Begriff „Werdenfelser Land" hören, an die Gebiete um Garmisch-Partenkirchen und Mittenwald. Das nördliche Wettersteingebirge mit der Zugspitze als höchstem Gipfel Deutschlands und der kleine bayerische Anteil des Karwendels bieten denn auch die interessantesten bergsteigerischen Ziele dieser Region.

Die Dörfer und Märkte im Werdenfelser Land sind in kultureller Hinsicht ausgesprochen interessant. Vielfach gibt es herrliche Beispiele barocker und jüngerer Lüftlmalerei, die Kirchen in Oberammergau und Mittenwald gehören zu den schönsten Dorfkirchen Oberbayerns, und selbst im vordergründig lauten Garmisch-Partenkirchen gibt es stille Winkel mit schönen bemalten Häusern, alten Kirchen, originellen Kapellen und Dorfstraßen mit typischen „Durchblicken" auf den Waxensteinkamm, die an längst vergangene Zeiten erinnern.

Verkehrsverbindungen

Alle Züge, die über Garmisch-Partenkirchen nach Mittenwald fahren, tun dies nach dem sogenannten „Werdenfels-Takt". Das heißt: gleiche Abfahrtszeiten bei gleichbleibenden Abständen. Beim „Werdenfels-Takt" fährt der Zug zwischen 7.00 und 23.00 Uhr immer zur vollen Stunde in München-Hbf ab. Zusätzlich zu diesem Takt fährt ein weiterer Zug ab München-Hbf um 5.53 Uhr. Auf dieser Strecke verkehren ausschließlich Regionalbahnen (RB), das heißt, es gibt was die Züge betrifft keine Einschränkungen für die Gültigkeit von Schönes-Wochenende-Ticket und Bayern-Ticket.

Es bestehen folgende Knotenpunkte bzw. Umsteige-Bahnhöfe, an denen jeder Zug hält:
1. *Tutzing:* Umsteige-Bf in den Zug nach Kochel mit Anschluss an jeden von München kommenden Zug;
2. *Murnau:* Umsteige-Bf in den Zug nach Oberammergau mit Anschluss an jeden von München kommenden Zug;
3. *Garmisch:* Umsteige-Bf in den Zug nach Reutte (Außerfernbahn) mit Anschluss an jeden zweiten von

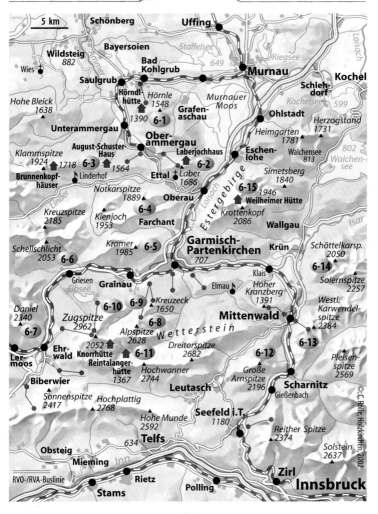

71

Kramergipfel; Blick auf Dreitorspitzen (rechts der Bildmitte) und Wettersteingrat

München kommenden Zug (erster Anschluss an den Zug, der um 7.00 Uhr ab München-Hbf fährt);
4. *Mittenwald:* Umsteige-Bf in den Zug nach Innsbruck über Scharnitz (erster Anschluss an den Zug 5.53 ab München-Hbf, dann an jeden zweiten Zug, der ab 8.00 Uhr von München-Hbf fährt).

Busverbindungen:

Wenn eine Tour nur mit einem einzigen Bus möglich ist, wurde dies bei der Tourenbeschreibung eigens erwähnt. Ansonsten sind die Busverbindungen recht gut. An den Endpunkten der vorgeschlagenen Touren gibt es meist mehrere Verbindungen zum nächstgelegenen Bahnhof.

Bei Tourenausgangsorten, die regelmäßig von Bussen angefahren werden, wurden die Abfahrtszeiten nicht einzeln aufgeführt. Änderungen im Sommerfahrplan 2002 ergeben sich bei der RVO-Linie 9622 nach Schloss Linderhof (Tour 6-3). Diese Änderungen wurden dort bereits berücksichtigt. *Achtung:* Sämtliche angegebenen Fahrzeiten haben nur für Wochenenden und Feiertage Gültigkeit!

Informationen
Internet
www.werdenfels.de
www.oberes-isartal.com
www.oberammergau.de
www.unterammergau.de

Tour 6-1

Die drei Hörnle

"D er Berg wird von drei Grasköpfen gebildet", schreibt der Autor des Alpenvereinsführers über die Ammergauer Alpen Dieter Seibert. Und auch, dass alle Aufstiege harmlos wären und viel durch Wald führen, jedoch immer wieder schöne Tiefblicke auf das Alpenvorland bieten würden.

Ausgangspunkt:
Unterammergau (836 m)
Endpunkt: Bad Kohlgrub (828 m)
Bahnverbindung: Unterammergau-Bf (ab München-Hbf Richtung Garmisch-Partenkirchen bis Murnau, dort *umsteigen* nach Oberammergau (direkter Anschluss). **Rückfahrt** ab Bad Kohlgrub stündlich um 16.23, 17.23 Uhr usw. nach Murnau, dort *umsteigen* nach München-Hbf
Fahrzeit gesamt: 3 Std.
Kondition: ★★
↑ 850 Hm (mit Gegenanstiegen), 3 Std.;
↓ 650 Hm, 1 1/2 Std. (auch Liftbenutzung möglich)
Anforderungen: ★
Unschwierige Bergwandertour
Jahreszeit: fast ganzjährig

Die Route

Unterammergau – Hinteres, Mittleres, Vorderes Hörnle – Bad Kohlgrub
Aufstieg: Von Unterammergau-Bf zum Kircherl von Kappl und der Straße folgen, bis sie links abbiegt. Dort geradeaus direkt über den steilen Wiesen-

hang hinauf (bei Nässe sehr schmierig) und vorbei an ein paar schönen, alten Bäumen zur Hörnlealm. Weiter in den Sattel zwischen Mittlerem und Hinterem Hörnle. Rechts geht es nun bequem aufs Hintere Hörnle (1548 m).

Zurück zum Sattel, dann über den steilen Grasrücken auf das Mittlere Hörnle (1496 m). Man überschreitet es in den Sattel zwischen Mittlerem und Vorderem Hörnle. Von dort über einen kurzen Grasrücken auf das Vordere Hörnle (1484 m). Über den westseitigen Gipfelhang in wenigen Minuten hinunter zur Hörndlhütte.

Die jeweiligen Gipfelanstiege sind leicht, man kann aber das Mittlere Hörnle nördlich und das Vordere Hörnle an der Südseite bequem umgehen.

Abstieg: Von der Hörndlhütte kurz auf der Skiabfahrt abwärts, dann links halten und auf guter Straße über Bergwachthüttl und Sonnenecken nach Bad Kohlgrub. Durch den hübschen Ort gemütlich zum Bahnhof. Wer es sich bequem machen möchte, kann auch mit dem Lift nach Bad Kohlgrub fahren.

Hütten und Einkehrmöglichkeiten

Hörndlhütte (1390 m), DAV-Sektion Starnberg, ganzjährig bewirtschaftet, April und November geschlossen, Tel. 0 88 45/229

Weitere Tourenmöglichkeiten

Großer Aufacker (1542 m)

Karte: Topogr. Karte 1:50 000, Werdenfelser Land

Tour 6-2

Ettaler Manndl (1633 m) und Laber

Schon aus dem Alpenvorland fällt das kecke Felsköpfchen des Etta-ler Manndls auf, ein pfiffiger Vorpos-ten der Ammergauer Alpen. Seine Er-steigung über einen kleinen, ausge-setzten Klettersteig wird manchmal unterschätzt, zumal man ja über diese Sicherungen auch wieder hinunter muss. Mit dem Übergang zum Laber reift die Tour zu einer schönen Runde.

Ausgangspunkt: Ettal (877 m)
Endpunkt: Oberammergau (873 m)
Bahn-/Busverbindung: Von Oberau-Bf (ab München-Hbf Richtung Garmisch) um 8.16, 9.18 (nur samstags), 10.20, 11.15 Uhr mit RVO-Buslinie 9606 bis Hst Kloster Ettal. **Rückfahrt** ab Ober-ammergau-Bf stündlich um 16.08, 17.08 Uhr usw. nach *Murnau*, dort umsteigen nach München-Hbf
Fahrzeit gesamt: 3 Std.
Kondition: ★★
↑ 800 Hm, 2 bis 2 1/2 Std.,
↓ 850 Hm, 2 Std. (lange Wegstrecke durch Oberammergau bis zum Bahnhof; ab Laberjochhaus auch Abfahrt mit der Kleinkabinenbahn möglich)
Anforderungen: ★★
Unschwierige Bergwandertour bis auf den steilen, ausgesetzten Gipfelaufbau des Ettaler Manndl; dort sind Trittsicher-heit und Schwindelfreiheit erforderlich
Jahreszeit: Mai bis November

Ettaler Manndl (links), im Hintergrund Guffert

Die Route
Ettal – Ettaler Manndl – Laber – Oberammergau
Aufstieg: Von der Hst Ettal Kloster kurz auf der Straße zurück, an der Friedhofsmauer entlang und links auf einem Forstweg in den Tiefentalgra-ben. Am Ende des Forstwegs links in vielen Kehren durch den Hochwald zu einer Wegverzweigung kurz vor dem Gipfelaufbau des Manndls. Links zweigt der Weg zum Laber ab. Zum Ettaler Manndl rechts weiter und unter den Felsen zum Beginn der Sicherungen. Steil und ausgesetzt mit Hilfe von Ketten über Schrofen und Felsen zu einer Schulter, einige Meter hinab und aufwärts zum Gipfelkreuz. Die Felsen sind unschwierig, jedoch unangenehm glatt poliert und verlan-gen Konzentration und Kletterfertig-keit; bei Nässe nicht empfehlenswert.

Übergang zum Laber: Am Aufstiegsweg zurück bis zur Wegteilung und unter den Manndlköpfen durch zum Laber mit seinem bewirtschafteten Gipfelhaus.

Abstieg: Zunächst über den Westgrat, dann schräg abwärts durch steilen Wald zur Laberalm und in vielen steilen Kehren hinunter nach Sankt Gregor und zur Laberbahn-Talstation.

Tipp

Eine Besichtigung der Klosterkirche Ettal, bei deren Entstehung die großen Meister des bairischen Barock mitwirkten, lohnt sich allemal.

Von Sankt Gregor an der Großen Laine entlang durch das Dorf zum Bahnhof.

Hinweis: Am Laberabstieg steht ein Schild „Nur für Geübte". Wer jedoch das Ettaler Manndl gepackt hat, sollte hier keine Schwierigkeiten haben.

Einkehrmöglichkeit

Laberjochhaus (1686 m), ganzjährig bewirtschaftet

Karte: Topogr. Karte 1:50000, Werdenfelser Land

Tour 6-3

Pürschling (1566 m) und Brunnenkopfhäuser

Bei dieser bergsteigerisch interessanten Tour lernt man ein gutes Stück des Klammspitzkammes der Ammergauer Alpen kennen. Bis zum Pürschling gibt es keine Schwierigkeiten, beim Weiterweg über den Kamm heißt es jedoch trittsicher sein. Die Aussicht hinunter ins Graswangtal, ins Kenzengebiet, zur Zugspitze und aufs Estergebirge ist herrlich.

Die Route

Oberammergau (Unterammergau) – Pürschling – Teufelstättkopf – Hennenkopf – Brunnenkopfhäuser – Linderhof
a) Von Oberammergau-Bf nach Westen auf Ziehweg zur bewirtschafteten Kolbenalm. Kurz danach auf Steig in zahlreichen Kehren durch den Wald aufwärts bis zu Wegverzweigung: links geht es zum Kofel, rechts zum Kolbensattel. Wir wählen den rechten Weg, erreichen ziemlich eben den Kolbensattel (Sessellift-Bergstation) und folgen weiter dem nahezu ebenen „Kofelsteig" bis zur Einmündung des Wirtschaftsweges von Unterammergau. Gemeinsam weiter in wenigen Minuten zum Pürschling mit dem August-Schuster-Haus.

b) Von Unterammergau-Bf zum Schleifmühlenlainetal. Auf dem Wirtschaftsweg immer der Schleifmühlenlaine entlang aufwärts, bis er über

Ausgangspunkt: Oberammergau (873 m) oder Unterammergau (836 m)
Endpunkt: Schloss Linderhof (943 m)
Bahn-/Busverbindung: Unter- oder Oberammergau-Bf (ab München-Hbf Richtung Garmisch-Partenkirchen bis *Murnau*, dort umsteigen nach Unter-/ Oberammergau; direkter Anschluss).
Rückfahrt ab Hst Schloss Linderhof um 14.30, 16.32, 17.35 Uhr, ab 21.10.2002 um 14.35, 16.32 Uhr mit RVO-Buslinie 9622 nach Oberammergau-Bf. Stündlich nach *Murnau*, dort umsteigen nach München-Hbf. (direkter Anschluss)
Achtung: Die Tour ist samstags, sonn- und feiertags ab 21.10.2002 auch in umgekehrter Richtung möglich, da dann um 9.50 Uhr ab Oberammergau-Bf ein Bus nach Linderhof fährt.
Fahrzeit gesamt: 4 1/4 Std.
Kondition: ★★
↑ 1000 Hm (mit Gegenanstiegen), 4 1/2 bis 5 Std., ↓ 850 Hm, 1 bis 1 1/2 Std.
Anforderungen: ★★
Bergwandertour, die Kammüberschrei- tung ab Pürschling fordert Trittsicherheit und Schwindelfreiheit und ist bei Nässe nicht ratsam
Jahreszeit: Juni bis Oktober

den Bach führt und sich in zwei gro- ßen Kehren den steilen Hang hinauf- windet. Hier leitet ein gut begehbarer Abkürzer geradeaus empor und trifft oberhalb des Hanges wieder auf den Wirtschaftsweg. Zunächst flach, dann wieder steiler zum Pürschling.

Nun gemeinsam: Vom Haus zu- nächst über einen Grashang empor,

dann am schmalen Grat und zwischen Blöcken durch zum Fuß des Teufel- stättkopfs. Über eine Felsstufe (Draht- seil) in wenigen Minuten auf den Gip- fel (1758 m). Über die Felsen zurück zum bezeichneten Gratweg und auf schmalem Pfad in den Sattel vor dem Laubeneck. Die Ostflanke des Lau- benecks ist von einem deutlich aus- geprägten, felsigen Band durchzogen. Auf schmalem Pfädchen sehr ausge- setzt über das Band und um die Kante auf die Nordseite. Durch die grasige Nordflanke in den Sattel vor dem Hennenkopf, um den Gipfel herum und von Nordosten zum höchsten Punkt (1768 m). Abstieg über den Westgrat, bis man auf den Verbin- dungsweg Brunnenkopfhäuser-Au- gust-Schuster-Haus trifft, der weniger luftig an der Südflanke des Kammes entlang führt. (Auf ihm können Teufel- stättkopf, Laubeneck und Hennen- kopf umgangen werden; Trittsicher- heit dennoch erforderlich.) Nun in westlicher Richtung bis zur Einmün- dung des Weges von Schloss Linder- hof. In wenigen Minuten zu den ur- gemütlichen Brunnenkopfhäusern.

Abstieg: Auf dem bequemen ehe- maligen Reitweg mit langgezogenen, flachen Kehren nach Schloss Linderhof und bis zur Bushaltestelle.

Varianten

● **Über den Kofel** (1342 m): Ein sehr schöner Höhenweg führt von der Kolbensattelhütte an der Nordflanke des Brunnbergs in den Kofelsattel

Pürschlinghäuser; links Sonnenberg, im Hintergrund Estergebirge

(1215 m). In 20 min. über Schrofen und unschwierige Felsen (Drahtseile; Tritt-sicherheit und Schwindelfreiheit erforderlich!) zum Kofel mit seinem großen Gipfelkreuz. Abstieg zurück in den Sattel und über die steile Ostmulde in zahlreichen kleinen Kehren nach Oberammergau.

• **Für Eilige:** Wer nur die Kofelrunde gehen möchte, steigt besser über die Ostmulde auf und zur Kolbenalm ab. Gehzeit für die Kofel-runde 3 bis 3 1/2 Std.

• **Für Zeitlose:** Über-nachtung auf den Brunnenkopfhäusern, am nächsten Tag auf die Große Klammspitze (1924 m); sehr schöne Bergtour, im Gipfel-bereich einige unschwie-rige Felspassagen, die

Trittsicherheit und Schwindelfreiheit verlangen. *Achtung:* Im Kar halten sich im Frühsommer lange Zeit Alt-schneefelder. Gesamtzeit 2 1/2 Std.

Hütten und Einkehrmöglichkeiten

August-Schuster-Haus (1564 m) am Pürschling, DAV-Sektion Bergland, ganzjährig bewirtschaftet, im Novem-ber drei Wochen geschlossen, Tel. 0 88 22/35 67;

Brunnenkopfhäuser (1602 m), DAV-Sektion Bergland, bewirtschaf-tet Anfang Mai bis Mitte Oktober, Tel. 0171/260 20 57

Karte: Topogr. Karte 1:50 000, Werdenfelser Land

Tipp

Wenn Zeit bleibt, sollte man Schloss Linderhof besuchen.
Der Weg von Unterammer-gau zum Pürschling ist auch eine sehr schöne Winterwandertour und im Hochwinter eine beliebte Rodelbahn.

Ettal, darüber Ettaler Manndl von der Notkarspitze

Tour 6-4

Notkarspitze (1889 m)

Die Notkarspitze, ein überaus beliebtes Ziel bei Bergwanderfreunden, gehört zur Kramergruppe der Ammergauer Alpen und erhebt sich südlich oberhalb der Mündung des Graswangtals ins Ammertal. Der Abstieg durch das Tal des Gießenbachs zum Ettaler Berg überrascht mit einem kurzweiligen „Steinehüpfen" im Bachbett.

Die Route

Ettaler Berg – Ochsensitz – Ziegelspitz – Notkarspitze – Gießenbachtal – Ettaler Berg
Aufstieg: Vom Ettaler Berg kurz auf der Straße ins Gießenbachtal, nach wenigen Minuten nach rechts und auf

Ausgangs-/Endpunkt: Ettaler Berg (897 m)
Bahn-/Busverbindung: Von Oberau-Bf (ab München-Hbf Richtung Garmisch) um 8.16, 9.18 (nur samstags), 10.20, 11.15 Uhr mit RVO-Buslinie 9606 bis Hst Ettaler Berg.
Rückfahrt ab dort um 15.21, 17.21, 18.21 Uhr mit RVO-Buslinie 9606 nach Oberau-Bf (direkter Anschluss nach München-Hbf)
Fahrzeit gesamt: 2 $^1/_4$ Std.
Kondition: ★★
↑ 1000 Hm, 3 bis 3 $^1/_2$ Std.,
↓ 1000 Hm, 2 bis 2 $^1/_2$ Std.
Anforderungen: ★★
Bergwandertour; im unteren Teil der Abstiegsroute verläuft der Weg im Bett des Gießenbachs, was sichere Sprünge von Stein zu Stein fordert
Jahreszeit: Mitte Juni bis Ende Oktober

schmalem Waldweg immer dem breiten Rücken der Notkarspitze entlang hinauf zum Ochsensitz. Weiter zunächst durch Wald, später durch Latschen zum Ziegelspitz (1719 m). Ein herrlicher Tiefblick zum Kloster Ettal belohnt uns für die bisherigen Anstiegsmühen. Vom Ziegelspitz einige Meter absteigen in einen Sattel hoch überm Not-

Tipp

Während schneearmer Winter ist der Anstieg zur Notkarspitze über Ochsensitz (1515 m) und Ziegelspitz meist gespurt, weist aber ab dem Ochsensitz hochalpinen Charakter auf. Der Abstieg erfolgt am Anstiegsweg.

kar. Über den zunehmend schmaler werdenden Grat auf den Gipfel der Notkarspitze.

Abstieg: Über den Südwestrücken hinunter, immer auf den Brünstelskopf zu, bis in einen Sattel (1600 m). Dort nach links und über eine kurze Steilstufe zur Roßalm. Kurz auf der Straße talauswärts, dann links auf Steig in den Hochwald. In langgezogenen Kehren durch den steilen Hochwald in den Talboden und zum Gießenbach. Teilweise am Bachrand, teilweise im Bach dem Gießenbach folgen. Zuletzt auf einer Forststraße zum Ettaler Berg zurück.

Hütten und Einkehrmöglichkeiten
Unterwegs keine

Karte: Topogr. Karte 1:50 000, Werdenfelser Land

Tour 6-5

Kramerspitz (1985 m)

Der Kramerspitz oder nur ganz einfach Kramer ist Garmischs Hausberg und ein Gipfel der Ammergauer Alpen, der zu Recht wegen seiner erstklassigen Aussicht gerühmt wird. Frei steht die Wetterstein-Nordseite vor den Gipfelstürmern, pfeilgerade geht ihr Blick hinunter nach Garmisch-Partenkirchen oder hinüber zur Nördlichen Karwendelkette.

Ausgangs-/Endpunkt: Garmisch-Partenkirchen (707 m)
Bahn-/Busverbindung: Garmisch-Partenkirchen-Bf (ab München-Hbf).
Rückfahrt ab Garmisch-Partenkirchen stündlich zur halben Stunde nach München-Hbf
Fahrzeit gesamt: 2 3/4 Std.
Kondition: ★★★
↑ 1300 Hm, 4 bis 4 1/2 Std.;
↓ 1300 Hm, 3 bis 3 1/2 Std. (südseitiger Anstieg mit ausgedehnten Latschenfeldern, im Sommer sehr heiß!)
Anforderungen: ★★
Bergtour, teilweise steil und mühsam, Trittsicherheit erforderlich; Vorsicht bei Schnee in der nordseitigen Querung
Jahreszeit: Mitte Juni bis Ende Oktober

Die Route
Garmisch – St. Martin am Grasberg – Kramer – Stepbergalm – Garmisch
Aufstieg: Von Garmisch-Bf durch den Ort zum Kramer-Plateauweg, einem

Königsstand mit Estergebirge

Plateauweg. Über ihn links (nordöstlich) bis zur Kneippanlage und direkt nach Garmisch hinunter.

Variante

• **Für Genießer:** Anstatt auf den Kramer kann man mit weniger Anstrengung auf den Königsstand (etwa 1400 m) wandern. An der Wegverzweigung, wo es nach links Richtung Kramer geht, bleibt man am Reitweg, geht nahezu eben an der „Fürstenquelle" vorbei und erreicht den herrlichen Aussichtspunkt auf einer Schulter hoch über Garmisch. Der Königsstand ist eine unschwierige Bergwandertour, schön schattig und schon relativ früh im Jahr (etwa ab Mai und bis in den November) schneefrei. Abstieg am Anstiegsweg. Insgesamt 4 1/2 Std., 700 Hm.

Der in den Karten noch eingezeichnete Weg von der Schulter nordseitig um die Felsen herum wurde aufgelassen und ist nicht mehr begehbar.

sehr schönen, ebenen Wanderweg oberhalb von Garmisch. Je nach „Zustiegsvariante" überqueren oder entlanggehen, bis deutliche Ww. zum Wirtshaus St. Martin (1028 m) leiten. Über einen ehemaligen Reitweg in langgezogenen Kehren bequem und schattig durch die Felsflanke der Schwarzen Wand – interessanter Tiefblick von einer kleinen Aussichtskanzel am Weg – bis zu Wegverzweigung. Nicht dem Ww. „Königsstand" folgen, sondern links (westlich) ab und auf sehr steilem, schmalen Steig durch Latschen mühsam bis zum Kamm (etwa 1800m). Weiter am Grat (unschwierige Felsen, Drahtseile), dann nordseitiger Abstieg und Querung unterhalb von Wänden, bis der Weg in den Sattel vor dem Gipfel und in wenigen Minuten auf den höchsten Punkt führt.

Abstieg: Über den langen Westrücken – anfangs über Schutt, dann durch Latschen – zur Stepbergalm (1583 m) hinunter. Von dort führen zwei Wege zurück nach Garmisch. Um zum Bahnhof zu gelangen ist der „Alpensteig" günstiger. Er trifft an der Wildfütterung auf den Kramer-

Hütten und Einkehrmöglichkeiten

Whs. St. Martin am Grasberg (1028 m), ganzjährig bewirtschaftet, Tel. 0 88 21/49 70:
Stepbergalm (1583 m), Sommerwirtschaft

Weitere Tourenmöglichkeiten

Hoher Ziegspitz (1864 m; ab Stepbergalm)

Karte: Topogr. Karte 1:50 000, Werdenfelser Land

Tour 6-6

Schellschlicht (2053 m)

Die Schellschlicht in der Kreuzspitzgruppe der Ammergauer Alpen ist eine recht spröde Gesellin; nichts für Ungeübte, denn man muss einen guten Tritt haben in den steilen Schrofen. Doch wer's kann erlebt einen herrlichen Bergtag in relativer Einsamkeit mit interessanten Ausblicken auf das Zugspitzmassiv und die Ehrwalder Sonnenspitze.

Ausgangs-/Endpunkt: Griesen (816 m)
Bahnverbindung: Ab Garmisch-Partenkirchen-Bf (an 8.23 Uhr; Abfahrt von München-Hbf um 7.00 Uhr) um 8.31 Uhr mit der Außerfernbahn (Richtung Reutte) nach Griesen-Bf (an 8.46 Uhr, nur Bedarfshaltestelle). **Rückfahrt** ab Griesen-Bf um 15.07, 17.08, 19.07 Uhr nach München-Hbf (*Umsteige-Bf* Garmisch)
Fahrzeit gesamt: 3 1/4 Std.
Kondition: ★★
↑ 1200 Hm, 4 Std., ↓ 1200 Hm, 2 1/2 Std.
Anforderungen: ★★
Sehr anspruchsvolle Bergtour, die absolute Trittsicherheit im steilen Schrofengelände fordert; nichts für Anfänger, bei Schneelage gefährlich
Jahreszeit: Juli bis Mitte Oktober

Die Route

Griesen – Schelleck – Brandjoch – Schellschlicht – Sunkengrat – Griesen
Aufstieg: Von der ehemaligen Grenzstation in Griesen kurz auf der Forststraße Richtung Plansee, bis ein Ww. (P. 834 m, Topogr. Karte) die Abzweigung nach rechts markiert. Etwa 200 Höhenmeter steil im Wald aufwärts bis zur Wegteilung. Wir wählen für unseren Aufstieg den linken Weg, überqueren auf einer eisernen Brücke die Klamm der Schelllaine, steigen durch steilen Hochwald in vielen Kehren bis zum Schelleck und nach wenigen Minuten zur Schellalm (privat, nicht bewirtschaftet). Diese Almwiese ist ein herrlicher Brotzeitplatz, so schön wie auf der gesamten Tour keiner mehr kommt. – Weiter am Grat, teilweise durch Latschen, teils sehr steil und ausgesetzt (eine schwierigere Stelle ist gesichert) bis fast zum Brandjoch. Etwas flacher am Kamm entlang, teilweise sehr ausgesetzt über splittrige Felsen und Geröll. Zuletzt nochmals steil auf den Gipfel der Schellschlicht (2053 m).

Abstieg: Südöstlich über den sehr steilen Sunkengrat (teils schrofig, teils grasig) zum Sunkensattel (1672 m). In steilen Kehren über den Südhang hinunter bis auf etwa 1400 m und nach links über den Bach. Durch steilen Hochwald in vielen Serpentinen zur Wegteilung an der Klamm der Schelllaine. Am Anstiegsweg zurück nach Griesen-Bf.

Hütten und Einkehrmöglichkeiten
Unterwegs keine

Karte: Topogr. Karte 1 : 50 000, Werdenfelser Land

Tour 6-7

Daniel (2340 m)

Aus manchem Blickwinkel von Norden erscheint der Daniel, der höchste Gipfel in den Ammergauer Alpen, als kühnes Horn und man glaubt kaum, dass es sich relativ leicht ersteigen lässt. Das Top-Erlebnis am Daniel ist natürlich die überwältigende Schau auf das Zugspitzmassiv.

Ausgangspunkt: Lermoos (994 m)
Endpunkt: Lähn (1112 m)
Bahnverbindung: Lermoos-Bf (an 9.03 Uhr; Abfahrt von München-Hbf 7.00, *Umsteige-Bf* Garmisch). **Rückfahrt** von Lähn-Bf um 15.07 Uhr (München-Hbf an 18.36 Uhr, *Umsteige-Bf* Garmisch). Weitere Abfahrtzeiten mit gleicher oder entsprechender Verbindung: 16.45, 17.06, 18.44, 19.48, 20.11 Uhr.
Fahrzeit gesamt: 4 1/4 Std.
Kondition: ★★
↑ 1350 Hm, 4 Std., ↓ 1350 Hm, 2 1/2 Std.
Anforderungen: ★★
Unschwierige Bergtour, bis auf Passagen im Gipfelbereich; Trittsicherheit erforderlich
Jahreszeit: Juni bis Oktober

Die Route

Lermoos – Tuftlalm – Daniel – Upsspitze – Hebertaljoch – Farenegg – Lähn
Aufstieg: Von Lermoos-Bf (994 m) folgt man einem Fußpfad Richtung Westen zum Bad. Kurz bevor man den Tuftlbach erreicht, zieht rechterhand ein ausgeschilderter Pfad über den Rücken hinauf. Über Wiesen und durch lichten Wald folgt man diesem Weg (nicht auf der Forststraße gehen, dort befindet sich eine Wildfütterung!) in einen weiten Sattel hinter dem Kohlberg. (Alternativ kann man sich vom Bahnhof auch in Richtung Osten wenden. Nach knapp 1 km zweigt der Fußweg an einem Feldkreuz nach Norden ab. Über den „Bösen Winkel" erreicht man so den Kohlberg in geringfügig längerer Gehzeit von der anderen Seite.) Kurz darauf steht man bereits vor der Tuftlalm (1498 m) und kann sich ein zweites Frühstück gönnen. Geradewegs über die Almlichtung hinweg erreicht man den Waldrand, lässt die „Untere Kohlstatt" rechts liegen und folgt stetig dem Rücken durch Bergwald und Krummholz höher. Ab etwa 1900 Meter lichtet sich der Bewuchs und gibt eindrucksvolle Blicke zum Zugspitzmassiv und den Bergen des Außerferns frei. Der steile Pfad führt nun durch Gras, über Steine und kleinere Schrofen in eine große Mulde knapp unterhalb des Gipfels der Upsspitze (2332 m). Über eine kurze Rechts-

Eibsee, schräg links darüber Daniel

querung auf Bändern, den anschließenden Gipfelgrat und einige Schrofen
erreicht man den Daniel (2340 m).

Abstieg: Auf bekanntem Weg bis
unter den Gipfel der Upsspitze zurück.
Nun folgt man dem Grat nach Westen
weiter, überschreitet die unschein-
bare Erhebung des Büchsentaljochs
(2244 m) und gelangt ins Hebertaljoch
(2045 m). Wer möchte, kann in wenigen Minuten den grasigen Gipfel des
Großen Pfuitjöchls (2196 m) ersteigen.
Auf unserem weiteren Abstieg umgeht
man zunächst einen kleinen Felsriegel
in einer Rechts-Links-Schleife, folgt
dann beständig dem Grasrücken des
Fareneggs, passiert einige kleine Heu-
schober und erreicht schließlich in
Lähn (1112 m) – genau gegenüber
des Bahnhofs – das Tal.

Varianten

• **Für Siebenmeilenstiefel:** Weitere
Überschreitung Hochschrutte (2247 m)
und Pitzenegg (2179 m) über Egglen
und Schäfgrube nach Lähn. Zeitbedarf
ab Hebertaljoch 2 1/2 bis 3 Std.

Hütten und Einkehrmöglichkeiten

Tuftlalm (1498 m), tagsüber bewirtschaftet

Internet

www.garmisch-partenkirchen.de
www.tirol-info.at/tourism/lermoos

Weitere Tourenmöglichkeiten

Pleisspitze (2225 m),
Grubigstein (2233 m)

*Alpspitze (rechts) und
Hochblassen vom Schachen*

Tour 6-8

Alpspitze (2628 m)

Sie ist ein alpines Wahrzeichen
nicht nur für Garmisch-Partenkirchen oder das Werdenfelser Land,
sondern für die gesamten Bayerischen
Alpen. Nur von Nordosten gesehen
hat die Alpspitze ihre typische Form
des ebenmäßigen Felsdreiecks;
markant, schön, anziehender noch
als die Zugspitze, die nur durch
wuchtige Erscheinung wirkt.

Die Route

**Kreuzeckbahn-Bergstation – (Alpspitz-
bahn-Bergstation) – Alpspitze – Mathaisenkar – Höllentalangerhütte – Höllentalklamm – Hammersbach
a) Normalroute ab Kreuzeckbahn:**
Von der Bergstation (1650 m) auf
aussichtsreichem Höhenweg zur Hochalm und weiter zum Hochalmsattel
(1820 m). Zuerst noch eben, dann steil

Ausgangspunkt: Garmisch-Partenkirchen (707 m), Kreuzeckbahn-/Alpspitzbahn-Talstation
Endpunkt: Hammersbach (758 m)
Bahnverbindung: Garmisch-Partenkirchen-Bf (stündlich ab München-Hbf). Vom Bf der Bayerischen Zugspitzbahn mit dieser (Abfahrt jeweils 15 min. nach Ankunft des DB-Zuges) zur Hst Kreuzeck-/Alpspitzbahn. **Rückfahrt** ab Hammersbach mit der Bayerischen Zugspitzbahn stündlich kurz nach der vollen Stunde nach Garmisch-Partenkirchen und mit der DB nach München-Hbf
Fahrzeit gesamt: 3 1/4 Std.
Kondition: ★★★
↑ ab Kreuzeckbahn 1000 Hm, 3 1/2 Std.;
↑ ab Alpspitzbahn 600 Hm, 2 1/2 Std.;
↓ 1850 Hm, 4 bis 5 Std.
Anforderungen: ★★★
Anspruchsvolle Bergtour, Trittsicherheit und Schwindelfreiheit unbedingt erforderlich, auf den Klettersteigen zusätzlich Klettergewandtheit (Klettersteig-Sicherheitsausrüstung!)
Jahreszeit: Juli bis September

gegen die Felsen hinauf. Der teilweise gesicherte und bezeichnete Steig führt in südwestlicher Richtung an den Fuß der „Schöngänge", einer steilen Felspassage, die mit Hilfe von Steigklammern und dicken Drahtseilen überraschend gut überwunden wird. Weiter ins Oberkar, wo der Steig von der Alpspitzbahn mündet.

b) Normalroute ab Alpspitzbahn:
Von der Bergstation (2050 m) über den „Nordwandsteig" (zwei kurze, in

den Fels gesprengte Tunnels, Eisenstifte und eine Leiter) ins Oberkar (s. o.).
Zum Gipfel: Vom Oberkar südwestlich über Geröll, Schrofen und Gras empor auf die Schulter. Nun entweder in der Nordflanke des Südostgrats (viel Geröll) oder felsiger und luftiger direkt am Grat (kurze gesicherte Passage) auf den Gipfel der Alpspitze (2628 m).
c) Alpspitz-Ferrata: Von der Bergstation der Alpspitzbahn kurz auf dem Nordwandsteig, bis nach einem abgespaltenen Turm die „Ferrata" abzweigt (Hinweistafel). Der Steig geht bald in felsiges und schrofiges Gelände über. Mit Hilfe von Klammernreihen werden die schwierigsten Passagen überwunden. Weiter über Rinnen und Schrofen bis auf Höhe des „Herzls", eines nie ganz abtauenden Schneeflecks. Nun wird das Gelände wieder steiler. Eine lange Steigbügelpassage hilft über glatte Platten hinauf auf den Nordwestgrat. Immer am Grat mit Hilfe zahlloser Klammern am durchgehenden Drahtseil zum Gipfelaufschwung. Auf einem natürlichen Band Querung in die Westflanke und steil, aber gut gesichert zum Gipfelkreuz.
Abstieg: Entweder über eine der beschriebenen Aufstiegsrouten, oder – bergsteigerisch am anspruchsvollsten und großartigsten – über das Mathaisenkar: Vom Gipfel über den Südwestgrat mit leichter Kletterei (I) und Drahtseilsicherungen Richtung Grieskarscharte (2465 m), dem Sattel

zwischen Hochblassen und Alpspitze. Kurz vor der Scharte nach rechts (Hinweisschild) und über einen längeren Klettersteig (etliche rassige Passagen) hinunter gegen das Mathaisenkar. Durch die nordwestseitige Lage der Route gibt es hier noch weit in den Sommer hinein Altschneereste. Auch können die Steilstellen im oberen Teil des Klettersteigs bei ungünstigen Wetterbedingungen vereist sein. Entsprechende Vorsicht und alpine Erfahrung sind gefragt.

Vom Ende der Seilsicherungen über grasdurchsetztes, brüchiges Gelände ins Kar (teilweise schwierige Orientierung bei Nebel). Im Schutt des Kars abwärts bis zu einem deutlichen Pfad, der durch Latschen in einem großen Linksbogen Richtung Höllental führt. Durch Wald in vielen Kehren hinunter zum Höllentalanger und zur Höllentalangerhütte. Von dort auf gutem Weg zur wildromantischen Höllentalklamm. Nach der Klammhütte in vielen Serpentinen über die folgende Steilstufe in den Talgrund und zur Talstation der Materialseilbahn.

Auf dem Wirtschaftsweg (bei der Wegteilung rechts) nach Hammersbach und zum Bahnhof der Zugspitzbahn.

Hütten und Einkehrmöglichkeiten

Adolf-Zoeppritz-Haus am Kreuzeck (1652 m), DAV-Sektion Garmisch-Partenkirchen, bewirtschaftet Mitte Mai bis Anfang November, Tel. 0 88 21/22 02;

Hochalm, privat, ganzjährig bewirtschaftet, keine Übernachtungsmöglichkeit;

Höllentalangerhütte (1381 m), DAV-Sektion München, bewirtschaftet Ende Mai bis Mitte Oktober, Tel. 0 88 21/96 61 00;

Klammhütte oder **Höllentaleingangshütte** (1045 m), DAV-Sektion Garmisch-Partenkirchen, bewirtschaftet Mitte Mai bis Mitte Oktober, Tel. 0 88 21/27 01, keine Übernachtungsmöglichkeit

Weitere Tourenmöglichkeiten

Hoher Gaif (2288 m), Hochblassen (2707 m)

Karte: AV-Karte 1 : 25 000, Wetterstein und Mieminger Gebirge, Mittleres Blatt

Die Nordwand der Alpspitze

Tour 6-9

Übers Hupfleitenjoch (1754 m)

Stangensteig: Brücke über die Höllentalklamm

Der Übergang vom Kreuzeckhaus übers Hupfleitenjoch zur Höllentalangerhütte ist beliebt, altbekannt und – wenn man mit der Kreuzeckbahn fährt – kaum anstrengend. Eine ideale Familientour, die auch mit Kindern „geht", wenn die erwachsenen Begleiter gut aufpassen. Die Aussicht in den Höllentalschluss und zur Zugspitze ist umwerfend.

Ausgangs-/Endpunkt: *siehe Tour 6-8*
Bahnverbindung: *siehe Tour 6-8*
Kondition: ★ oder ★★
↑ 1000 Hm, 3 bis 3 ¹/₂ Std. (bei Auffahrt mit der Kreuzeckbahn nur gut 100 Hm/ 1 Std.); ↓ 1000 Hm, 3 bis 3 ¹/₂ Std.
Anforderungen: ★★
Unschwierige Bergwandertour, einige Drahtseilsicherungen, Trittsicherheit erforderlich
Jahreszeit: Juni bis Oktober

Die Route
Kreuzeckbahn-Talstation – Kreuzeck – Hupfleitenjoch – (Schwarzenkopf) – Knappenhäuser – Höllentalangerhütte – Höllentalklamm – Hammersbach
Aufstieg: Von der Talstation der Kreuzeckbahn durch steilen Wald unter der Bahn aufwärts, bis der Weg nach links (Südosten) zieht und man auf eine breite Forststraße trifft. Die Straße wird zweimal überquert. Weiter steil empor, zuletzt von Osten her zur Berg-

station und zum Kreuzeckhaus. Von dort auf dem breiten Wanderweg kurz Richtung Hochalm, dann aber rechts (Ww. Hupfleitenjoch, Höllentalangerhütte) auf gutem Bergsteig ziemlich eben in den Kessel unterhalb der Osterfelder. In zwei langgezogenen Kehren auf das Hupfleitenjoch (1754 m). Großartiger Blick zur Zugspitze. Rechts führen Steigspuren in ¹/₄ Std. auf den Schwarzenkopf. Die Aussicht von dort auf Waxenstein-, Riffelwandkamm und Zugspitze ist einfach überwältigend.

Abstieg: Zurück zum Hupfleitenjoch und auf gutem Steig ins Höllental. Weniger trittsicheren Berggehern helfen Drahtseile über etwas unangenehmere Stellen hinweg, aber wirklich schwierig ist der Weg nie. Vorbei geht es an den alten Knappenhäusern, die an den Molybdänabbau im Höllental erinnern. Leider sind sie seit einigen Jahren nicht mehr bewirtschaftet. Danach werden ein paar Rinnen gequert, in denen oft Altschneereste liegen. Zuletzt durch Wald zur Höllentalangerhütte. Weiter wie bei *Tour 6-8*.

Variante

• **Für Neugierige:** Anstatt durch die Höllentalklamm über den Stangensteig (Ww. vor dem südwestlichen Klammende) nach Hammersbach. Dabei passiert man die eiserne Klammbrücke hoch über der Klamm. Trittsicherheit und Schwindelfreiheit erforderlich!

Hütten und Einkehrmöglichkeiten

Adolf-Zoeppritz-Haus, Höllentalangerhütte, Klammhütte; *siehe Tour 6-8*

Karte: AV-Karte 1 : 25 000, Wetterstein und Mieminger Gebirge, Mittleres Blatt

Wasserfall an der Waxensteinflanke

Tour 6-10

Zugspitze (2962 m) durch das Höllental

D ie hier beschriebene Höllentalroute auf den höchsten Gipfel Deutschlands ist eine klassische Bergtour. Mit Abstieg durch den „Stopselzieher" nach Ehrwald wird die Zugspitze auf Klettersteigen überschritten. Der Höllentalferner, der Randkluftübersteig, die nicht zu unterschätzende Steinschlaggefahr und die Länge der Tour geben ihr eine ernsthafte Note.

Die Route

1. Tag: Hammersbach – Höllentalklamm – Höllentalangerhütte;
2. Tag: Höllentalangerhütte – Höllentalferner – Zugspitze – Wiener-Neustädter-Hütte – Ehrwald-Zugspitzbahn
1. Tag: Von der Hst Hammersbach der Bayerischen Zugspitzbahn wie bei Tour 6-8 in umgekehrter Richtung beschrieben zur Höllentalangerhütte (1381 m).
  2. Tag: Ab Höllentalangerhütte so früh wie möglich starten, denn ein langer Bergtag liegt vor uns. Zunächst gemütlich über den Höllentalanger in den Talschluss, dann steil über leichte Schrofen bis zu Wegteilung. Der Pfad Richtung Riffelscharte bleibt rechts. Auf dem Zugspitzweg bald zu den ersten Sicherungen: die „Leiter", eine sehr steile Wandstufe, die durch eine Klammernreihe überlistet wird, dann das „Brett": die ausgesetzte Querung

Höllentalschluss mit Zugspitze

eines senkrechten Plattenschusses mit Hilfe zahlreicher Eisenstifte und eines straffen Drahtseils. Entspannter geht es über einen grünen Moränenrücken, bezeichnenderweise „Grüner Buckel" genannt, ehe der Höllentalferner wieder volle Konzentration verlangt. Die Klimaentwicklung der letzten Jahre hat dem Gletscher arg zugesetzt, so dass viel von seiner ursprünglichen Größe abgeschmolzen ist. Trotzdem darf er nicht unterschätzt werden: Häufig tritt schon früh im Sommer Blankeis zutage, und der Zustieg über das immer größer werdende Geröllfeld ist anstrengend. Steil und mühsam, teilweise auch weglos zum Ferner hinauf und ungefähr bis zur Mitte des Gletschers, dann oberhalb der Querspalten nach rechts und hinüber zur Randkluft, die bei starker Ausaperung heikel sein kann. Über die Randkluft hinweg an die jenseitigen Felsen und auf eine Schotterterrasse (steinschlaggefährdet). Nun zuerst nach rechts, dann wieder links immer den Sicherungen

Ausgangspunkt:
Hammersbach (758 m)
Endpunkt:
Ehrwald-Zugspitzbahn (1228 m)
Bahn-/Busverbindung: Garmisch-Partenkirchen-Bf (stündlich ab München-Hbf). Vom Bf der Bayerischen Zugspitzbahn mit dieser (Abfahrt jeweils 15 min. nach Ankunft des DB-Zuges) zur Hst Hammersbach.
Rückfahrt ab Ehrwald-Zugspitzbahn per Bus (Ende Mai bis Mitte Oktober; Fahrplaninfo Tel. 00 43/56 73/230 90) nach Ehrwald-Bf. Ab dort um 14.57 und 16.58 Uhr, dann stündlich mit der Außerfernbahn nach Garmisch-Bf; direkter Zuganschluss nach München
Fahrzeit gesamt: 3 1/2 Std.
Kondition: ★ ★ ★
1. Tag: ↑ 600 Hm, 2 Std.;
2. Tag: ↑ 1400 Hm, 5 bis 6 Std.,
↓ 1750 Hm, 3 bis 4 Std. (alternativ ab Zugspitzgipfel mit einer der Bahnen zu Tal)
Anforderungen: ★ ★ ★
Anspruchsvolle, sehr lange Bergtour; leichte Gletscherüberquerung mit bisweilen schwierigem Randkluftübersteg, Klettersteige mittlerer Schwierigkeit im Auf- und Abstieg; Trittsicherheit, Schwindelfreiheit und Klettergewandtheit notwendig. *Achtung:* Zugspitz-Abstieg nach Ehrwald Juli bis Mitte August 2002 wegen Wegarbeiten an Wochenenden gesperrt.
Ausrüstung: zusätzlich zur Klettersteig-Sicherheitsausrüstung Eispickel und Steigeisen

folgend in wechselnder Schwierigkeit über die Gipfelwand höher. Einige senkrechte Passagen werden mit Hilfe von Eisenstiften oder Klammern überwunden. Eindrucksvoll sind die Tiefblicke auf den kleinen Gletscher und ins Höllental, und wenn man die Irmerscharte (2660 m) erreicht hat, schaut man begeistert zum tiefblau schimmernden, 1700 Meter tiefer gelegenen Eibsee. Die folgenden Steilrinnen sind im Frühsommer lange mit Altschnee gefüllt! Man erreicht kurz unterhalb des Gipfels die Steigspuren, die zum Jubiläumsgrat führen und gelangt in wenigen Minuten von Osten her zum Gipfelkreuz. Achtung, Schock-Erlebnis: Nach dem herrlichen Aufstieg ist die Stachus-Atmosphäre rund um die Eibseebahn-Bergstation nur schwer zu ertragen.

Abstieg: Kurz über den Südwestgrat Richtung Platt/Knorrhütte, bis nach rechts die Route zur Wiener-Neustädter-Hütte und nach Ehrwald abzweigt. Durch die steile, stellenweise steinschlaggefährdete Westflanke über Geröll, Felsstufen und Schrofen (gute Sicherungen) hinunter. Dann der Höhepunkt des Abstiegs: Durch eine schräge, teils von Felsen überdachte Rampe, „Stopselzieher" genannt, über eine Serie von Klammern abwärts zum Ende der Sicherungen. Über das Geröll des Österreichischen Schneekars zur urgemütlichen Wiener- Neustädter-Hütte (2213 m). Eine willkommene Raststation, wo man für den langen Abstiegsweg neue Kräfte sammeln

kann. Wer die Tour auf drei Tage verteilen möchte, kann hier auch gut übernachten.

Auf dem luftigen, stellenweise gesicherten „Georg-Jäger-Steig" zur aufgelassenen Mittelstation der Tiroler Zugspitzbahn und weiter zum Gamskar. In vielen Serpentinen durch das Geröll in die Vegetationszone und teils durch Latschen, teils auf der ehemaligen Skitrasse zur Talstation der Zugspitzbahn mit der Bushaltestelle.

Steilstück in der Zugspitze-Gipfelwand

Varianten

• **Für Genießer:** Von der Höllentalangerhütte zur Riffelscharte und Abstieg entweder zur Talstation der Ehrwalder (Tiroler) Zugspitzbahn, oder zum Eibsee und mit der Zugspitzbahn zurück nach Garmisch. Im Abstieg mäßig schwieriger Klettersteig.

Hütten und Einkehrmöglichkeiten

Höllentalangerhütte (1381 m),
DAV-Sektion München, bewirtschaftet
Ende Mai bis Mitte Oktober,
Tel. 0 88 21/96 61 00;
Münchner Haus (2957 m), DAV-Sektion München, bewirtschaftet Mai
bis Oktober, Tel. 0 88 21/29 01;
Wiener-Neustädter-Hütte (2213 m),
ÖTK, bewirtschaftet Anfang Juli bis
Ende September,
Tel. 00 43/(0)676/477 09 25;
Klammhütte oder Höllentaleingangshütte (1045 m), DAV-Sektion Garmisch-Partenkirchen, bewirtschaftet
Mitte Mai bis Mitte Oktober,
Tel. 0 88 21/27 01, keine Übernachtungsmöglichkeit

Karte: AV-Karte 1 : 25 000,
Wetterstein und Mieminger Gebirge,
Mittleres Blatt

Oberhalb des „Stopselziehers"

Tour 6-11

Hochalpin von Garmisch nach Ehrwald

Diese fantastische Bergwandertour hat zwei vollkommen unterschiedliche Tage: Am ersten Tag genießt man den unschwierigen, nichtsdestotrotz herrlichen Bummel durch das Reintal, am zweiten Tag geht's hinauf an die Schwelle des Zugspitzplatts und – angesichts der Wetterwand – hinunter zur Ehrwalder Alm und ins Tiroler Zugspitzdorf.

Die Route

**1. Tag: Garmisch-Partenkirchen – Partnachklamm – Reintalangerhütte;
2. Tag: Reintalangerhütte – Knorrhütte – Gatterl – Ehrwalder Alm – Ehrwalder-Alm-Bahn-Talstation**

1. Tag: Von Garmisch-Partenkirchen-Bf zu Fuß in 1/2 Std. oder mit dem Ortsbus zum Skistadion. Weiter zu Fuß oder mit einer der Pferdedroschken zum Ghs. Wildenau und auf gutem Weg zum Beginn der Partnachklamm. Landschaftlich eindrucksvoll durch die Klamm und auf Fahrweg, später auf breitem Wanderweg zur bewirtschafteten Bockhütte. Weiter entlang der Partnach aufwärts, vorbei an der etwas tiefer gelegenen „Blauen Gumpe", auf immer schmäler werdendem Steig zur herrlich gelegenen Reintalangerhütte (1367 m). (Ein Spaziergang von dort zum Partnachursprung lohnt sich.)

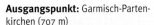

Ausgangspunkt: Garmisch-Parten-
kirchen (707 m)
Endpunkt: Ehrwald (994 m)
Bahnverbindung: Garmisch-Parten-
kirchen-Bf (stündlich ab München-Hbf).
Rückfahrt ab Ehrwalder-Alm-Seilbahn-
Talstation per Bus (Ende Mai bis Mitte
Oktober 13.00, 16.20, 17.05 Uhr; Fahr-
plan-Info Tel. 00 43/(0)56 73/230 90)
nach Ehrwald-Bf. Ab dort mit der Außer-
fernbahn nach Garmisch-Bf, direkter
Zuganschluss nach München
Fahrzeit gesamt: 3 1/2 Std.
Kondition: ★★★
1. Tag: ↑ 650 Hm, 5 bis 5 1/2 Std.;
2. Tag: ↑ 800 Hm, ↓ 1100 Hm, 5 1/2 Std.
Anforderungen: ★★★
Unschwierige Bergwandertour; von
der Reintalanger- zur Knorrhütte ist
Trittsicherheit, im Bereich des Gatterls
sind Trittsicherheit und Schwindelfreiheit erforderlich
Jahreszeit: Juni bis Mitte Oktober

Am Gatterl

2. Tag: Am nächsten Morgen auf
gutem Steig in vielen Serpentinen
Richtung Knorrhütte. Der schrofige
Steig verlangt Konzentration und Trittsicherheit. Etwa 1/2 Std. unterhalb der
Hütte teilen sich die Wege: der linke
Weg führt durch Latschen und über
leichte Schrofen, der rechte (Muliweg)
über Geröll zur Knorrhütte (2052 m).
Jeweils 2 Std. ab Reintalangerhütte.
Jetzt hat man sich ein zweites Frühstück verdient, denn die Hauptan-
stiegsmühen sind geschafft.

Der Weiterweg kann gut eingesehen
werden: In leichtem Auf und Ab quert

der „Plattsteig" zum Gatterl (etwa
2000 m). Die letzten Meter führen
steil bergauf, dann steht man in
dieser schmalen Felsscharte. Schöne
alte Grenztafeln erinnern daran, dass
wir jetzt österreichischen Boden be-
treten.

Jenseits über leichte Felsen (kurzes
Drahtseil) wenige Meter hinunter, dann
hinüber zum Feldernjöchl (2045 m).
Westlich weiter unter den Gatterlköp-
fen durch und relativ steil zur bewirtschafteten
Hochfeldern-
alm. Einige
Meter hinter
dieser zweigt
rechts ein
schmaler
Steig ab,
der uns in
1/4 Std. zur
Pestkapelle
bringt. Von
dort auf

Tipp

Ist man schon einmal auf
der Knorrhütte, lohnt es
sich, die Zugspitze auf
ihrem unschwierigsten Weg
zu besteigen. Dann ist jedoch aus Zeitgründen eine
Übernachtung in der Knorrhütte – nach Rückkehr vom
Gipfel – empfehlenswert.
(900 Hm/3 Std. Aufstieg,
1 1/2 Std. Abstieg)

In der Partnachklamm

breiter Forststraße zur bewirtschafteten Ehrwalder Alm (1502 m).
Wer es ab hier bequem mag, fährt
mit der Seilbahn nach Ehrwald. Zu
Fuß in 3/4 Std. auf gutem Weg zur Talstation.

Hütten und Einkehrmöglichkeiten

Reintalangerhütte (1367 m),
DAV-Sektion München, bewirtschaftet
Ende Mai bis Mitte Oktober,
Tel. 0 88 21/29 03;
Knorrhütte (2052 m), DAV-Sektion
München, bewirtschaftet Mitte Mai bis
Anfang Oktober, Tel. 0 88 21/29 05;
Münchner Haus (2957 m), DAV-
Sektion München, bewirtschaftet
Mai bis Oktober, Tel. 0 88 21/29 01

Karte: Topogr. Karte 1:50 000,
Werdenfelser Land

Tour 6-12

Große Arnspitze (2196 m)

D er Arnspitzstock ist der Wetter-
steinwand, also dem Wetterstein-
kamm, südostseitig vorgelagert.
Natürlich gehört er noch zum Wettersteingebirge, doch steht er isoliert
zwischen Leutasch- und Isartal und
somit mitten drin zwischen Wetterstein und Karwendel. Die Große Arnspitze ist als Aussichtswarte von jeher
beliebt und bekannt.

Ausgangspunkt: Scharnitz (964 m)
Endpunkt: Unterleutasch (1040 m)
Bahn-/Busverbindung: Scharnitz-Bf
(an 7.56; Abfahrt von München-Hbf
5.53 Uhr über Garmisch und Mittenwald;
die Tour ist als Tagesunternehmung nur
mit diesem Zug möglich).
Rückfahrt per RVO-Bus von Unterleutasch, Hst Gasthaus „Mühle", um
16.26 Uhr (Betrieb nur 16.6. bis
28.9.2002) nach Mittenwald-Bf und
mit der DB nach München-Hbf
Fahrzeit gesamt: 4 Std.
Kondition: ★★★
↑ 1200 Hm, 3 1/2 bis 4 Std.;
↓ 1150 Hm, 2 1/2 bis 3 Std.
Fahrzeit gesamt: 4 Std.
Anforderungen: ★★ bis ★★★
Sehr steile Bergtour; Trittsicherheit und
Schwindelfreiheit, am Übergang zum
Hauptgipfel zusätzlich Klettergewandt-
heit erforderlich
Jahreszeit: Juli bis Mitte Oktober

Gipfel der Großen Arnspitze; Blick auf Nördliche Karwendelkette mit Gerberkreuz und Sulzleklammspitze

Die Route
Scharnitz – Porta Claudia – Arnspitzhüttl – Große Arnspitze – Riedbergscharte – Unterleutasch

Aufstieg: Von Scharnitz-Bf kurz in nördlicher Richtung zurück, bis bei der „Schanz" eine Brücke über den Gießenbach führt. Mit wenigen steilen Kehren über die Porta Claudia in den Wald und auf schmalem Steig durch den steilen Hochwald am Nordhang des Arntalkopfes in die breite Mulde der Hasellähne empor. In steilen Kehren über Schrofen, Geröll und leichte Felsen durch die Latschen ziemlich gerade hinauf, bis kurz unterhalb der Arnspitzhütte auf etwa 1900 m von rechts der Weg von der Riedbergscharte herüber führt. In einer leicht ansteigenden Querung in wenigen Minuten zu dem kleinen, offenen Unterstandshüttchen der Sektion Hochland (1930 m). Von hier leitet der Pfad in einen begrünten Sattel an der Südseite der Arnspitze (etwa 2000 m). Durch die steile Flanke über Geröll und Schrofen in Kehren auf den Vorgipfel (2132 m). Er ist für die meisten Bergwanderfreunde das Tagesziel. Der kreuzgeschmückte Hauptgipfel präsentiert sich recht abweisend. Vom Vorgipfel klettert man durch eine sehr steile, grasige Rinne (bei Nässe gefährlich) in die Einschartung vor dem Gipfelaufbau ab. Über die leichten Gipfelfelsen zum höchsten Punkt (2196 m).

Abstieg: Zurück zur Arnspitzhütte und zur oben erwähnten Wegverzweigung (etwa 1900 m). Nun geradeaus und in ziemlich ebener Querung zu den Achterköpfen. Kurz zum Kamm hinauf und über ihn Abstieg zum Riedkopf (1805 m). Über den steilen Rücken mit engen Kehren in die Riedbergscharte (1449 m). Von dort Abstieg nach links (Nordwesten) hinab nach Unterleutasch zum Gasthaus „Mühle".

Einkehrmöglichkeiten
Unterwegs keine

Karte: AV-Karte 1:25 000, Wetterstein/Mieminger Gebirge, Östliches Blatt

Tour 6-13

Über den Mittenwalder Klettersteig

Der Mittenwalder Klettersteig, der nicht lange nach Fertigstellung der Karwendelbahn gewissermaßen als zusätzliche Attraktion gebaut wurde, erfreut sich großer Beliebtheit. Er gehört nicht zu den schwierigen Eisenwegen, doch er ist abwechslungsreich und luftig, und er besticht mit herrlichen Nah- und Fernblicken, die bis in Zentralalpen reichen.

Am Mittenwalder Klettersteig

Ausgangs-/Endpunkt:
Mittenwald (911 m)
Bahnverbindung: Mittenwald-Bf (stündlich ab München-Hbf über Garmisch-Partenkirchen); **Rückfahrt** ab Mittenwald-Bf 16.03, 17.01, 17.57, 19.08 Uhr nach München-Hbf
Fahrzeit gesamt: 3 3/4 Std.
Kondition: ★★★
↑ keine wesentlichen Hm, Klettersteig 3 Std.; ↓ 1400 Hm, 3 1/2 bis 4 Std.
Anforderungen: ★★★
Anspruchsvolle Bergtour; Trittsicherheit, Schwindelfreiheit und Klettergewandtheit erforderlich
Jahreszeit: Juli bis Mitte Oktober

Die Route
Mittenwald – Karwendelbahn-Bergstation – Mittenwalder Klettersteig – Brunnsteinanger – Brunnsteinhütte – Mittenwald
Von Mittenwald-Bf den Ww. nach zur Karwendelbahn, die in wenigen Minuten zur Karwendelgrube fährt. Von dort über den Panoramaweg zum Sattel zwischen Westlicher Karwendelspitze und Nördlicher Linderspitze.
 Mittenwalder Klettersteig: Die Sicherungen beginnen im Anstieg auf die Nördliche Linderspitze (2372 m). Von dort über einen steilen Grashang zum Gatterl hinab, wo der Heinrich-Noë-Weg gekreuzt wird (Abstiegsmöglichkeit zur Brunnsteinhütte; Sicherungen). Über wenig steile Leitern wieder hinauf zum Grat und über die Mittlere zur Südlichen Linderspitze (2306 m). Danach gelangt man zum Gamsangerl und wechselt auf die Ostseite des

Die Leiter nach dem „Gatterl"

Grats. An guten Sicherungen relativ steil empor auf die Höhe der Sulzleklammspitze (2323 m). Weiter zur Kirchlespitze (2302 m), dem letzten Gipfel des Mittenwalder Klettersteigs. Über den breiten Südrücken erreicht man rasch den Brunnsteinanger mit der winzigen, einfach bewirtschafteten Tiroler Hütte. Wer hier noch nicht genug hat, kann einen lohnenden Abstecher zur Rotwandlspitze und zur Brunnensteinspitze unternehmen (Zeitaufwand etwa $^1/_2$ Std.).

Abstieg: Der Weg zur Brunnsteinhütte zweigt bereits vor der Tiroler Hütte ab und schneidet in flachen, langgezogenen Kehren den latschenbewachsenen Westhang. Ab Brunnsteinhütte bequem in Serpentinen durch den Hochwald bis vor die Sulz-

leklamm. Weiter der eindeutigen Beschilderung folgen (teils Hohlwege) ins Tal und nach Mittenwald (Ww. zur Karwendelbahn).

Hinweis: Der direkte Abstieg von der Brunnensteinspitze über den Pürzlgrat nach Scharnitz ist nicht zu empfehlen. Er ist schwierig zu finden, sehr steil und in schlechtem Zustand.

Hütten und Einkehrmöglichkeiten

Tiroler Hütte (2153 m),
einfache Sommerbewirtschaftung;
Brunnsteinhütte (1560 m),
DAV-Sektion Mittenwald, bewirtschaftet Mitte Mai bis Mitte Oktober,
Tel. 0172/89 09 61

Karte: Topogr. Karte 1:50 000,
Karwendelgebirge

Tour 6-14

Schöttelkarspitze (2050 m)

Diese Tour eignet sich hervorragend, um in die Soierngruppe des Karwendelgebirges „hineinzuschmecken". Die Soiernberge erheben sich vollständig auf bayerischem Boden und sie sind nahezu reines Bergwanderterrain, denn zum Klettern ist ihr Gestein zu brüchig.

Die Route

Krün – Seinskopf – Feldernkreuz – Schöttelkarspitze – Soiernhaus – Fischbachalm – Krün

Aufstieg: Von Krün über die Isar und auf bezeichnetem Steig zum Schwarzenkopf (1100 m). Weiter sehr steil empor, in östlicher Richtung durch einen Graben zum Felsenhüttl und steil hinauf zum Felsenköpfl, wo man den Grat erreicht. Auf ihm hinunter in eine Senke und wieder aufwärts zum

Ausgangs-/Endpunkt: Krün (875 m)
Bahn-/Busverbindung: Ab Garmisch-Bf (von München-Hbf Abfahrt 5.53 Uhr) um 7.35 Uhr mit der RVO-Bus-Linie 9608 nach Krün (an 8.15 Uhr). Weitere Abfahrtzeiten an Wochenenden: München-Hbf 7.00 (Bus ab Garmisch-Bf 8.30), 8.00 (10.05), 9.00 Uhr (11.00 Uhr). **Rückfahrt** ab Krün mit der RVO-Bus-Linie 9608 nach Mittenwald- oder Garmisch-Bf; von dort nach München-Hbf. Weitere Abfahrtzeiten ab Krün an Wochenenden: 15.54, 17.14, 17.54, 18.39 Uhr nach Garmisch-Bf.
Fahrzeit gesamt: 4 1/4 Std.
Kondition: ★★★
↑ 1400 Hm, 4 bis 5 Std.;
↓ 1400 Hm, 3 bis 4 Std.
Anforderungen: ★★
Anspruchsvolle Bergtour, Trittsicherheit und Schwindelfreiheit erforderlich
Jahreszeit: Ende Juni bis Mitte Oktober

Seinskopf (1961 m). Toller Blick auf den gebänderten Aufbau der Schöttelkarspitze, unserem Ziel. Über den schmalen Grat in weitem Bogen, zuletzt steil in ein Schartl unterhalb des Feldernkreuzes (2048 m). Durch eine kurze Felsrinne absteigen auf den Verbindungsgrat zur Schöttelkarspitze. Über ihn und rechts am Gipfelaufbau vorbei zur Normalroute. Auf ihr vollends zumGipfel der Schöttelkarspitze (2050 m).
Abstieg: Zunächst am Grat, dann in Kehren südostseitig in die große Soiernmulde hinab und auf dem ehemaligen Reitsteig bequem zu den herr-

Schöttelkarspitze vom Seinskopf

lich gelegenen Soiernhäusern (1613 m und 1562 m), ehemaligen königlichen Jagdhäusern oberhalb der Soiernseen. Nun zwei Möglichkeiten:

a) Über den Reitweg: Anfangs in vielen kleinen Kehren zum Wasserfall, dann über die breite Sandreise und in weiten Serpentinen in den Talboden. Auf einer zunehmend breiter werdenden Straße über den Hundstall zur Fischbachalm.

b) Über den Lakaiensteig: Der Steig verläuft oberhalb des Wasserfalls in einem weiten Bogen zur Gemsscharte und in den steilen Flanken von Schöttelkopf und Ochsenstaffel zur Fischbachalm. Er überquert mehrere steile Runsen und Wandstellen, geht alle tief eingerissenen Gräben aus und ist daher anstrengender als der Reitweg, landschaftlich allerdings schöner. (Etwa 1/2 Std. länger, Schwindelfreiheit erforderlich).

Von der Fischbachalm auf der langen und sonnigen Forststraße zurück nach Krün.

Hütten und Einkehrmöglichkeiten
Soiernhaus (1613 m), DAV-Sektion Hochland, bewirtschaftet Pfingsten bis Mitte Oktober, Tel. 0171/546 58 58; **Fischbachalm**, im Sommer einfach bewirtschaftet

Weitere Tourenmöglichkeiten:
Soiernspitze (2257 m)

Karte: Topogr. Karte 1:50 000, Karwendelgebirge

Pustertal-Jagdhütte mit Heimgarten

Tour 6-15

Über das Estergebirge

Das Estergebirge wird zu den Bayerischen Voralpen gezählt und trägt auch deren höchste Erhebung, den Krottenkopf (2086 m). Mit Oberem Rißkopf und Bischof besitzt das Estergebirge sogar noch zwei weitere 2000-Meter-Gipfel, es ist also schon relativ alpin. Unsere Überquerung ist jedoch nicht allzu schwierig, vielmehr landschaftlich prächtig und aussichtsreich, vor allem ins Wettersteingebirge.

Ausgangspunkt: Eschenlohe (639 m)
Endpunkt: Garmisch-Partenkirchen
(707 m)
Bahnverbindung: Eschenlohe-Bf
(stündlich ab München-Hbf).
Rückfahrt ab Garmisch-Bf stündlich zur
halben Stunde nach München-Hbf
Fahrzeit gesamt: 2 1/2 Std.
Kondition: ★★
1. Tag: ↑ 1300 Hm (mit Krottenkopf
150 Hm/ 1/2 Std. mehr), 5 bis 6 Std.;
2. Tag: ↑ und ↓ 250 Hm, 1 1/2 bis 2 Std.;
↓ 1300 Hm (mit Gegenanstieg),
3 bis 3 1/2 Std.
Anforderungen: ★★
Bergtour, Trittsicherheit erforderlich;
bei Nässe teils schmierig
Jahreszeit: Mitte Juni bis Mitte Oktober

Die Route

**1. Tag: Eschenlohe – Taferl – Pustertal-
Jagdhütte – Hohe Kisten – Weilheimer
Hütte – (Krottenkopf);**
**2. Tag: Hoher Fricken – Esterbergalm –
Garmisch-Partenkirchen**
1. Tag: Von Eschenlohe-Bf zum südlichen Ortsausgang (Wengen, Schellen-
bergstraße) und auf der Forststraße
um das Brandeck herum ins Pustertal.
Nach 1 1/2 Std. am Wegabzweig nach
rechts. Auf schmalem Steig (eine Passage drahtseilgesichert) durch Mischwald und im freien Gelände zur herrlich auf einem Wiesenfleck gelegenen
Pustertal-Jagdhütte (etwa 1300 m).
Südlich in einen Karboden (einen Wegabzweig nach links nicht beachten)
und zunehmend steil über Geröll und

Schrofen ins nächste Kar. Am rechten
Rand durch Latschen empor und links
in einer langen schrägen Querung zum
Gatterl, einem Sattel zwischen Hoher
Kisten und Platteneck. Hier mündet
unser Weg in den „Walchenseer
Steig". Nach rechts nahezu eben
durch die Südflanke der Hohen Kisten
und von Westen her durch Latschen
auf den Gipfel (1922 m).
Zurück zum Plateau und nahezu
eben durch den großen Kessel zur
Weilheimer Hütte (1955 m), die in
einem Sattel zwischen Oberem Riß-
und Krottenkopf liegt. (Den Krottenkopf erreicht man auf Steigspuren
über seine Nordflanke.)
2. Tag: Auf schmalem Steig in südwestlicher Richtung an Kareck und
Henneneck entlang leicht abwärts in
den Sattel zwischen Henneneck und
Bischof. Abstieg in der Nordflanke
des Bischofs, bis der Weg auf den
„Oberauer Steig" trifft. Aufstieg in
den Sattel (1720 m) zwischen Bischof
und Hohem Fricken (1940 m). Von
dort über den Nordostgrat auf letz-
teren.
Zurück in den Sattel und Abstieg
durch die Südflanke des Hohen Fricken zur Esterbergalm (1264 m). Der
Weg mündet einige Minuten westlich
der Esterbergalm auf die Straße, die
direkt nach Garmisch führt. Schöner
ist es jedoch, zurück zur Esterbergalm
zu gehen, die herrlich in einem Alm-
kessel liegt und berühmt ist für ihren
Kaiserschmarrn ist.
Schönster Abstiegsweg nach Gar-

Alpspitze (links), Zugspitze und Waxensteine von einem Hüttl am Wank

misch: Von der Esterbergalm in südlicher Richtung durch den reizvollen
Kaltwassergraben in großem Bogen
am Wank vorbei in einen Sattel auf
der Ostseite des Wanks (etwa 1380 m;
100 Hm Gegenanstieg). In vielen Kehren nach Süden hinab bis kurz vor
das Whs. Gschwandt. Hier nach rechts
und in einer langen, fallenden Querung nach Garmisch-Partenkirchen.

Variante
• Eine lohnende Estergebirgs-Tages-
tour ist der Hohe Fricken: Mit dem
Zug bis Oberau (Farchant ist keine
Haltestelle), über den sehr steilen
„Oberauer Steig" auf den Gipfel
und über die Esterbergalm nach
Garmisch.

Hütten und Einkehrmöglichkeiten
Weilheimer Hütte (Krottenkopfhaus,
1955 m), bewirtschaftet Pfingsten
bis Kirchweihsonntag,
Tel. 0170/270 80 52;
Esterbergalm (1264 m), Sommerwirtschaft

Karte: Topogr. Karte 1 : 50 000,
Werdenfelser Land

7. Region In der Eng

Tourengebiete Vorkarwendel, Karwendel

Bei der „Wiederbelebung" des Eng-Bergsteigerbusses im Sommer 2001 durch den RVO wirkte die DAV-Sektion München durch ihre Initiative maßgeblich mit. Der „Eng-Bus" wurde und wird von den Bergfreunden begeistert aufgenommen. Er erschließt das großartige Tourengebiet des Karwendels von Norden her, ermöglicht lohnende Tagestouren und Unternehmungen „Von Hütte zu Hütte", die gerade deshalb so gut realisierbar sind, weil man nicht auf den Pkw angewiesen ist. „Bergsteigen umweltfreundlich" ist hinsichtlich des Eng-Bergsteigerbusses nicht nur ein Wort.

Verkehrsverbindungen

Der Eng-Bergsteigerbus fährt nur an Samstagen, Sonn- und Feiertagen. Er hat Anschluss an die Züge der BOB, die um 6.34 und um 8.34 Uhr (Lenggries an 7.41 bzw. 9.41 Uhr) von München-Hbf abfahren. In der Eng ist man damit um 8.48 bzw. 10.53 Uhr. Die spätest möglichen Rückfahrtzeiten ab dort sind 17.00 bzw. 19.05 Uhr. Lenggries erreicht man um 18.03 bzw. 20.08 Uhr, München-Hbf um 19.26 bzw. 21.26 Uhr. Damit eröffnen sich auch für Tagesunternehmungen lange Zeitspannen „für den Berg".

Für den Eng-Bergsteigerbus gibt es ein eigenes Ticket, das auch für den Achenseebus (siehe Seite 111) gilt. Außerdem wird ein Kombiticket mit der BOB angeboten, das an deren Fahrkartenautomaten und -schaltern erhältlich ist (siehe auch Seite 13/14). Für Alpenvereinsmitglieder gibt es für den Eng-Bus Ermäßigung.

Diese Kombitickets ermöglichen je eine Hin- und Rückfahrt in den Zügen der BOB und in den Eng-Bergsteigerbussen und gelten jeweils zwei Tage (Samstag und Sonntag oder Feiertag/Samstag, Sonntag/Feiertag etc.). Ein zusätzlicher Vorteil der kombinierten Fahrkarten: Sie haben übergreifend auch für den Achensee-Gramai-Bergsteigerbus Gültigkeit. So können Wanderer, die sich beispielsweise auf dem Hinweg für das Ziel In der Eng entschieden und anschließend den Übergang zur Gramaialm unternommen haben, ihr Kombiticket auch von dort für die Rückfahrt nutzen.

Wichtige Telefonnummern

Siehe Seiten 14 und 15

E-Mail

badtoelz@rvo-bus.de

Internet

www.alpenverein-muenchen-oberland.de

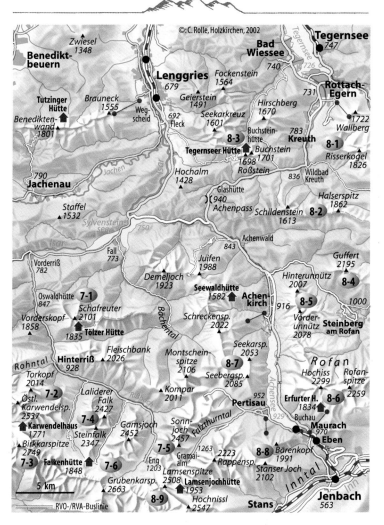

©: C. Rolle, Holzkirchen, 2002

Tegernsee
747

Bad
Wiessee
740

Benedikt-
beuern

Zwiesel
1348

726

Rottach-
Egern

Lenggries
679

Fockenstein
1564

731

Hirschberg
1670

1722
Wallberg

Tutzinger
Hütte

Brauneck
1555

Geierstein
1491

Weg-
scheid

692
Fleck

Seekarkreuz
1601

783
Kreuth

8-3

8-1

Benedikten-
wand
1801

Buchstein-
hütte

Tegernseer Hütte

Buchstein
1701

Risserkogel
1826

790

Jachenau

Hochalm
1428

1698
Roßstein

836

Wildbad
Kreuth

8-2

Halserspitz
1862

Glashütte

Staffel
1532

)(940
Achenpass

Schildenstein
1613

Sylvenstein-
see

750

Achenwald

Fall
773

843

Vorderriß
782

Juifen
1988

Guffert
2195

Demeljoch
1923

Hinterunnütz
2007

8-4

Oswaldhütte
847

7-1

Seewaldhütte
1582

Achen-
kirch

8-5

Vorderkopf
1858

Schafreuter
2101

916

Vorder-
unnütz
2078

1000

Tölzer Hütte

1835

Schreckensp.
2022

Steinberg
am Rofan

Rohntal

Fleischbank

Hinterriß
928

2026

Montschein-
spitze
2106

Seekarsp.
2053

8-7

R o f a n

Torkopf
2014

7-2

Laliderer
Falk
2427

Kompar
2011

Seebergsp.
2085

Hochiss
2299

Rofan-
spitze
2259

Östl.
Karwendelsp.
2537

7-4

Gamsjoch
2452

952

Erfurter H.

8-6

Karwendelhaus
1771

Steinfalk
2347

Sonn-
joch
2457

Pertisau

929

1834

Buchau

Birkkarspitze
2749

7-5

Maurach
970

Eben

7-3

Falkenhütte
1848

7-6

Eng
1203

Gramai-
alm

1263

2223
Rappensp.

8-8

Bärenkopf
1991

5 km

Grubenkarsp.
2663

Lamsenspitze
2508

Lamsenjochhütte
1953

Stanser Joch
2102

8-9

Hochnissl
2547

Stans

Jenbach
563

Inntal

Inn

RVO-/RVA-Buslinie

101

Tour 7-1

Schafreuter (2101 m)

Der Delpssee (Bildmitte links); ganz im Hintergrund der Guffert

Der Schafreuter im Vorkarwendel ist als Aussichtsberg für die Großen des Karwendelgebirges seit jeher bekannt. Weniger bekannt sind die Wege auf ihn, die in Fall ihren Ursprung nehmen. Das sind die langen Routen, die man am besten im Rahmen einer Zwei-Tage-Tour unternimmt. Die Tölzer Hütte bietet hierfür einen hervorragenden Stützpunkt.

Ausgangs-/Endpunkt: Fall (773 m)
Bahn-/Busverbindung: Von Lenggries-Bf (ab München-Hbf 6.34 und 8.34 Uhr BOB) mit dem RVO-Engbus nach Hst Fall.
Rückfahrt ab dort nach Lenggries-Bf und mit der BOB nach München-Hbf
Fahrzeit gesamt: 3 Std.
Kondition: ★★★
1. Tag: ↑ 1500 Hm, ↓ 400 Hm, 5 bis 6 Std.;
2. Tag: ↓ 1200 Hm, 4 Std.
Anforderungen: ★★
Bergwandertour,
Trittsicherheit erforderlich
Jahreszeit: Juni bis Oktober

Die Route

1. Tag: Fall – Pürschschneid – Moosenalm – Schafreuter – Tölzer Hütte;
2. Tag: Tölzer Hütte – Delpssee – Delpsalm – Lerchkogel – Lerchkogel-Hochleger – Fall
1. Tag: Von Fall auf Forststraße zur Wiesalm und auf Wirtschaftsweg in langgezogenen Kehren zum Grammersberg-Nordostrücken. Unterhalb des Gipfels zur Grammersbergalm und über eine Lichtung zur Pürschschneid (höchster Punkt 1638 m). Über den Kamm der Pürschschneid und in die Ostflanke des Grasköpfls queren (einige ausgesetzte Stellen). Über den Wiesbauern-Hochleger zur Moosenalm (1590 m) hinunter. Von dort über Almwiesen zum zuerst breiten, in Gipfelnähe schmäler werdenden, grasigen Nordwestgrat und zuletzt über ein paar leichte Felsen auf den Schafreuter (2101 m).

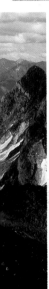

Abstieg vom Gipfel südostseitig zuerst über Felsen (einige Sicherungen), dann an einer „Steinmänner-Versammlung" vorbei und durch schrofige Latschengassen hinunter zur Tölzer Hütte (1835 m).

2. Tag: Von der Hütte zunächst zum kleinen Delpssee und über die Delpsalm in den Sattel zwischen Östlichem Torjoch und Lerchkogel (1688 m), den man auf Steigspuren erreicht. Dann sehr schöner Abstieg über Lerchkogel-Hoch- und Niederleger ins Dürrachtal und auf der Straße hinaus nach Fall.

Varianten

• **Für Eilige:** Wer den Schafreuter als Tagestour unternehmen möchte, steigt von der Tölzer Hütte ins Leckbachtal ab;
• **Für Alternative:** Zur Moosenalm gelangt man auch aus dem Rißbachtal, Hst Oswaldhütte. Mit Abstieg ins Leckbachtal ergibt sich ebenfalls eine sehr schöne Tagestour.

Hütten und Einkehrmöglichkeiten

Tölzer Hütte (1835 m), DAV-Sektion Bad Tölz, bewirtschaftet Mitte Mai bis Mitte Oktober, Tel. 00 43/(0)664/180 17 90

Karte: Topogr. Karte 1:50 000, Karwendelgebirge

Tour 7-2

Tortal und Rohntal

Diese Rundtour angesichts der 1000 Meter hohen Torwände und der Nordwände von Östlicher Karwendelspitze und Vogelkarspitze gehört zum „Pflichtprogramm" aller Münchner Bergsteiger. Auch wenn man diese Bergwanderung noch so oft unternommen hat: sie ist immer wieder begeisternd. Wer eine Gipfelzugabe braucht, steigt noch auf den Torkopf.

Ausgangs-/Endpunkt: Hinterriß (928 m)
Bahn-/Busverbindung: Von Lenggries-Bf (ab München-Hbf 6.34 und 8.34 Uhr BOB) mit dem RVO-Engbus nach Hinterriß, Hst Ghs. Post. **Rückfahrt** ab dort nach Lenggries-Bf und mit der BOB nach München-Hbf
Fahrzeit gesamt: 4 Std.
Kondition: ★★
↑ 900 Hm, 3 Std. (mit Torkopf 200 Hm/ 1/2 Std. mehr); ↓ 900 Hm, 1 1/2 Std.
Anforderungen: ★
Unschwierige Bergwandertour, Trittsicherheit ist angenehm; Torkopf stellenweise Schwierigkeitsgrad I
Jahreszeit: Juni bis Oktober

Die Route

Hinterriß – Toralm-Niederleger – Toralm-Hochleger – Torscharte – (Torkopf) – Rohntalalm – Hinterriß
Anstieg: Von Hinterriß ein Stück im Rißbachtal einwärts, bis der Fahrweg ins Tortal rechts abzweigt.

Nach 1 Std. erreicht man die Toralm (Brunnen), von der aus sich die Torwände schon mit ihrer ganzen Wucht zeigen. Bald auf schmalem aber deutlichem Steig durch Laubwald und im freien Gelände aufwärts zum Toralm-Hochleger (1592 m; im Sommer 2001 zerstört). Ab dort sehr steil mit Serpentinen in die Torscharte (1815 m).

(Zum Torkopf: Von der Scharte in nördlicher Richtung gerade hinauf zum ersten Felskopf. Links kurz absteigen und zuerst nördlich des Grates, dann südlich von ihm auf einem Grasband weiter und nach links zum Gipfel, 2012 m. Auf der Anstiegsroute zurück zur Torscharte.)

Abstieg: Von der Torscharte in vielen Kehren nordwestseitig hinunter, zuletzt durch lichten Wald abwärts in den zauberhaften Rohntalboden mit der Rohntalalm. Weiter auf dem Wirtschaftsweg nach Hinterriß.

Hütten und Einkehrmöglichkeiten
Rohntalalm (1262 m), einfache Sommerwirtschaft

Karte: Topogr. Karte 1:50 000, Karwendelgebirge

Rohntalboden

Tour 7-3

Birkkarspitze (2749 m)

Die Birkkarspitze, der höchste Karwendelgipfel, lässt sich als Tagestour nur ziemlich anstrengend unternehmen. Besser ist es allemal, im Karwendelhaus zu übernachten. Insgesamt ist die Ersteigung der Birkkarspitze nicht besonders schwierig, doch das Schneefeld unterhalb des Schlauchkarsattels kann seine Tücken haben. Der geübte Bergsteiger ist also gefragt.

Die Route
1. Tag: Rißbachtal – Johannestal – Kleiner Ahornboden – Hochalmsattel – Karwendelhaus – (Hochalmkreuz);
2. Tag: Karwendelhaus – Schlauchkarsattel – Birkkarspitze – Karwendelhaus – Johannestal – Rißbachtal
1. Tag: Vom „Alpenhof" über den Rißbach (Brücke) und auf einem Jagdsteig um das Luchsegg herum ins Johannestal und auf die neue Straße. Auf der Straße bis zum Kleinen Ahornboden mit seinem Denkmal für Hermann von Barth, dem Erschließer des Karwendelgebirges. Von dort aus rechts durch das Unterfilztal zum Hochalmsattel (1803 m) aufsteigen und jenseits kurz hinab zum Karwendelhaus (1771 m).

(Als „Hüttengipfel" empfiehlt sich das Hochalmkreuz, 2192 m: Vom Karwendelhaus auf dem Weg zur Birkkarspitze über einen kurzen Steilhang

Ausgangs-/Endpunkt: Hinterriß (928 m), Ghs. „Alpenhof"
Bahn-/Busverbindung: Von Lenggries-Bf (ab München-Hbf 6.34 und 8.34 Uhr BOB) mit dem RVO-Engbus nach Hinterriß, Hst Alpenhof.
Rückfahrt ab dort nach Lenggries-Bf und mit der BOB nach München-Hbf
Fahrzeit gesamt: 4 Std.
Kondition: ★★★
1. Tag: ↑ 850 Hm, 4 Std. (mit Hochalmkreuz 400 Hm/2 Std. mehr);
2. Tag: ↑ 1000 Hm, 3 bis 3 ½ Std.;
↓ 1800 Hm, 5 Std.
Anforderungen: ★★★
Anstrengende Bergtour, Trittsicherheit und Schwindelfreiheit erforderlich
Jahreszeit: Juli bis September

Kaltwasserkarspitze von der Birkkarspitze

in Kehren hinauf – Sicherungen – und nach etwa 100 Hm nahezu eben weiter Richtung Schlauchkar, bis nach ½ Std. links ein Steig abzweigt. In vielen Kehren über die Westhänge empor, zuletzt über Schutt und Schrofen zum Gipfel. Abstieg am Anstiegsweg.)

2. Tag: Von der Hütte wie beim Aufstieg zum Hochalmkreuz ins Schlauchkar. An der Weggabelung geradeaus und in Kehren über einen kurzen Steilhang in den eigentlichen Karboden. Ziemlich direkt und steil mit vielen Serpentinen durch das Kar hinauf in den Schlauchkarsattel. Achtung: Nach schneereichen Wintern liegt in dem steilen Hang unterhalb des Sattels lange Schnee, Vereisungsgefahr. Ggf. sind Steigeisen und Pickel nötig.

Vom Sattel zum kleinen Birkkarhütt-

chen, eine offene Unterstandshütte. Dort beginnt der gesicherte Steig, der zuerst am Westgrat, dann in der Südwestflanke über Schrofen und leichte, geröllbedeckte Felsen zum Gipfel führt.

Abstieg: Zurück zum Karwendelhaus und durchs Johannestal retour zum Ausgangspunkt.

Variante

• Vom Karwendelhaus durch das Karwendeltal nach Scharnitz (lange, teilweise geteerte Straße; Mountainbike-Verkehr), 3 Std.;
• **Für Siebenmeilenstiefel:** Ab Birkarhüttl Überschreitung der drei Ödkarspitzen und über den Brendlsteig zurück zum Karwendelhaus; sehr anspruchsvoll

Hütten und Einkehrmöglichkeiten

Karwendelhaus (1771 m), DAV-Sektion Männerturnverein München, bewirtschaftet Anfang Juni bis Mitte Oktober, Tel. 00 43/(0)52 13/56 23

Karte: AV-Karte 1:25 000, Karwendelgebirge, Mittleres Blatt

Steinfalk (rechts) vom Falkenstand

Tour 7-4

Steinfalk (2347 m)

Von der Falkengruppe des Karwendels hat die Falkenhütte ihren Namen, und der Steinfalk – auch Südlicher Falk oder Steinspitze – ist der am einfachsten zu ersteigende Gipfel der eigentlichen Falken. Die Tour ist vor allem landschaftlich grandios, denn man hat beste Einblicke in die Laliererwände und herrliche Ausblicke auf den gesamten Karwendel-Hauptkamm. Eine Übernachtung in der Falkenhütte empfiehlt sich.

Die Route

Eng – Hohljoch – Spielissjoch – Falkenhütte – Ladizjöchl – Steinfalk – Falkenhütten – Lalidersalm – Laliderertal – Rißbachtal

Aufstieg: Von der Eng (1218 m) auf dem sanierten und bequemen Wanderweg zum Hohljoch (1794 m). Etwas westlich abwärts, dann unter den gewaltigen Abstürzen der Laliderer-

wände querend zum Spielissjoch und hinauf zur Falkenhütte. Das Ladizjöchl erreicht man am besten links um das Ladizköpfl herum. Vom Ladizjöchl in der Westflanke am Mahnkopf vorbei zum Falkenstand (1965 m). Über den begrünten Kamm nordwärts hinauf und dem nun schmalen Grat einige Zeit folgen, bis der bezeichnete Steig leicht links abwärts in die Westflanke leitet. Um einige Felstürme herum und steil im Schuttgelände wieder zum Grat hinauf. Etwas rechts des Grates über Schrofen zum letzten Steilaufschwung und von Osten über einige Felsabsätze (I) zum Gipfel (2347 m).

Abstieg: Bis zur Falkenhütte auf dem Anstiegsweg. Von der Hütte in einigen großen Kehren in den Talboden zur

Ausgangspunkt: In der Eng (1218 m)
Endpunkt: Rißbachtal, Hst „Laliderertal"
Bahn-/Busverbindung: Von Lenggries-Bf (ab München-Hbf 6.34 und 8.34 Uhr BOB) mit dem RVO-Engbus bis Endstation In der Eng. **Rückfahrt** ab Hst Laliderertal nach Lenggries-Bf und mit der BOB nach München-Hbf
Fahrzeit gesamt: 4 1/2 Std.
Kondition: ★★★
↑ 1150 Hm, 5 1/2 bis 6 Std.;
↓ 1350 Hm, 3 1/2 bis 4 Std.
Anforderungen: ★★★
Anstrengende Bergtour, Trittsicherheit und Schwindelfreiheit erforderlich; im Gipfelbereich leichte Kletterei stellenweise im Schwierigkeitsgrad I
Jahreszeit: Juli bis September

Lalidereralm absteigen. Nun immer talauswärts am Lalidererbach entlang bis zur Gumpenalm. Kurz nach der Gumpenalm die Talseite wechseln und auf der neu gebauten Straße talaus, zuletzt links abzweigen und auf der alten, nicht mehr befahrenen Straße ins Rißbachtal und zur Bushaltestelle.

Varianten

• **Für Unersättliche:** Man kann den Mahnkopf (2094 m) anstatt ihn westseitig zu umgehen auch überschreiten;
• **Für alternative Genießer:** Von der Eng über Hohljoch und Gumpenjöchl aufs Gamsjoch (2452 m). Mit Übernachtung auf der Falkenhütte können beide Gipfel im Rahmen einer Wochenendtour erstiegen werden.

Die Ladizalm (s. S. 109)

Hütten und Einkehrmöglichkeiten
Falkenhütte (1848 m), DAV-Sektion Oberland, bewirtschaftet Anfang Juni bis Mitte Oktober, Tel. 00 43/(0)52 13/56 23

Karte: Topogr. Karte 1:50 000, Karwendelgebirge

Sonnjoch (2457 m)

D as Sonnjoch, der höchste Gipfel der gleichnamigen Karwendelgruppe, ist für seine Aussicht berühmt und auf der Normalroute wenig schwierig ersteigbar. Doch es kostet einige Mühe. Gegen das Rißbach- und das Falzthurntal bricht der Berg mit steilen Wänden ab, durch die sehr anspruchsvolle Kletterrouten ziehen.

Ausgangspunkt: In der Eng (1218 m)
Endpunkt: Gramaialm (1265 m)
Bahn-/Busverbindung: Von Lenggries-Bf (ab München-Hbf 6.34 und 8.34 Uhr BOB) mit dem RVO-Engbus bis Endstation In der Eng. **Rückfahrt** ab Ghs. Gramaialm mit dem RVO-Achensee-Bus (s. auch Seite 111) nach Tegernsee-Bf und mit der BOB nach München-Hbf
Fahrzeit gesamt: 4 1/2 Std.
Kondition: ★★★
↑ 1400 Hm (mit Gegenab-/Wiederaufstieg), 4 1/2 Std.; ↓ 1200 Hm, 2 1/2 Std.
Anforderungen: ★★
Anstrengende Bergtour, Trittsicherheit erforderlich
Jahreszeit: Juni bis Oktober

Die Route

Eng – Binsalm – Binssattel – Sonnjoch – Gramaialm-Hochleger – Gramaialm
Aufstieg: Von der Eng auf Promenadeweg zu den Engalmen und auf der Forststraße (Ww. Lamsenjochhütte)

Am Westgrat des Sonnjochs; gegenüber das Gamsjoch

schen, dann über Grashänge und Geröll bis an den Rand des felsigen Abbruchs des Nordwestgrates. In einer großen Schleife (Schrofen, Geröll) auf den Westgrat und über ihn (markierte Steigspuren) zum Gipfel (2457 m).

Abstieg: Auf der Anstiegsroute zurück in den Gramaisattel und hinunter zum Gramaialm-Hochleger (1756 m). Von dort auf steilem Weg östlich, dann südöstlich abwärts zum Bach, über diesen und durch Wald in den Gramaier Grund. Von dort bequem zum Ghs. Gramaialm.

Hütten und Einkehrmöglichkeiten

Binsalm (1503 m), privat, Sommerbewirtschaftung; **Gramaialm-Hochleger** (1756 m), privat, bewirtschaftet Anfang Mai bis Mitte Oktober, Tel. 00 43/(0)52 43/51 66

zur Binsalm (1503 m). Weiter östlich auf dem Weg zum Westlichen Lamsenjoch, bis unterhalb der Hahnkampl-spitze links der Steig zum Binssattel (1901 m) abzweigt. Über einen steilen Grashang dorthin und jenseits bis fast zum Gramaialm-Hochleger absteigen, ehe man auf den aus dem Falzthurntal heraufkommenden Weg trifft. Weiter in den Gramaisattel. Dort rechts ab und steil durch Lat-

Weitere Tourenmöglichkeiten

• Sonnjoch aus dem Falzthurntal über Bärenlahnersattel und Ostgrat; Abstieg wie oben beschrieben (ziemlich anspruchsvoll und anstrengend; mit dem Achensee-Bus, *siehe Seite 111,* möglich)

Karte: AV-Karte 1:25 000, Karwendelgebirge, Mittleres Blatt

Tour 7-6

Die große Karwendel-Hüttentour

B ei dieser unschwierigen, jedoch herrlichen Bergwandertour, die sich ideal mit dem Eng- und dem Achensee-Bus kombinieren lässt, werden die klassischen Stützpunkte Karwendelhaus, Falkenhütte und Lamsenjochhütte angesteuert.
Man wandert fortwährend unterhalb der Hauptkamm-Gipfelprominenz: Birkkar- und Kaltwasserkarspitze, Nördliche Sonnenspitze, Lalidererwände, Grubenkarspitze, Spritzkarspitze, Lamsenspitze.

Ausgangspunkt: Hinterriß (928 m), Ghs. Alpenhof.
Endpunkt: Gramaialm (1265 m)
Bahn-/Busverbindung: Von Lenggries-Bf (ab München-Hbf 6.34 und 8.34 Uhr BOB) mit dem RVO-Engbus nach Hinterriß, Hst Alpenhof.
Rückfahrt ab Ghs. Gramaialm mit dem RVO-Achenseebus (*s. auch Seite 111*) nach Tegernsee-Bf und mit der BOB nach München-Hbf
Fahrzeit gesamt: 4 1/2 Std.
Kondition: ★★★
↑ 1700 Hm, ↓ 1400 Hm, 9 1/2 bis 10 Std. (mit Karwendelhaus 400 Hm/2 Std. mehr)
Anforderungen: ★
Unschwierige Bergwandertour
Jahreszeit: Juni bis Oktober

Lalidererwände vom Hohljoch

Die Route

Rißbachtal – Johannestal – Kleiner Ahornboden – (Karwendelhaus) – Spielissjoch – Falkenhütte – Hohljoch – Eng – Binsalm – Westliches Lamsenjoch – Lamsenjochhütte – Gramaialm; Übernachtung auf der Falkenhütte empfehlenswert, mit Abstecher zum Karwendelhaus notwendig

Wie bei Tour 7-3 zum Kleinen Ahornboden (evtl. Abstecher zum Karwendelhaus). Vom Kleinen Ahornboden dem Ww. Falkenhütte folgend in den Ladizwald und zur schön gelegenen Ladizalm (1573 m). In Kehren auf das Spielissjoch und gänzlich hinauf zur Falkenhütte.

Von der Falkenhütte zurück zum Spielissjoch und unterhalb der Lalidererwände durch, zuletzt mit kleinem Gegenanstieg zum Hohljoch (1794 m). Von dort auf dem guten, sanierten Wanderweg zu den Engalmen absteigen. (Abbruch der Tour möglich: von den Engalmen zum Alpengasthof Eng bzw. zur Station des Eng-Bergsteigerbusses).

Falkenhütte (Bildmitte) mit Karwendel-Hauptkamm

Wer die Tour noch fortsetzen möchte, beginnt gleich bei den Engalmen mit dem Aufstieg zur Lamsenjochhütte: Auf Fahrweg zur Binsalm (1503 m) und unterhalb der Hahnkamplspitze ansteigen zum Westlichen Lamsenjoch (1940 m). Nahezu eben auf schöner Höhenwanderung, zuletzt etwas ansteigend zur bereits sichtbaren Lamsenjochhütte (1953 m).

Abstieg zur Gramaialm: Von der Lamsenjochhütte auf dem Zustiegsweg zurück bis dort, wo der Weg eben zu werden beginnt. Hier Abzweig nach rechts ins Falzthurntal. Durch das große Kar steil in vielen Kehren hinunter, Querung bis unterhalb des Rauhen Knölls und wiederum in (flachen) Kehren in den Gramaier Grund. Auf breitem Wanderweg rasch und bequem hinaus zum Ghs. Gramaialm und zum Achenseebus.

Varianten
• Durch das Johannestal zum Karwendelhaus und auf das Hochalmkreuz. Abstieg durch das Johannestal nach Hinterriß oder durch das Karwendeltal nach Scharnitz;
• Von der Falkenhütte Abstieg durch das Laliderertal zur Hst des Engbus;
• Von der Eng über die Hahnkamplspitze (2080 m) zur Lamsenjochhütte;
• Von der Lamsenjochhütte über die Hahnkamplspitze zum Binssattel (1901 m) und über den Gramaialm-Hochleger ins Falzthurntal

Hütten und Einkehrmöglichkeiten

Falkenhütte (1848 m), DAV-Sektion Oberland, bewirtschaftet Anfang Juni bis Mitte Oktober, Tel. 00 43/(0)52 13/56 23;

Lamsenjochhütte (1953 m), DAV-Sektion Oberland, bewirtschaftet Anfang Juni bis Mitte Oktober, Tel. 00 43/(0)52 44/620 63;

Lamsenjochhütte

Karwendelhaus (1771 m), DAV-Sektion Männerturnverein München, bewirtschaftet Anfang Juni bis Mitte Oktober, Tel. 00 43/(0)52 13/56 23;

Binsalm (1503 m), privat, Sommerbewirtschaftung

Karte: Topogr. Karte 1:50 000, Karwendelgebirge

8. Region Achensee

Tourengebiete Bayerische Voralpen, Rofan, Karwendel

Nach der Wiederinbetriebnahme und dem großen Erfolg des Eng-Bergsteigerbusses durch den RVO wurde von diesem und den DAV-Sektionen München und Oberland im Frühsommer 2002 der Achensee-Bergsteigerbus aus der Taufe gehoben. Er erschließt die Tourengebiete diesseits und jenseits der über den Achenpass führenden Straße, die Gipfel östlich und westlich des Achensees und jene im Gebiet um Pertisau einschließlich Falzthurntal. Damit wurde der Anschluss an das Tourengebiet des Eng-Bergsteigerbusses hergestellt und den Bergfreuden somit ungeahnte Möglichkeiten mit den „Öffentlichen" geboten.

Verkehrsverbindungen

Der Achensee-Bergsteigerbus fährt nur an Samstagen, Sonn- und Feiertagen. Er hat Anschluss an die Züge der BOB, die um 6.34 und um 8.34 Uhr (Tegernsee an 7.45 bzw. 9.45 Uhr) von München-Hbf abfahren. An der Gramaialm ist man damit um 9.20 bzw. 11.32 Uhr. Die spätestmögliche Rückfahrtzeit ab dort ist 18.29 Uhr. Tegernsee erreicht man um 20.10 Uhr, München-Hbf um 21.26 Uhr. Damit eröffnen sich auch für Tagesunternehmungen lange Zeitspannen „für den Berg".

Für den Achensee-Gramai-Bergsteigerbus gibt es ein eigenes Ticket, das auch für den Engbus (siehe Seite 100) gilt. Außerdem wird ein Kombiticket mit der BOB angeboten, das an deren Fahrkartenautomaten und -schaltern erhältlich ist (*s. auch Seiten 13/14*). Für Alpenvereinsmitglieder gibt es für den Achenseebus Ermäßigung. Hier nochmals die Preise:

Kombiticket
Erwachsene	18,50 €
Kinder	9.00 €

AV-Ermäßigung
Erwachsene	16,50 €
Kinder	8,00 €

Zusätzliche Vorteile *siehe Seite 100.*

Wichtige Telefonnummern

Siehe Seiten 14 und 15

E-Mail

tegernsee@rvo-bus.de

Faltblätter mit Fahrplan und weiteren Tourenvorschlägen sind bei den RVO-Betrieben – in München in der Hirtenstraße 24 – sowie in den Servicestellen der Alpenvereinssektionen München (Bayerstraße 21) und Oberland (Tal 42) erhältlich.

Internet

www.alpenverein-muenchen-oberland.de

Tour 8-1

Risserkogel (1826 m)

Von Wildbad Kreuth ins Tal der Rottach, dabei hinauf auf den markanten Buckel des Risserkogels und am Korallenriff des Blankensteins vorbei: eine etwas ausgefallene, äußerst lohnende Möglichkeit, diesen kontrastreichen Tourenklassiker zu erleben. Der Risserkogel ist der Wandergipfel, der Blankenstein „gehört" den Kletterern.

Die Route

Wildbad Kreuth – Scheuereralm – Ableitenalm – Risserkogel – Blankensteinsattel – Riederecksee – Riedereckalm – Kistenwinterstube

Aufstieg: Von der Hst Wildbad Kreuth auf dem breiten Wanderweg östlich der Weißach zurück, bis rechts die Straße in die lange Au abzweigt. Dieser Straße, an der Schwaigeralm vorbei, etwa ¹/₂ Std. folgen, bis links der Weg zum Risserkogel abzweigt. Nun geht es in angenehmer Steigung mit vielen kleinen Serpentinen über den

Blankenstein

Südhang hinauf, landschaftlich wunderschön durch lichten Wald und über freies Almgelände. Dank der südseitigen Hangrichtung ist dieser Weg auch nach längeren Regenfällen schnell wieder trocken und nicht so schmierig wie andere Risserkogel-Anstiege. Auf etwa 1660 m, nahe beim

Ausgangspunkt:
Wildbad Kreuth (836 m)
Endpunkt: Kistenwinterstube (Hufnagelstube) im Tal der Rottach
Bahn-/Busverbindung: Von Tegernsee-Bf (ab München-Hbf 6.34 und 8.34 Uhr BOB) mit dem RVO-Achenseebus nach Wildbad Kreuth. **Rückfahrt** ab Hst Kistenwinterstube mit RVO-Buslinie 9560 (vom 1. Mai bis Ende Oktober drei Busse nachmittags) nach Tegernsee-Bf und mit der BOB nach München-Hbf
Fahrzeit gesamt: 3 Std.
Kondition: ★★
↑ 1030 Hm, 3 bis 3 ¹/₂ Std.;
↓ 850 Hm, 2 Std.
Anforderungen: ★★
Bergwandertour, im Bereich des Risserkogel-Gipfelkamms Trittsicherheit erforderlich
Jahreszeit: Juni bis Oktober

Grubereck (1664 m), erreicht man den Kamm, der zum Risserkogel zieht. Auf dem langsam steiler werdenden, latschenbewachsenen Kamm – einige Felsunterbrechungen verlangen erhöhte Aufmerksamkeit und Trittsicherheit – zum Risserkogel (1826 m). An heißen Sommertagen sorgen die Latschen für erhöhte Schweißproduktion! Wenige Minuten unterhalb des Gipfels zweigt links in die Nordflanke des Risserkogels der Abstieg zum Blankensteinsattel ab. Noch ein letzter steiler Aufschwung und wir lassen die Latschen hinter uns. Auf den letzten Metern zum Gipfelkreuz genießen wir ungehindert die freie Aussicht.

Abstieg: Der kurze Abstieg durch die felsdurchsetzte Nordflanke des Risserkogels ist steil und bei Nässe oder Schnee rutschig und unangenehm. Doch bald stehen wir im sonnigen Sattel vor den Felsen und Wänden des Blankensteins mit seiner „Nadel". (Welch ein Kontrast zum latschenbewachsenen Gipfelstock des Risserkogels! Bei schönem Wetter tummeln sich hier angehende Kletterer und Könner im Fels. Auf den Blankenstein gibt es keinen leichten Anstieg, auch der Normalweg weist den II. Schwierigkeitsgrad auf. Unangenehm glatt poliertes Gestein macht die Kletterei nicht leichter, und Anfänger sollten sich in das Seil eines erfahreneren Bergkameraden einbinden.)

Östlich des Blankensteins füllt das Auge des Riederecksees eine tiefe Mulde. Der Steig quert unterhalb der Nordflanke des Risserkogels durch und danach das Kar südlich oberhalb des Sees. Über Riedereckalm und Sieblialm geht's dann hinunter zur Straße an der Hst Kistenwinterstube.

Varianten

• Vom Risserkogel über Grubereck und Setzberg zum Wallberg (1722 m). Von dort Abstieg zur Kistenwinterstube oder nach Rottach-Egern

Hütten und Einkehrmöglichkeiten

Unterwegs keine

Karte: Topogr. Karte 1:50 000, Mangfallgebirge

Tour 8-2

Schildenstein (1613 m) und Halserspitz (1862 m)

Die Blauberge scheinen von Norden gesehen das Tegernseer Tal wie ein mächtiger Wall abzuschließen. Die Route zwischen den Wolfsschluchten hinauf auf den Kamm, dort entweder zum Schildenstein oder gar zum Halserspitz, ist ein Klassiker. Wild und lieblich – beides gibt es in diesem Tourenrevier, das sich zu Recht großer Beliebtheit erfreut.

Die Route

Kleine Runde: Wildbad Kreuth – Siebenhütten – Wolfsschlucht – Schildenstein – Königsalm – Wildbad Kreuth;
Große Runde: Wildbad Kreuth – Siebenhütten – Wolfsschlucht – Blaubergalm – Blaubergkamm – Halserspitz – Siebenhütten – Wildbad Kreuth
Ab Hst Wildbad Kreuth kurz der Weißach entlang. An der Wegverzweigung nicht Richtung Schildenstein/Königsalm, sondern dem Ww. Halserspitze/Siebenhütten folgen. Leicht ansteigend an der Felsweißach entlang nach Siebenhütten, einer schönen alten Almsiedlung. Dahinter Wegteilung. Nicht dem links abzweigenden Weg zum Halserspitz folgen, sondern geradeaus weiter. Langsam beginnt der Weg zu steigen. An der Königshütte vorbei, weiter auf schmalem Pfad auf der rechten Hangseite, danach teilweise im Bachbett, teils in seiner Nähe bis

Blaubergkamm

in den Schluss des schmalen Tales (Felswände). Hier beginnt der teilweise gesicherte Steig, der zwischen Großer und Kleiner Wolfsschlucht rund 500 Hm ins geneigte Gelände unterhalb des Blaubergkamms führt. (Bei

Ausgangs-/Endpunkt: Wildbad Kreuth (836 m)
Bahn-/Busverbindung: Von Tegernsee-Bf (ab München-Hbf um 6.34 und 8.34 Uhr BOB) mit dem RVO-Achenseebus nach Hst Wildbad Kreuth. **Rückfahrt** ab dort nach Tegernsee-Bf und mit der BOB nach München-Hbf
Fahrzeit gesamt: 3 1/2 Std.
Kondition: ★★ bzw. ★★★
Kleine Runde: ↑ 800 Hm, 3 Std.;
↓ 700 Hm, 2 Std.; *große Runde:* ↑ 1060 Hm, 4 1/2 bis 5 Std.; ↓ 1060 Hm, 3 Std.
Anforderungen: ★★
Anspruchsvolle Bergwandertour; in der Wolfsschlucht und auf dem Blaubergkamm Trittsicherheit und Schwindelfreiheit erforderlich; der Abstieg vom Schildenstein ist unschwierig
Jahreszeit: Juni bis Mitte Oktober

Regen nicht einsteigen!) Der kleine Pfad schlängelt sich steil und teilweise ausgesetzt durch die Flanke (Einblicke in die Große Wolfsschlucht), ehe er mit einer längeren Rechtsquerung Richtung Kamm und auf eine saftige Bergwiese führt. Jetzt fällt die Entscheidung:

a) Nach rechts geht's unschwierig zum Schildenstein (1613 m). Über den Gipfelsteig wieder zurück und nordwestlich abwärts. Der gemütliche, nur im obersten Teil ausgewaschene und sandige Abstiegsweg führt an der sommers bewirtschafteten Königsalm vorbei. Das schöne Kavaliershaus ist von König Max I. als Jagdhaus benutzt worden. Zum Bus entweder über den Wirtschaftsweg der Königsalm nach Hst Klamm/Königsalm, oder über die Geißalm nach Wildbad Kreuth.

b) Wer zum Halserspitz gehen möchte, folgt ab der Bergwiese gemütlich dem Weg zur bewirtschafteten Blaubergalm. (Ein leichter Weg führt von dort zur Gufferthütte und von Süden auf den Halserspitz.) Hinter der Alm

114

steil auf den Kamm und über Blaubergschneid und Blaubergkopf zum Halserspitz (1862 m). Der Kamm ist zum Teil grasig, zum Teil latschenbewachsen, einige splittrige Felspassagen verlangen guten Tritt. Vor allem darf man sich nicht von dem faszinierenden Ausblick zum Guffert ablenken lassen!

Auch der Abstieg verlangt nochmals volle Konzentration. Vom Halserspitz kurz auf dem Kammweg zurück, dann (Ww.) nach rechts in die Nordflanke der Halserspitze. Leicht fallend hinüber zum Nordgrat (ausgesetzt, teils Sicherungen, bei Nässe sehr schmierig). Auf dem teilweise felsigen Grat hinunter (bisweilen braucht man die Hände zum Gleichgewicht halten) ins Waldgelände und auf schönem Steig über den Weißenbachkopf (ganz kleiner Gegenanstieg) in wechselnder Steilheit zurück nach Siebenhütten und nach Wildbad Kreuth.

Variante

• **Für Genießer:** Der Schildenstein im Auf- und Abstieg über die Königsalm ist eine unschwierige Bergwandertour und von Mai bis November möglich

Hütten und Einkehrmöglichkeiten

Siebenhütten, **Blaubergalm** und **Königsalm** jeweils einfache Sommerbewirtschaftung

Karte: Topogr. Karte 1:50 000, Mangfallgebirge

Tour 8-3

Roß- und Buchstein
(1698 und 1701 m)

Die ungleichen Brüder! Unschwierig der Gipfelpfad auf den Roßstein, felsig und fürchterlich „abgespeckt" die breite Rinne empor zum Buchstein. Man versäumt nicht viel, wenn man sie auslässt. Die Rundumschau vom Roßstein ist ohnehin die schönere. Und mit der Tegernseer Hütte hat man eine Raststation, die ihresgleichen sucht.

Ausgangspunkt: Hst Tegernseer Hütte kurz westlich des Ghs. Bayerwald
Endpunkt: Hst Klamm/Aufstieg Königsalm westlich von Wildbad Kreuth
Bahn-/Busverbindung: Von Tegernsee-Bf (ab München-Hbf 6.34 und 8.34 Uhr BOB) mit dem RVO-Achenseebus bis Hst Tegernseer Hütte.
Rückfahrt ab Hst Klamm/Aufstieg Königsalm nach Tegernsee-Bf und mit der BOB nach München-Hbf
Fahrzeit gesamt: 3 1/2 Std.
Kondition: ★★
↑ 850 Hm, 2 1/2 bis 3 Std.;
↓ 850 Hm, 2 bis 2 1/2 Std.
Anforderungen: ★★ bzw. ★★★
Bergwandertour, teilweise Trittsicherheit und Schwindelfreiheit erforderlich; am Buchstein Schwierigkeitsgrad I, sehr abgegriffen (für Ungeübte evtl. Sicherung mit Kletterseil)
Jahreszeit: Ende Mai bis Anfang November

Die Route

Hst Tegernseer Hütte – Sonnbergalm-Niederleger – Sonnbergalm-Hochleger – Tegernseer Hütte – Roßstein – (Buchstein) – Buchsteinhütte – Schwarzenbachtal – Hst Klamm

Aufstieg: Von der Hst Tegernseer Hütte steil in vielen Serpentinen durch Mischwald über den Sonnbergalm-Niederleger zum Sonnbergalm-Hochleger. Hier öffnet sich eine große Almhochfläche, der Weg wird kurzzeitig flacher und es bietet sich ein herrlicher Ausblick auf Roß- und Buchstein. In wenigen Minuten zum Sattel und zum „Brotzeitfelsen", einem großen, würfelförmigen Felsklotz. Hier Wegteilung:

a) Der rechte Weg führt über leichte, aber abgeschmierte Felsen (Drahtseile) landschaftlich sehr reizvoll an der Roßsteinnadel vorbei direkt zur Tegernseer Hütte (1650 m; Trittsicher-

Roßsteinnadel-Gipfel, dahinter Blaubergkamm

heit und Schwindelfreiheit erforderlich.)

b) Der linke Weg, „Altweibersteig" genannt, ist wesentlich einfacher, führt westseitig (Richtung Roßsteinalm) um den Roßstein herum und erreicht über die Nordseite die Tegernseer Hütte.

Von der Tegernseer Hütte nach Westen in wenigen Minuten auf den Roßstein (1698 m).

Den Buchstein (1701 m) erreicht man von der Hütte in Ostrichtung: Durch eine breite Felsrinne auf den Vorgipfel und am Grat zum Gipfel. *Achtung:* Das Gestein ist durch die vielen Begehungen glatt poliert und bei Nässe gefährlich!

Abstieg: Für den Abstieg muss man auf alle Fälle zur Tegernseer Hütte zurück. Von dort auf gutem Steig nordwärts zur Buchsteinhütte (1271 m) und auf der Straße ins Schwarzenbachtal. Man erreicht den Talboden bei einer großen Almfläche. Wer noch Lust hat, bummelt in wenigen Minuten eben hinüber zur Schwarzentennalm. Auf der breiten Forststraße dem Schwarzenbach entlang hinaus zur Bushaltestelle.

Varianten

• Von der Schwarzentennalm durch das Söllbachtal oder den „Bauer in der Au" hinaus nach Bad Wiessee, Hst Söllbachtal;

• Vom Roßstein über die Roßsteinalmen nach Maria Eck. Dort drei Möglichkeiten:

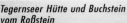

Tegernseer Hütte und Buchstein vom Roßstein

a) Direkter Abstieg nach Fleck und zum RVO-Engbus;
b) Besteigung des Schönbergs und Abstieg nach Fleck;
c) Besteigung des Seekarkreuz und über die bewirtschaftete Lenggrieser Hütte nach Lenggries.

Hütten und Einkehrmöglichkeiten

Tegernseer Hütte (1650 m), DAV-Sektion Tegernsee, bewirtschaftet Mitte Mai bis 1. Sonntag im November, Tel. 0175/411 58 13;
Buchsteinhütte (1271 m), privat, ganzjährig bewirtschaftet, Tel. 0 80 29/244;
Schwarzentennalm (1027 m), privat, ganzjährig bewirtschaftet, Tel. 0 80 29/386

Karte: Topogr. Karte 1:50 000, Bad Tölz – Lenggries

Tour 8-4

Guffert (2195 m)

W ohin gehört er denn eigentlich, der Guffert? Noch zu den Bayerischen Voralpen oder doch schon zum Rofangebirge, was mehr Sinn machen würde. Der Guffert ist ein einzeln stehender Kalkriese, markant mit seinem Doppelgipfel, kühn aufragend wenn man ihn von Westen sieht, unverkennbar auch vom Brandenberger Kamm oder vom Kaiser.

Ausgangs-/Endpunkt: Steinberg am Rofan (1010 m)
Bahn-/Busverbindung: Von Tegernsee-Bf (ab München Hbf 6.34 und 8.34 Uhr BOB) mit dem RVO-Achenseebus bis Hst Achenkirch/Unterer Dorfwirt und per Taxi nach Steinberg, Ghs. Waldhaus. **Rückfahrt** auf die gleiche Weise in umgekehrter Reihenfolge
Fahrzeit gesamt: 4 1/2 bis 5 Std.
Kondition: ★★★
↑ 1200 Hm, 3 1/2 bis 4 Std.;
↓ 1200 Hm, 2 1/2 Std.
Anforderungen: ★★
Bergtour, Trittsicherheit und Schwindelfreiheit erforderlich; die Tour ist im Hochsommer sehr heiß!
Jahreszeit: Ende Juni bis Mitte Oktober

Die Route

Steinberg – Bärenwald – Guffert – Guffertstein – Luxeggalm – Steinberg
Aufstieg: Vom Ghs. Waldhaus durch den Bärenwald in nördlicher Richtung

Guffert-Westgipfel vom Guffertgipfel

am Westhang des Kitzsteins aufwärts. Mit einer langen Querung durch Latschenhänge erreicht man Punkt 1423 m. Nach Osten und in vielen kleinen Kehren steil aufwärts in einen Sattel. (Von dort nach rechts in 10 min. zur Schmiedt-Quelle). Über Gras an den felsigen Gipfelaufbau. Auf dem schmäler werdenden Grat, zuletzt mit Hilfe von Drahtseilen zum höchsten Punkt. Die Aussicht vom Guffert ist „erste Sahne".

Abstieg: Auf dem Anstiegsweg zurück in den erwähnten Sattel und entweder über die Schmiedt-Quelle oder direkt über Geröll und Schrofen abwärts in einen Wiesengrund. Gegen-

anstieg auf ein Plateau, aus dem sich der Guffertstein erhebt, und über Geröll, Schrofen und durch Latschengassen abwärts zur Luxeggalm (1727 m). Weiter erst auf einem Schafsteig, dann durch Alpenrosenfelder und Latschen in den Wald. Mit vielen Kehren hinunter zum Bärenwaldweg und zurück zum Ghs. Waldhaus.

Varianten

• Von Wildbad Kreuth über den Halserspitz zur Gufferthütte. Anderntags über den Schneidjochsattel an die Guffert-Nordflanke und mit leichter Kletterei (Sicherungen, Stellen I) auf den Guffert; Abstieg nach Steinberg

Hütten und Einkehrmöglichkeiten

Unterwegs keine

Wichtige Telefonnummern

Taxi Bockstaller,
Tel 00 43/(0)52 46/62 27
(fährt auf Vorbestellung ab Hst Achenkirch/Unterer Dorfwirt nach Steinberg);
Gasthaus Waldhaus,
Tel. 00 43/(0)52 48/206
(berühmter Kaiserschmarrn!);
Gufferthütte (1475 m), DAV-Sektion Kaufering, bewirtschaftet Mitte Mai bis Anfang November,
Tel. 00 43/(0)676/629 24 04

Karte: Freytag & Berndt-Wanderkarte 1:50 000, Achensee-Rofan-Unterinntal

Tour 8-5

Unnütz (2075 m)

Hat nicht der Meisterkletterer Matthias Rebitsch einmal gesagt: „Des war halt der Unnutz" – weil er nicht zum Klettern taugte. Der *alte* Rebitsch indessen hat den Unnütz schätzen gelernt. Gern wanderte er dort hinauf. Die Überschreitung dieses Rofantrabanten ist aber auch wirklich eine herrliche, aussichtsreiche Grattour, die man sicher nicht nur einmal unternimmt.

Die Route

Achenkirch – Zöhreralm – Unnützgrat – Hochunnütz – Vorderunnütz – Köglalm – Achensee

Aufstieg: Vom Verkehrsamt in Achenkirch (931 m) der Straße 200 Meter in südlicher Richtung folgen bis zur Unterführung. Durch diese auf die Ostseite der Schnellstraße, an den Unnützstock heran und zur Talstation der Sessellifts. (Derzeit ist noch ungewiss, ob der Lift weiterbetrieben oder stillgelegt wird). Entweder auf der Fahrstraße oder über Abkürzungen zur Zöhreralm (1334 m).Von dort auf Steig ziemlich direkt über steiles Schrofen- und Kargelände auf den Unnützgrat, den man etwas südlich des Hinterunnütz erreicht. Über den breiten Grat in südlicher Richtung zum Gipfel des Hochunnütz (2075 m) und über den schmaler werdenden Grat zum Vorderunnütz (2078 m). Der Unnützstock bietet eine prachtvolle Aussicht: Nahblicke auf Guffert, Rofan und Karwendel, Fernblicke zum Alpenhauptkamm, vor allem in die Zillertaler Alpen, und einen umwerfenden Tiefblick zum Achensee.

Abstieg: Vom Vorderunnütz über den Südrücken hinunter. Immer mit Blick zu den Zentralalpen und auf den tiefblauen See steigt man zunächst über freie Wiesen, dann etwas mühsamer durch Latschen abwärts zur Köglalm (1487 m). Nun drei Möglichkeiten:

a) Von der Köglalm auf Steig zuerst in westlicher, dann in nördlicher Richtung zur Hst Scholastika.

b) von der Alm zuerst in westlicher, dann auf Fahrweg in nördlicher Richtung an einem neu angelegten Biotop vorbei zum „Panoramaweg Sonnberg"

Ausgangspunkt: Achenkirch (931 m)
Endpunkt: Achenkirch oder Achensee
Bahn-/Busverbindung: Von Tegernsee-Bf (ab München-Hbf 6.34 und 8.34 Uhr BOB) mit dem RVO-Achenseebus bis Hst Achenkirch/Verkehrsamt. **Rückfahrt** ab Hst Scholastika, Achenseehof oder Achenkirch/Verkehrsamt nach Tegernsee-Bf und mit der BOB nach München-Hbf
Fahrzeit gesamt: 4 Std.
Kondition: ★★★
↑ 1200 Hm, 4 Std. (bis Vorderunnütz);
↓ 1150 Hm, 2 1/2 Std.
Anforderungen: ★★
Bergtour, Trittsicherheit erforderlich
Jahreszeit: Ende Juni bis Anfang Oktober; Vorderunnütz Mitte Juni bis Mitte Oktober

und zurück zum Sessellift. Auf bekanntem Weg zurück nach Achenkirch;

c) von der Köglalm in südwestlicher Richtung zum Hotel Achenseehof.

Varianten

• **Für Genießer:** Der Vorderunnütz allein ist eine sehr schöne, relativ einfache Tagestour. Auf-/Abstieg über die oben beschriebene Abstiegsroute.

Hütten und Einkehrmöglichkeiten

Zöhreralm (1334 m), privat, Sommerbewirtschaftung;

Köglalm (1487 m), privat, Sommerwirtschaft

Karte: Freytag&Berndt-Wanderkarte 1:50 000, Achenkirch-Rofan-Unterinntal

Der Unnütz überm Achensee

Tour 8-6

Ins und übers Rofangebirge

Hier sind wir im Land der unbegrenzten Bergwandermöglichkeiten, so scheint es zumindest. Egal, ob man diesen oder jenen Gipfel der Hochfläche „macht", oder ob man sie gar alle in einem Zug überschreitet: Das Rofan ist traumhaft. Auf relativ gutmütigen Pfaden und mit nicht allzu großer Mühe (die meisten Gipfel sind ab Erfurter Hütte mit einem Höhenunterschied von jeweils 400 bis 500 Hm Auf-/Abstieg und etwa 3 bis 3 1/2 Std. Gesamtgehzeit zu „packen") lässt sich eine derartige Fülle von Landschaftsbildern erleben, wie man sie selten antrifft. Das ideale Gebirg' für Gipfelhungrige.

Zur Erfurter Hütte:

a) Von der Hst Rofanbahn auf der Forststraße oder links davon auf Steig über den Madersbachgraben zur Jausenstation Buchaueralm und an der Talstation des Mauritzlifts vorbei zum verfallenen Mauritzalm-Niederleger. Über einen steilen Hang mit vielen Kehren zum Mauritzalm-Hochleger und zur Erfurter Hütte (1834 m). ↑ 900 Hm, 3 Std.;

b) Von der Hst Buchau nordwestlich zum Dalfazbach. Sehr steil und direkt durch den Wald, später über Almwiesen zur Teissl- und zur Dalfazalm (1692 m). Von dort in sehr schöner Höhenwanderung zuerst in südlicher,

dann in östlicher Richtung ohne große Höhenunterschiede zur Erfurter Hütte.
↑ 900 Hm, 3 ¹/₂ bis 4 Std.;

  c) Am bequemsten fährt man mit der Rofanseilbahn hinauf zur Erfurter Hütte.

Die Gipfel
Hochiss (2299 m)
Der höchste Gipfel des Rofangebirges bietet eine überragende Aussicht und mit Abstieg über das Streichkopfgatterl eine lohnende Rundtour.

Kondition: ★
Anforderungen: ★★
Bergtour, Trittsicherheit und Schwindelfreiheit erforderlich
Aufstieg: Von der Erfurter Hütte am Mauritzalm-Hochleger vorbei, an der Wegteilung links halten und über eine Steilstufe an den Fuß des Gschöllkopfs. Am Gschöllkopf entlang aufsteigen in den Sattel zwischen Gschöllkopf und dem Spieljoch-Ausläufer (1920 m; Abstecher zum Gschöllkopf, 2039 m, 20 min.). Zunächst ziemlich eben über die Almhochfläche ins Kar und an den Fuß der Spieljochfelsen. In einem weiten Linksbogen Richtung Hochiss zu einem Sattel (Tiefblick über die Nordabstürze nach Steinberg) und in zunehmender Steilheit erst über Grashänge, dann über leichte, aber brüchige Felsen (Drahtseile, Achtung auf Steinschlag) zur Kammhöhe. Bei der Wegteilung nach rechts über den schmalen Grat in wenigen Minuten zum Gipfel mit seiner prachtvollen Aussicht zum Guffert und zu den Zillertaler Gletscherbergen.

Abstieg: Zurück zur Wegteilung und auf einem schmalen Grassteig auf den Felsabsturz des Streichkopfs zu. Unter den Felsen ins Streichkopfgatterl queren und über eine unschwierige Felsstufe zum „Roten Klammml", einem kurzen Kamin, absteigen. Durch das Klammml mit Hilfe von Drahtseilen abklettern und über steiles Geröll in den Talboden hinunter. Über wellige Almwiesen zur Dalfazalm und in schöner Höhenwanderung zur Erfurter Hütte zurück. Oder von der Dalfazalm direkt nach Buchau absteigen.

Ausgangs-/Endpunkte: Buchau (930 m), Maurach (970 m)
Bahn-/Busverbindung: Von Tegernsee-Bf (ab München-Hbf 6.34 und 8.34 Uhr BOB) mit dem RVO-Achenseebus bis Hst Buchau oder Rofanseilbahn.
Rückfahrt auf gleiche Weise in umgekehrter Reihenfolge
Fahrzeit gesamt: 4 ¹/₂ Std.
Jahreszeit: Mitte Juni bis Mitte Oktober

Spieljoch (2236 m)
Das Spieljoch ist ein etwas südlich zurückgesetzter Gipfelpunkt im Rofan-Hauptkamm zwischen Hochiss und Seekarlspitze.
Kondition: ★
Anforderungen: ★★
Bergtour, Trittsicherheit und Schwindelfreiheit erforderlich
Aufstieg: Von der Erfurter Hütte wie beim Weg zur Hochiss am Gschöllkopf vorbei und an den Fuß der Spieljochfelsen. Im spitzen Winkel nach rechts

*Rofanspitze mit Rofanturm
vom Marchgatterl*

vom Hochissanstieg abzweigen, über eine kurze Felsstufe (Drahtseil) auf den grasigen Südhang des Spieljochs und gerade hinauf auf den Gipfel.
Abstieg: Am Anstiegsweg, oder weiter zur Seekarlspitze.

Seekarlspitze (2261 m)
Dieser Berg, von Südwesten unschwierig ersteigbar, bricht wie seine Nachbarn nach Norden in den Ampmoosboden mit einer steilen Wand ab. Die 400 Meter hohe Seekarlspitze-Nordwand ist berühmt wegen ihres „Y-Risses", den einst Hans Fiechtl und der „Rofantiger" Ernst Schmid erstmals durchklettert hatten.
Kondition: ★
Anforderungen: ★★
Bergtour, Trittsicherheit und Schwindelfreiheit erforderlich

Übergang vom Spieljoch: Über den schrofigen Osthang zur Seekarlscharte zwischen Spieljoch und Seekarlspitze absteigen und auf Wegspuren über den steilen grasigen Rücken zum Gipfel der Seekarlspitze.
Abstieg: Zurück zur Seekarlscharte und südseitige Querung des schrofigen Gipfelhangs (eine Stelle mit sehr glattem Fels bei Nässe etwas heikel) in die Roßkarlscharte. Steiler Abstieg auf den Roßkopf zu und um diese vorgeschobene malerische Felsbastion auf kleinem Steig herum in die Grubascharte (2102 m). Steiler Abstieg zur Hochfläche der Gruba, an der Grubalacke vorbei und über die Felsen der Grubastieg in die grasige Mulde, über die man die Erfurter Hütte erreicht.

Rofanspitze (2259 m)
Von Süden ein gutmütiger Grasberg, von Nordwesten eine abweisende Felsbastion, an der sich sogar Hermann Buhl Kletterlorbeeren holte: das ist die Rofanspitze, der östliche Eckpfeiler des Rofan-Hauptkamms.
Kondition: ★
Anforderungen: ★
Bergwandertour, Trittsicherheit erforderlich
Aufstieg: Von der Erfurter Hütte am Mauritzalm-Hochleger vorbei in die grasige Mulde unterhalb der Grubastieg. Über diese hinauf und an der Grubalacke vorbei in die Grubascharte (2102 m). Auf deutlichem Steig in die Südflanke der Rofanspitze queren, bis

man über einige Kehren zum Westgrat ansteigen kann. Über ihn mit Konzentration auf den Pfad zum Gipfel.

Abstieg: Auf dem Anstiegsweg. Oder über die Ostflanke in den Schafsteigsattel (2174 m), von dort quer durch die Südflanke der Rofanspitze hinüber zur Grubascharte und auf bekanntem Weg zurück zur Erfurter Hütte.

Sagzahn (2228m)

Der Sagzahn ragt als keckes Spitzchen vom Plateau-Rand auf und bricht nach Osten mit steiler Wand gegen die Zireinalm ab. Er lässt sich über einen kleinen Klettersteig von Norden oder unschwierig vom Vorderen Sonnwendjoch her erreichen.

Kondition: ★

Anforderungen: ★★
Bergtour mit leichtem, kurzem Klettersteig (10 min.), doch sehr „abgespecktem" Fels; für Ungeübte Klettersteig-Sicherheitsausrüstung

Aufstieg: Wenn man zum Sagzahn möchte, muss man zuerst den Schafsteigsattel (2174 m) erreichen: Entweder wie oben beschrieben über die Rofanspitze, oder von der Grubascharte durch die Südflanke der Rofanspitze zum Schafsteigsattel queren. Von dort leicht ansteigende Querung an die Felsen des Sagzahns. An guten Drahtseilsicherungen in einer s-förmigen Schleife, zuletzt über einen Grashang zum Sagzahn. Achtung: Bei Nässe sind die Felsen sehr schmierig.

Abstieg: Am Anstiegsweg, oder weiter zum Vorderen Sonnwendjoch.

Vorderes Sonnwendjoch (2224 m)

Mit dem Vorderen Sonnwendjoch läuft der Rofan-Hauptkamm nach Süden aus. Zusammen mit den Sagzahnwänden bildet es ostseitig eine einzige kilometerlange Wandflucht. Von Süden lässt es sich lohnend erwandern.

Kondition: ★
↑ über die Schermsteinalm mit Gegenanstieg 600 Hm, 2 1/2 Std.

Anforderungen: ★★ bzw. ★
Bergwandertour; bei der Route über die Schermsteinalm schadet Trittsicherheit nichts

a) Vom Sagzahn über den grasigen Rücken ohne großen Höhenunterschied in 1/2 Std. zum Vorderen Sonnwendjoch. Abstieg wie Anstieg oder über die Schermsteinalm.

b) Aufstieg bzw. Abstieg über die Schermsteinalm: Von der Erfurter Hütte über die Grubastieg in die Gruba. Kurz nach den Felsen der Grubastieg Wegteilung (1945 m). Über den rechten Weg, rechts an der Grubalacke vorbei, in den Krahnsattel (2002 m). Von dort

Sagzahn, dahinter Vorderes Sonnwendjoch

an den Felsen der Haidachstellwand entlang absteigen und um die Grubalackenspitze herum zur malerisch gelegenen Schermsteinalm (1855 m). In südlicher Richtung zum Issköpfl (1888 m) und nach Osten in die Südflanke des Vorderen Sonnwendjochs. Durch die steile, grasige und schrofige Südflanke hinauf auf den Südrücken (rechts Abstieg zur Bayreuther Hütte) und über ihn auf den Gipfel.

Haidachstellwand (2192 m)

Markant und steil ragt die Haidachstellwand hoch über dem Inntal auf. Dieser weit nach Süden vorgeschobene Rofangipfel hat west- und nordseitig seine „Schwachstellen", sodass ihn auch Bergwanderfreunde ersteigen können.

Kondition: ★
Anforderungen: ★★
Etwas anspruchsvolle Bergtour mit einer kurzen, jedoch ausgesetzten Klettersteigstelle
Aufstieg: Von der Erfurter Hütte kurz auf dem Weg nach Maurach, jedoch an der Wegteilung nicht rechts (Maurach) absteigen, sondern links in einem großen Bogen an die Südausläufer der Haidachstellwand. In weiten Serpentinen zum Hohen Stand und östlich an die Felsen. Einige Eisenklammern und Drahtseile helfen über einen glatten Felsaufschwung hinauf zu einem geräumigen Absatz. Über den begrünten Rücken zu einer zweiten Felsstufe, die rechts erstiegen wird. Über das flache Gipfeldach zum höchsten Punkt.

Abstieg: In nordöstlicher Richtung über das weite Gipfelplateau, bis ein breites Band durch die Felsen hinunter zum Krahnsattel leitet. Über die Grubalacke und die Grubastieg zurück zur Erfurter Hütte.

Ebener Joch (1957 m)

Das aussichtsreiche Ebener Joch ist der am weitesten südlich gelegene Rofangipfel und ein altbekanntes, beliebtes Ziel für Bergwanderfreunde, das sich auch von der Erfurter Hütte aus angehen lässt.

Kondition: ★★
↑ 1000 Hm, 3 ½ Std. (ab Erfurter Hütte 550 Hm, 2 ½ Std.), ↓ 1000 Hm, 2 ½ Std.
Aufstieg:
  a) Von der Talstation der Rofanseilbahn wie beim Zustieg zur Erfurter Hütte über die Jausenstation Buchaueralm und an der Talstation des Mauritzlifts vorbei zum verfallenen Mauritzalm-Niederleger.
  b) Von der Erfurter Hütte Richtung

Die Haidachstellwand

Maurach bis zum Mauritzalm-Niederleger absteigen.

Gemeinsam: Auf dem „Heinrich-Huber-Steig" an einer Quelle vorbei durch Wald aufwärts bis kurz unter den Schichthals (1603 m). Der Weg verläuft sodann nach Süden und zieht sich – anfangs mit nur geringer Steigung, dann zunehmend steil – durch den Latschenhang hinauf in den südwestseitigen Hang des Ebener Jochs. Gemeinsam mit dem direkten Anstieg von Maurach/Eben herauf über den steilen Gipfelhang mit vielen Kehren zum höchsten Punkt.

Abstieg: Über den oberen Teil der Südflanke zurück, dann links abwärts durch Latschen (im Hochsommer sehr heiß) hinunter zum Wirtshaus Astenau und über die buckligen Wiesen zum Waldrand. In einer langen, fallenden Querung durch dichten Hochwald hinaus nach Maurach und zur Talstation der Rofanseilbahn.

Die Hütten-Rundtour

Zur Bayreuther Hütte (1576 m)

Diese sehr schöne Tour bringt uns über das Vordere Sonnwendjoch zur Bayreuther Hütte und von dort über den malerisch gelegenen Zireiner See an den Fuß des wilden Rofanturms. Über den Schafsteig geht's wieder zurück auf die Rofan-Hochfläche.

Kondition: ★
Anforderungen: ★ bzw. ★★
Bergwander- bzw. Bergtour; am Schafsteig Trittsicherheit und Schwindelfreiheit erforderlich

Ebener Joch

1. Tag: Von der Erfurter Hütte zum Vorderen Sonnwendjoch. Abstieg über den Südrücken, bis links der Weg zur Bayreuther Hütte abzweigt. Über den teils grasigen, teils schrofigen breiten Ostrücken abwärts (herrliche Tiefblicke ins Inntal) zur kleinen, gemütlichen Bayreuther Hütte (1576 m). (Als Zustieg zum Vorderen Sonnwendjoch je nach Lust und Können mehrere Möglichkeiten: Über Rofanspitze und Sagzahn, nur über den Sagzahn, über Haidachstellwand und Krahnsattel/Schermsteinalm oder direkt über Krahnsattel/Schermsteinalm.)

2. Tag: Von der Bayreuther Hütte zunächst ganz gemütlich zur Zireinalm (1698 m). Von dort
   a) in nördlicher Richtung gerade hinauf, am Latschberg links vorbei und ins Marchgatterl (1905 m), oder
   b) nordöstlich Richtung Roßkogel, bis kurz unterhalb von ihm der Weg zum Zireiner See links abzweigt. Etwa 100 Hm abwärts zum herrlich gelege-

nen Zireiner See (1799 m), an ihm entlang und zum Marchgatterl aufsteigen.
Gemeinsam: Vom Marchgatterl südwestlich durch ein Gewirr von großen Felsblöcken an den Fuß des Rofanturms und durch das Kar unterhalb der steilen Rofanspitze-Ostwand ansteigen zum Beginn des „Schafsteigs". Auf guten Bändern (Drahtseile) über die Steilstufe zum Schafsteigsattel unterhalb des Gipfels der Rofanspitze. Abstieg zur Erfurter Hütte (auch hierfür mehrere Möglichkeiten).

Hütten und Einkehrmöglichkeiten

Erfurter Hütte (1834 m), DAV-Sektion Erfurt in Ettlingen, bewirtschaftet Pfingsten bis Mitte Oktober,
Tel. 00 43/(0)52 43/551 75;
Bayreuther Hütte (1576 m), DAV-Sektion Bayreuth, bewirtschaftet Pfingsten bis Mitte Oktober,
Tel. 00 43/(0)664/342 51 03
Dalfazalm (1693 m), privat, im Sommer bewirtschaftet;
Buchaueralm (1380 m), privat, im Sommer bewirtschaftet;
Wirtshaus Astenau (1482 m), privat, im Sommerwirtschaft

Lohnende Rundtouren

Seekarlspitze – Spieljoch – Hochiss;
Rofanspitze – Sagzahn – Vorderes Sonnwendjoch;
Haidachstellwand – Rofanspitze;
Haidachstellwand – Vorderes Sonnwendjoch – Sagzahn

Karte: AV-Karte 1 : 25 000, Rofan

Tour 8-7

Seekarspitze (2053 m) und Seebergspitze (2085 m)

Als östliche Karwendel-Randgipfel erheben sich Seekar- und Seebergspitze unmittelbar über dem Achensee. Die Schau auf denselben macht den großen Reiz dieser Tour aus, denn man blickt pfeilgerade auf den Nordtiroler „Fjord" hinunter. Und in fast kompromisslos-direkter Linienführung verläuft auch diese anspruchsvolle Grattour von Nord nach Süd.

Die Route

Achensee – (Koglalm) – Seekaralm – Seekarspitze – Seebergspitze – Pertisau
Aufstieg: Von der Hst. Scholastika am Nordufer des Achensee entlang zum Ausgang des Oberautals und zu einer kleinen Kapelle. Südwestwärts über den Oberaubach und in den Seebergwald. Sehr steil durch den Wald empor in einen Bachgraben, westlich des Taleinschnitts durch Wald, dann über Wiesen höher, bis man die Fahrstraße zur Seekaralm (1500 m) erreicht. Auf ihr dorthin. (Bequemer gelangt man zur Seekaralm über die Fahrstraße: Vom Nordufer des Achensees über die Koglalm, 1286 m, zur Seekaralm.)
Hinter der Alm links ab und in den Wald. Bald wieder nach rechts und immer am Rücken entlang in die Latschenzone. Sehr steil durch Latschengassen an den Gipfelaufbau. Über den Nordgrat steil, teilweise ausgesetzt und

Ausgangspunkt: Scholastika (932 m) am Achensee-Nordufer

Endpunkt: Pertisau am Achensee (952 m)

Bahn-/Busverbindung: Von Tegernsee-Bf (ab München-Hbf 6.34 und 8.34 Uhr BOB) mit dem RVO-Achenseebus bis Hst Scholastika. **Rückfahrt** ab Hst Pertisau/Hotel „Fürstenhof" nach Tegernsee-Bf und mit der BOB nach München-Hbf

Fahrzeit gesamt: 4 1/2 Std.

Kondition: ★★★

↑ 1300 Hm, 4 1/2 bis 5 Std. bis Seebergspitze; ↓ 1100 Hm, 2 1/2 bis 3 Std.

Anforderungen: ★★
Anspruchsvolle Bergtour, Trittsicherheit und Schwindelfreiheit erforderlich

Jahreszeit: Juli bis Anfang Oktober

mühsam auf Geröll und splittrigen Felsen zum Gipfel der Seekarspitze (2053 m).

Zur Seebergspitze (2085 m) folgt man immer dem Grat, zunächst in leichtem Auf und Ab und hinunter in einen begrünten Sattel (1928 m; Abstieg nach Westen möglich), dann über den sehr steilen Nordgrat auf den Gipfel.

Abstieg: Von der Seebergspitze über den Südgrat nach Pertisau: Zunächst am Grat über Schrofen und leichte Felsen teilweise ausgesetzt hinunter zur Latschenzone.

Durch Latschengassen über den breiten Südrücken abwärts zur verfallenen Roßalm und durch den sehr steilen Wald zu einer Wegteilung. Man erreicht Pertisau auf beiden Wegen, für den

Abstieg empfiehlt sich jedoch der linke Weg, der mit seinen vielen Serpentinen den steilen Waldhang überraschend leicht überlistet. (Der Abstieg von der Seebergspitze über den Pasillsattel zur Pletzachalm ist sehr steil, ausgesetzt, bei Nässe gefährlich und insgesamt weniger empfehlenswert.)

Hütten und Einkehrmöglichkeiten

Seekaralm (1500 m), Mitte Juli bis Mitte September bewirtschaftet, Tel. 00 43/(0)52 46/67 09

Karte: Freytag & Berndt-Wanderkarte 1:50 000, Achensee-Rofan-Unterinntal

Achensee und Ebener Joch vom Seeberg

*Achensee, Seeberg-/
Seekarspitze vom
Bärenkopf*

Tour 8-8

Stanser Joch (2102 m) und Bärenkopf (1991 m)

Während das Stanser Joch frei über dem Inntal steht und prächtige Ausblicke zu den Hohen Tauern, Zillertaler und Stubaier Alpen bietet, hat man vom Bärenkopf vor allem eine faszinierende Schau auf den Achensee. Mit guter Kondition ist es möglich, beide Gipfel zu ersteigen. Die letzten paar hundert Abstiegshöhenmeter kann man sich dann ja mit der Karwendelbahn „schenken".

Die Route

Achenseespitze – Weißenbachtal – Weißenbachsattel – Stanser Joch und/ oder Bärenkopf – Bärenbadalm – Pertisau
Vom Gasthaus „Seealm" an der Seespitze des Achensees einige Meter auf der Straße zurück, bis rechts eine Straße zum Campingplatz abzweigt. Auf ihr ins Weißenbachtal. Auf dem Wirtschaftsweg am Weißenbach entlang durch das schluchtartige Tal und sehr schön zur Weißenbachhütte und zur Weißenbachalm. Hier endet der Wirtschaftsweg. Auf gutem Steig wenige Meter höher in den Weißenbachsattel (1693 m), eine sanfte Hochfläche zwischen den beiden Gipfeln.

a) Zum **Stanser Joch** wendet man sich nach links (Süden) und erreicht bald das steile, begrünte Weißenbachkar. Durch das Kar auf gutem Steig zur Kammhöhe. Achtung: Im Frühsommer halten sich lange Altschneefelder im

Ausgangspunkt: Achenseespitze (931 m)
Endpunkt: Pertisau (952 m)
Bahn-/Busverbindung: Von Tegernsee-Bf (ab München-Hbf 6.34 und 8.34 Uhr BOB) mit dem RVO-Achenseebus bis Hst Ghs. „Seealm".
Rückfahrt ab Hst Pertisau/Karwendelbahn nach Tegernsee-Bf und mit der BOB nach München-Hbf
Fahrzeit gesamt: 4 1/2 Std.
Kondition: ★★ bzw. ★★★
Stanser Joch ↑ 1200 Hm, 4 Std., ↓ 1200 Hm, 2 1/2 Std.;
Bärenkopf ↑ 1050 Hm, 3 1/2 Std., ↓ 1050 Hm, 2 Std.;
beide Gipfel ↑↓ 1400 m/7 3/4 Std.
Anforderungen: ★★
Bergwandertour, Trittsicherheit erforderlich
Jahreszeit: Juni bis Oktober (Stanser Joch Ende Juni bis Anfang Oktober)

Kar, bei Nässe ist der Anstieg sehr schmierig. Über den breiten Rücken ostwärts zum Gipfelkreuz. Abstieg am Anstiegsweg in den Weißenbachsattel und durch den steilen Wald (kurze Seilsicherungen, bei Nässe schmierig) hinunter zur Bärenbadalm.

b) Zum **Bärenkopf** wendet man sich im Weißenbachsattel nach rechts und wandert zunächst fast eben zum steilen Gipfelaufbau. Hier mündet von links der Weg von der Bärenbadalm. Auf der Südseite leitet ein guter Steig über sehr steiles Schrofengelände zum Gipfel. Atemberaubend ist der Tiefblick auf den Achensee! Abstieg über den Gipfelaufbau am Anstiegsweg, bis von rechts der Weg von der Bärenbadalm mündet. In Kehren hinunter zur Alm.

Von der Bärenbadalm links am Zwölferkopf vorbei auf dem Wirtschaftsweg Richtung Dristenautal absteigen (zwei in den Fels gesprengte Tunnels erhöhen den Reiz dieses Weges) zur Talstation der Karwendelbahn in Pertisau. Gemütlichste Abstiegsvariante: kurzer Gegenanstieg zum Zwölferkopf und mit der Seilbahn hinunter nach Pertisau.

Hütten und Einkehrmöglichkeiten

Weißenbachalm (1520 m), privat, einfache Sommerbewirtschaftung, Tel. 00 43/(0)664/304 93 00;
Bärenbadalm (1457 m), privat, im Sommer bewirtschaftet

Karte: Freytag&Berndt-Wanderkarte 1:50 000, Achensee-Rofan-Unterinntal

Tour 8-9

Lamsenspitze (2508 m)

Die Lamsenspitze im östlichen Karwendel-Hauptkamm zählt zwar nicht zu den allerhöchsten, wohl aber zu den markantesten und von Osten gesehen auch zu den formschönsten Karwendelgipfeln. Die Ersteigung der „Lamsen", an der es auch einige gute Klettermöglichkeiten gibt, ist nicht ganz einfach. Doch wer sich den Anforderungen gewachsen sieht, erlebt einen tollen Bergtag.

Die Route

1. Tag: Gramaialm – Gramaialm-Hochleger – Binssattel – Hahnkamplspitze – Westliches Lamsenjoch – Lamsenjochhütte;
2. Tag: Lamsenjochhütte – Lamstunnel – Lamsenspitze – Lamsscharte – Lamsenjochhütte – Westliches Lamsenjoch – Binsalm – Eng

Lamsenspitze-Ostwand

1. Tag: Von der Gramaialm etwa $1/2$ Std. auf dem Lamsenjochhüttenweg in den Gramaier Grund, bis rechts der Weg zum Binssattel abzweigt (Ww. Sonnjoch). Auf sehr schönem Weg anfangs durch Wald, dann über den Bach und über steile, blumenreiche Wiesen zum Gramaialm-Hochleger (1756 m). Über sanfte Almwiesen in den Binssattel. Nun über den latschenbewachsenen Kamm an den Gipfelaufbau der Hahnkamplspitze (2080 m) und über steiles Schuttgelände von Nordwesten auf den höchsten Punkt. Von der Hahnkamplspitze hat man zwar keine Fernsicht, aber sie bietet sehr schöne Ausblicke zu den umliegenden Karwendelbergen und einen schönen Blick auf das Rofan.

Der Abstieg folgt dem teilweise sehr ausgesetzten Südgrat (eine drahtseilgesicherte Stelle) ins Westliche Lamsenjoch (1940 m). Auf breitem Steig zum Lamsenjochhüttenanstieg queren und mit kurzem Aufstieg zur Lamsenjochhütte (1953 m), die sehr schön unterhalb der Felsabbrüche der Rotwandlspitze und der Ostwand der Lamsenspitze steht.

2. Tag: Von der Hütte auf Steig über die Reisen an die steile Wand der Rotwandlspitze. Mit Hilfe von Drahtseilen, Klammern und künstlichen Stufen ausgesetzt empor. Sehr luftige Querung in den Lamstunnel

(auch „Brudertunnel") und über Sand und Erde, zuletzt sehr luftig an Klammern durch den Tunnel auf die Südwestseite des Grats. Nach rechts zum deutlich ausgetretenen Schuttsteig. Er führt unterhalb der Lamsscharte und an den Südwänden der Lamsenspitze vorbei zum Beginn der „Turnerrinne" (Achtung Steinschlaggefahr). Über die Felsen rechts der Rinne an Drahtseilen empor auf eine Rippe am Ende der Rinne. Über einen steilen Sand- und

Steinkarlspitze (links) und Lamsenspitze (rechts) vom Hochnissl-Aufstieg

Schuttsteig hinauf und in einer großen Serpentine zum Gipfel.

Abstieg am Anstiegsweg bis unterhalb der Lamsscharte am Südostfuß der Lamsenspitze. Wenige Meter hinauf in die enge Scharte (2270 m) und jenseits über den steilen Hang mit Hilfe von Drahtseilen hinunter zum Beginn des großen Geröllfeldes. Unmittelbar unter der Lamsenspitze-Ostwand (sehr beeindruckend!) bis zur anderen Seite des Schotterfeldes. Über Schutt und Grashänge in vielen Kehren abwärts zur Hütte. Von dort auf bereits bekanntem Weg zum Westlichen Lamsenjoch und über die Almböden zur Binsalm. Zuletzt auf Straße hinunter in die Eng.

Wichtig: Die Sicherungen im Bereich des Lamstunnels sind derzeit in schlechtem Zustand, eine Begehung erfolgt auf eigene Gefahr. Evtl. muss mit einer Sperrung der Steiganlage bis zur dringend notwendigen Sanierung gerechnet werden. In diesem Fall Aufstieg wie Abstieg über die Lamsscharte. Über den Zustand der Sicherungen sollte man sich beim Hüttenwirt erkundigen.

Varianten

• **Für Genießer:** Eine sehr schöne Tagestour ist die Überschreitung der Hahnkamplspitze mit Abstieg von der Lamsenjochhütte zur Gramaialm (Hütte – Gramaialm 1 bis 1 1/2 Std.);
• **Für Alternative:** Vom Ausstieg des Lamstunnels über Rotwandl- und Steinkarlspitze auf den Hochnissl (2546 m)

Ausgangspunkt: Gramaialm (1265 m)
Endpunkt: In der Eng (1218 m)
Bahn-/Busverbindung: Von Tegernsee-Bf (ab München-Hbf 6.34 und 8.34 Uhr Uhr BOB) mit dem RVO-Achenseebus bis Endhaltestelle Gramaialm.
Rückfahrt ab Eng (RVO-Engbus!) nach Lenggries-Bf und mit der BOB nach München-Hbf
Fahrzeit gesamt: 4 1/2 Std.
Kondition: ★★
1. Tag: ↑ 800 Hm, ↓ 100 Hm, 3 1/2 bis 4 Std.;
2. Tag: ↑ 550 Hm, 2 1/2 Std.; ↓ 1300 Hm, 3 bis 3 1/2 Std.
Anforderungen: ★★ bzw. ★★★
Hahnkampl Bergwandertour, Trittsicherheit erforderlich; Lamsenspitze Bergtour mit mäßig schwierigem, steilem Klettersteig, Trittsicherheit und Schwindelfreiheit erforderlich, evtl. Klettersteig-Sicherheitsausrüstung
Jahreszeit: Juli bis September

Hütten und Einkehrmöglichkeiten

Lamsenjochhütte (1953 m),
DAV-Sektion Oberland, bewirtschaftet Anfang Juni bis Mitte Oktober,
Tel. 00 43/(0) 52 44/620 63;
Gramaialm-Hochleger (1756 m),
privat, bewirtschaftet Anfang Mai bis Mitte Oktober,
Tel. 00 43(0)52 43/51 66;
Binsalm-Niederleger (1503 m), privat, Sommerbewirtschaftung

Karte: AV-Karte 1:25 000, Karwendelgebirge Östliches Blatt

9. Region Bayerische Voralpen

Tourengebiete Walchenseeberge, Benediktenwandgruppe, Tegernseer und Schlierseer Berge

Am Nordsaum der Alpen, zwischen Loisach und Leitzach, erheben sich die klassischen Bayerischen Voralpen, die beliebte Ziele für Bergwanderfreunde aus dem Münchner Raum bieten. Herzogstand, Benediktenwand, Kampen, Hirschberg, Baumgartenschneid, Aiplspitz, Jägerkamp, Schinder – welches bayerische „G'wachs" kennt sie nicht?

Und nach der Tour? Schauen Sie sich um, kehren Sie zu bei den kunstvollen ehemaligen Klosterkirchen (bei denen fast immer ein Wirtshaus steht) und den Museen Großweil (Glentleiten), Kochel (Franz Marc), Tegernsee (Gulbransson); suchen Sie sich die Lüftlmalereien des Glonners Johann Baptist Pöheim im Leitzachtalgebiet. „Hauptsach', man weiß wo der Berg steht" – da hatte er Recht, der alte Kederbacher, aber Seele und Geist wollen auch nicht vernachlässigt sein. In den Bayerischen Voralpen gibt es die ideale Kombination.

Verkehrsverbindungen

Die wichtigsten Ausgangspunkte für Touren in den Bayerischen Voralpen sind Bad Tölz/Lenggries, Gmund/Tegernsee, Schliersee/Bayrischzell. Alle drei Gebiete werden von der Bayerischen Oberlandbahn (BOB) angefahren. Seit Jahresbeginn 2002 funktioniert das seit etlichen Jahren geplante Betriebssystem der BOB. Man steigt in München-Hbf (oder Hst Donnersberger Brücke und Harras) in einen Zug mit drei Waggons. Einer fährt nach Lenggries, einer nach Tegernsee und der dritte nach Bayrischzell. Die Fahrtziele stehen sowohl außen an den Waggons als auch innen auf einer Leuchttafel im jeweiligen Wagen. In Holzkirchen wird der Waggon nach Bayrischzell abgekuppelt, in Schaftlach werden die Waggons nach Lenggries bzw. nach Tegernsee getrennt. Wenn man sich gleich von Anfang an in den rich-

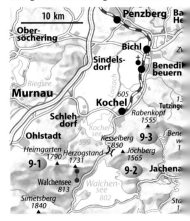

tigen Wagen gesetzt hat, vermeidet man lästiges Umsteigen.

Ursprünglich fuhr auch die BOB in einem Takt: Alle Stunde ein Zug, Abfahrtszeit in München-Hbf immer zur halben Stunde. Leider wurden inzwischen Züge, die nicht so stark frequentiert waren, aus dem Fahrplan gestrichen. Es gibt also einzelne Fahrplanlücken von 2 Stunden.

Fahrkarten für die BOB erhält man an eigenen Automaten, die im Gleisbereich der BOB-Züge aufgestellt wurden, sowie an einzelnen, extra ausgewiesenen Schaltern im Münchner Hauptbahnhof. Im Gegensatz zur Deutschen Bahn (DB) bekommt man bei der BOB im Zug nicht immer Fahrkarten. Teils sind hier nur Kontrolleure eingesetzt, die keine Fahrkarten verkaufen dürfen.

Die Anreise mit der BOB kann allein für sich schon zum Erlebnis werden. Stellen Sie sich vor, es ist an einem glasklaren Tag in der Früh'. Die Bahnfahrt nach Gmund mit Blick auf den tiefblauen Tegernsee mit dem Wallberg, den Blaubergen und dem Hirschberg dahinter – ein Anblick, bei dem einem das Herz aufgeht. Oder die Busfahrt in die Valepp: Auf enger, kurviger Bergstraße geht es durch den Bergmischwald mit seinen herbstlich-leuchtenden Farben. Da wird uns die Schönheit der oberbayerischen Gebirgslandschaft wieder einmal so richtig bewusst.

Internet

www.kochel.de
www.badtoelz.de
www.lenggries.de
www.tegernsee.de
www.schliersee.de

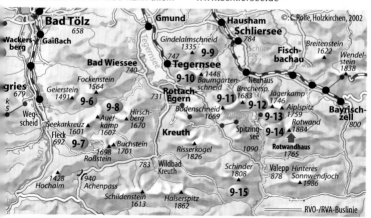

Tour 9-1

Herzogstand (1731 m) und Heimgarten (1790 m)

Jeder dieser bekannten Voralpen-
berge ist für sich lohnend zu ersteigen. Der Knalleffekt aber ist der Grat-
übergang von dem einen zum anderen
Gipfel. Bisweilen gibt sich diese Kamm-
verbindung recht schmal, schrofig,
schottrig, luftig mit teils faszinierenden Tiefblicken in die zerrissene
Nordflanke – Zacken und Türmchen
aus brüchigem Hauptdolomit...

Die Route

**Kesselberghöhe – Herzogstandhäuser –
Herzogstand – Heimgarten – Rauheck –
Ohlstadt**

*Gratweg Herzogstand –
Heimgarten*

Ausgangspunkt: Kesselberghöhe
Endpunkt: Ohlstadt (664 m)
Bahn-/Busverbindung: Ab Kochel-Bf
(Abfahrt von München-Hbf um 8.00 Uhr,
Umsteige-Bf Tutzing) um 9.15 Uhr mit
RVO-Buslinie 9608 bis Hst Kesselberg-
höhe. **Rückfahrt** ab Ohlstadt-Bf stünd-
lich 10 min. vor der vollen Std. nach
München-Hbf
Fahrzeit gesamt: 2 1/4 Std.
Kondition: ★★★
↑ 1100 Hm, 4 1/2 bis 5 Std. bis Heim-
garten; ↓ 1150 Hm, 2 Std.
Anforderungen: ★★
Unschwierige Bergwandertour, am Ver-
bindungsgrat Herzogstand – Heimgarten
Trittsicherheit und Schwindelfreiheit
erforderlich
Jahreszeit: Juni bis Oktober

Aufstieg: Von der Hst Kesselberghöhe
(850 m) auf dem „Reitweg" in angenehmer Steigung durch Wald zur Schleh-
dorfer Alm. Hier wird der Blick frei auf
das gesamte Herzogstandmassiv. Der
Weiterweg ist gut einsehbar: In einem
großen Bogen geht man das ganze
Massiv aus, bis unter dem Fahrenberg-
kopf eine Serpentine zurückführt in
die Scharte vorm Martinskopf und den
Herzogstandhäusern. Dort befindet
man sich auf historischem Boden, denn
die Herzogstandhäuser dienten den
bayerischen Herzögen und Königen
als Jagddomizile. Der Weiterweg führt
zunächst am Martinskopf vorbei, dann
folgt man dem breiten Serpentinen-
steig auf den Herzogstand mit seinem
Holzpavillon (1731 m). Ein fantastischer

Tiefblick auf den Kochelsee belohnt die Anstiegsmühen.

Vom Pavillon aus sehen wir schon unseren gesamten Weiterweg überwiegend auf der Grathöhe bis zum Gipfel des Heimgartens.

Übergang zum Heimgarten: Kurzer Abstieg in die Westflanke (Achtung auf lockere Steine), bis man den Grat erreicht hat. Nun immer am Grat entlang – gewürzt mit einigen Felspassagen, die durch Drahtseile entschärft sind – aussichtsreich zum Fuß des Heimgarten-Gipfelaufbaus. An sonnigen Tagen „steht" die Hitze zwischen den Latschen, und die 200 Höhenmeter zum Heimgartengipfel (1790 m) sind dann ganz schön schweißtreibend. Dafür belohnt dieser zweite Gipfel mit einer umfassenden Aussicht auf Karwendel und Wetterstein, und die bewirtschaftete Heimgartenhütte (1788 m) lockt mit einem kühlen Getränk.

Abstieg: Von der Heimgartenhütte kurz in nördliche Richtung, bis der Grat wieder nach Westen umbiegt: Ww. Rauheck/Ohlstadt. Der Weg folgt dem langen Rücken vom Rauheck (1590 m) über P. 1535 m, bis er bei 1456 m den Rücken in die Südflanke verlässt und zunehmend steiler über Buchrain zunächst Richtung Westen, dann nördlich sehr steil durch Wald Ohlstadt erreicht.

Varianten

• **Für Alternative bzw. Genießer:** Aufstieg von der

Ausblick vom Gratweg

Hst Walchensee/Herzogstandbahn zu den Herzogstandhäusern (auch Liftauffahrt möglich).

Hütten und Einkehrmöglichkeiten

Herzogstandhäuser (1575 m), bewirtschaftet Anfang Januar bis Ende Oktober, Tel. 0 88 51/234;
Heimgartenhütte (1788 m), im Sommer einfach bewirtschaftet

Karte: Topogr. Karte 1:50 000, Bad Tölz - Lenggries und Umgebung

> **Tipp**
>
> Der Anstieg vom Kesselberg zum Herzogstandgipfel kann nahezu den gesamten Winter über begangen werden.

Walchensee-Stimmung

Tour 9-2

Jochberg (1565 m)

Unmittelbar östlich des Kesselbergs aufragend, gehört der Jochberg von Nordwesten gesehen zu den markantesten Berggestalten der Bayerischen Voralpen, beeindruckt er doch mit hohen, von Schluchten zerfurchten Hauptdolomitwänden, die im Sommer so gut wie nicht, im Winter von extremen Eiskletterern durchstiegen werden. Südseitig ist der Joch- ein reiner Wanderberg.

Die Route

Kesselberghöhe – Jochberg – Jocheralm – Sachenbach am Walchensee – Urfeld
Aufstieg: Von der Kesselberghöhe (850 m) in östlicher Richtung mit kleinen Serpentinen durch Mischwald aufwärts. Nach etwa 1 Std. gelangt man zu einer

Quelle, die als Brunnen gefasst ist. Weiter geradeaus durch den Wald in etwa 1/2 Std. zur Wegteilung. Dort zweigt rechts der Weg zur Jocheralm ab. Auf dem linken Weg wenig unterhalb des Kammes aufwärts. An manchen Stellen kann man in die düstere Nordflanke schauen, dann wieder sieht man hinunter zum Kochelsee. Aus dem Wald kommend erreicht man durch ein Gatter die Gipfelwiesen. Weiter geht's in Serpentinen nahe dem Kamm höher, erst auf den letzten Metern zum Gipfelkreuz steigt man auf der Kammhöhe. Herrlich sind die Tiefblicke zum Kochelsee im Norden und zum Walchensee im Süden. Eindrucksvoll präsentiert sich das Karwendel.
Abstieg: Man folgt zunächst dem Aufstiegsweg zurück bis zum Gatter und biegt dann links ab zur Jocheralm (1381 m). Weiter in südwestlicher Richtung

> **Tipp**
>
> Der Jochberg von der Kesselberghöhe aus ist eine schöne Winterwanderung und nahezu den ganzen Winter über zu begehen. Abstieg zurück zum Kesselberg, trotzdem ist die nächstgelegene Haltestelle unten in Urfeld (ca. 1/2 Std. Gehzeit ab Kesselberghöhe).

über die Almstraße bis zur ersten großen Kurve. Dort zweigt ein Steig ab, der in südlicher Richtung in Serpentinen durch Wald hinableitet. An einem Futterplatz vorbei erreicht man Sachenbach und damit das Walchenseeufer (1 1/2 Std.). Ein gemütlicher Bummel am Nordostufer des Walchensees entlang nach Urfeld und zur Bushaltestelle beendet die Tour.

Hütten und Einkehrmöglichkeiten
Jocheralm (1381 m), Sommerbewirtschaftung

Karte: Topogr. Karte 1:50 000, Bad Tölz - Lenggries und Umgebung

Ausgangspunkt: Kesselberghöhe
Endpunkt: Urfeld (802 m) am Walchensee
Bahn-/Busverbindung: Ab Kochel-Bf (Abfahrt von München-Hbf um 8.00 Uhr, *Umsteige-Bf* Tutzing) um 9.15 Uhr mit RVO-Buslinie 9608 bis Hst Kesselberghöhe. **Rückfahrt** ab Urfeld um 13.19, 15.19, 17.19 Uhr mit RVO-Buslinie 9608 nach Kochel-Bf und jeweils Direktanschluss nach München-Hbf (*Umsteige-Bf* Tutzing). Achtung: Die Hst Kesselberghöhe wird in Fahrtrichtung Kochel nicht bedient.
Fahrzeit gesamt: 2 1/4 Std.
Kondition: ★
↑ 700 Hm, 2 Std.; ↓ 740 Hm, 2 Std.
Anforderungen: ★
Unschwierige Bergwandertour
Jahreszeit: Mai bis November

Tour 9-3

Rabenkopf (1555 m)

Halbwegs zwischen Jochberg und Benediktenwand erhebt sich der kecke Rabenkopf. Unschwierig zu ersteigen, kann man in Kombination mit ihm einen lohnenden Übergang aus der noch „touristisch unverdorbenen" Jachenau zur Loisach unternehmen. Allgemein ist der Rabenkopf etwas weniger besucht als seine heißgeliebten Nachbarn.

Die Route
Jachenau – Rappinschlucht – Rabenkopf – Ortereralm – Pessenbach
Aufstieg: Von der Kirche in Jachenau (790 m) dem Ww. Rabenkopf folgen. Der schönere Anstieg führt über den Steig direkt an der Großen Laine entlang. Man erreicht nach etwa 1 Std. die Forststraße zur Lainlalm. Von dort zweigt links der Weg in die Rappinschlucht ab. Auf schmalem Steig oberhalb des Rappinbaches landschaftlich sehr schön südlich um den Wespenkopf herum. Vom Ende der Schlucht gemächlich durch dichteren Wald hinauf zur Staffelalm. Nun ist es noch 1/2 Std. über den steilen, grasigen Gipfelhang zum kleinen, felsigen Gipfel.
   Abstieg: Zurück zur Staffelalm, dann aber links und in der Ostflanke des Rabenkopfes nordwärts in die Senke zwischen Rabenkopf und Glaswand. Über die Ortereralm (1089 m) geht es hinunter nach Pessenbach.

Ausgangspunkt: Jachenau (790 m)
Endpunkt: Pessenbach (635 m)
Bahn-/Busverbindung: Von Lenggries-
Bf (ab München-Hbf 7.34 Uhr BOB) mit
der RVO-Buslinie 9595 bis Hst Jachenau
Post. (An Wochenenden und Feiertagen
vormittags nur ein Bus, 8.45 Uhr; hat
Anschluss an BOB 7.30 Uhr von Mün-
chen-Hbf.) **Rückfahrt** ab Hst Pessen-
bach/Ötzschlößl um 15.09, 17.09, 19.09
Uhr mit RVO-Buslinie 9612 nach Kochel-
Bf und von dort nach München-Hbf (ca.
$^1/_2$ Std. Wartezeit; *Umsteige-Bf* Tutzing)
Fahrzeit gesamt: 3 $^1/_2$ Std.
Kondition: ★★
↑ 760 Hm, 3 Std., ↓ 800 Hm, 2 Std.
Anforderungen: ★
Unschwierige Bergwandertour; in der
Rappinschlucht Schwindelfreiheit erfor-
derlich
Jahreszeit: Juni bis Oktober

Varianten

• **Für Alternative:** Von Jachenau auf den
Hirschhörnlkopf (1514 m); unschwierige
Bergwandertour, Mai bis November.

Hütten und Einkehrmöglichkeiten

Unterwegs keine

Karte: Topogr. Karte 1:50 000, Bad
Tölz – Lenggries und Umgebung

*Benediktenwand
vom Rabenkopf*

Tour 9-4

Benediktenwand (1801 m)

S ie weist an der Nordseite mit einer
Höhe bis 350 Meter die eindrucks-
vollste Wandbildung in den Bayerischen
Voralpen auf. Von Osten, Westen und
Süden gibt sich die Benediktenwand
wesentlich zahmer – als beliebtes Ziel
für Bergwanderfreunde. Die Überquerung Jachenau – Benediktbeuern
mit der „Benewand" als Höhepunkt
ist eine schöne Alternative zu den
üblichen Wegen.

Die Route

**Jachenau – Glaswandscharte oder
Südflanke – Benediktenwand – Tutzinger
Hütte – Benediktbeuern
Aufstieg:** Von der Hst Petern einem
Sträßchen in nördlicher Richtung folgen, das mäßig steil zwischen Hahn-
berg rechts und Latschenkopf links
aufwärts führt. Nach 2 Std. Wegteilung:
Links führt der einfachere Anstieg in
die Glaswandscharte (1324 m) und anfangs steil, dann wieder bequemer
durch Latschen zum Gipfel der Benediktenwand (1800 m).

Der interessantere, jedoch auch
schwierigere Anstieg zweigt an der
Wegteilung rechts ab zur Bichleralm.
Über die Höllgrube erreicht man in
nordwestlicher Richtung eine Grasmul-
de und über ein ausgesetztes Band
die eigentliche Steilflanke. Sehr steil
und direkt über einen grasigen Pfad
auf den Gipfel. Gewaltig ist der Tiefblick

Benediktenwand-Gipfel

zur Talstation der Materialseilbahn, dann folgt eine lange Forststraße hinaus nach Gschwendt und nach Benediktbeuern.

Varianten

• **Für Traditionalisten:** Von Lenggries mit der Seilbahn aufs Brauneck und über die Achselköpfe zur Benediktenwand

Hütten und Einkehrmöglichkeiten

Tutzinger Hütte (1327 m), DAV-Sektion Tutzing, bewirtschaftet Ostern bis Mitte November, Tel. 0175/164 16 90

Karte: Topogr. Karte 1: 50 000, Bad Tölz – Lenggries und Umgebung

Ausgangspunkt: Jachenau-Petern (etwa 730 m)
Endpunkt: Benediktbeuern (617 m)
Bahnverbindung: Von Lenggries-Bf (ab München-Hbf 7.34 Uhr BOB) mit der RVO-Buslinie 9595 nach Hst Jachenau-Petern. (An Wochenenden und Feiertagen vormittags nur ein Bus, 8.45 Uhr; hat Anschluss an BOB). **Rückfahrt** ab Benediktbeuern-Bf stündlich um 16.49, 17.49 usw. nach München-Hbf (*Umsteige-Bf* Tutzing)
Fahrzeit gesamt: 2 ¹/₂ Std.
Kondition: ★★★
↑ 1100 Hm, 4 Std., ↓ 1200 Hm, 3 bis 4 Std.
Anforderungen: ★★
Unschwierige Bergwandertour; an der Südflanke Trittsicherheit und Schwindelfreiheit erforderlich
Jahreszeit: Juni bis Oktober

in die Nordwand, und an klaren Tagen kann man die einzelnen Bauwerke von München erkennen.

Abstieg: Man folgt zunächst dem bequemen Westrücken Richtung Glaswandscharte, zu der man nicht ganz absteigt. Bei 1569 m zweigt der Weg rechts ab und in Serpentinen geht es über den breiten Hang hinunter zur Tutzinger Hütte (1327 m). Völlig neu gebaut, ist sie ein Musterbeispiel für eine ökologisch funktionelle Hütte. Der weitere Abstieg führt zunächst recht flott in kleinen Serpentinen hinunter

Tour 9-5

Blomberg (1237 m) und Zwiesel (1348 m)

Blomberg und Zwiesel gehören zu den nördlichsten Gipfelpunkten der Bayerischen Voralpen. Sie sind waschechte „Münchner Hausberge", kinderleicht ersteigbar, beliebt und geliebt, gemütlich, aussichtsreich. Benediktenwand und Zugspitze dominieren den Ausblick. Und mit dem Blomberghaus hat man eine tolle Einkehrmöglichkeit auf luftiger Höh'.

Die Route

Blombergbahn-Talstation – Blomberg - Blomberghaus – Zwiesel – Blombergbahn-Talstation
Aufstieg: Von der Talstation rechts durch den Parkplatz zur Forstraße. Nun zwei Möglichkeiten:
  a) Nach ein paar Metern links ab und

Ausgangs-/Endpunkt: Bad Tölz (658 m), Blombergbahn
Bahn-/Busverbindung: Von Bad Tölz-Bf (ab München-Hbf BOB 7.34, 9.34 Uhr) um 8.30, 10.30 Uhr mit der RVO-Buslinie 9612 zur Hst Blombergbahn.
Rückfahrt von dort um 14.13, 16.13, 18.13 Uhr nach Bad Tölz-Bf (jeweils direkter Zuganschluss)
Fahrzeit gesamt: 2 1/2 Std.
Kondition: ★
↑ 650 Hm, 2 1/2 Std.; ↓ 650 Hm, 1 1/2 Std.
Anforderungen: ★
Unschwierige Bergwandertour
Jahreszeit: ganzjährig

auf den Rodelweg. Auf dem breiten Weg schön schattig an der Sommerrodelbahn und an der Mittelstation der Blombergbahn vorbei. Kurz unterhalb und oberhalb der Mittelstation ist der Weg sehr steil, dann leiten angenehm weite Serpentinen auf die freie Hochfläche unterhalb des Blomberghauses.

Das Blomberghaus

Zum Blomberg hält man sich links und steigt durch Wald nicht sehr steil hinauf zum Aussichtspunkt. Zum Zwieselberg geht es rechts, am Blomberghaus vorbei und eben in einen Sattel (1000 m), in den die Forststraße mündet.

b) Auf der Forststraße bleiben und in drei weiten Serpentinen relativ flach in den Sattel (1000 m). Von dort in südlicher Richtung anfangs durch Wald, dann über freie Wiesen auf den Nordostrücken des Zwiesels und über ihn gemütlich zum Gipfelkreuz. Ein paar Bänke laden zu bequemer Rast.

> ### Tipp
> Blomberg und Zwiesel sind sehr schöne Winterwanderungen, evtl. Grödel mitnehmen. Ab Blomberghaus interessante, aber sehr steile, bei Vereisung gefährliche Rodelbahn. Nur für Könner! Achtung: Der Rodelweg – siehe Aufstieg a) – ist im Winter wegen Unfallgefahr durch den Rodelbetrieb für Fußgänger gesperrt. Für sie ist dann nur die Forststraße möglich.

Abstieg: Auf einem der Anstiegswege. Ganz Gemütliche benutzen die Blombergbahn.

Hütten und Einkehrmöglichkeiten
Blomberghaus (1203 m), privat, ganzjährig bewirtschaftet, November/Dezember einige Wochen geschlossen, Tel. o 80 41/742 24

Karte: Topogr. Karte 1:50 000, Bad Tölz - Lenggries und Umgebung

---

Tour 9-6

Geierstein (1491 m) und Fockenstein (1564 m)

Jeder für sich ein ganz gemütlicher Voralpengipfel: Der Geierstein, ein unmittelbarer Lenggrieser Hausberg, ein bisschen spröder, während der Fockenstein schon etwas mehr Bad Wiessee zugewandt ist. Beide „auf einen Rutsch" – so ergeben sie eine satte, tagesfüllende Tour, die nur mit den „Öffentlichen" so richtig Spaß macht.

Die Route
Lenggries – Geierstein – Fockenstein – Neuhütteneck – Aueralm – Bad Wiessee
Aufstieg zum Geierstein: Von Lenggries-Bf am Hallenbad vorbei und geradeaus durch Felder zum Westrücken des Griesler Berges. Über diesen relativ bequem durch Wald hinauf bis zur Lichtung auf 1340 m. Hier führt der Weg zum Fockenstein geradeaus weiter. Mit einem Abstecher von 1/2 Std. hingegen gelangt man in südlicher Richtung steil hinauf zum felsigen Gipfel des Geierstein (1491 m), dessen Aussicht durch große, alte Bäume etwas eingeschränkt ist.

Übergang zum Fockenstein: Abstieg auf dem gleichen Weg zur Lichtung, dort nach rechts abbiegen und leicht fallend auf dem Waldweg bis zu einer Forststraße (1261 m). Ihr kurz folgen, bis der Weiterweg nach links abzweigt. In zunehmender Steilheit durch den

Tipp

Der Anstieg von Bad Wiessee zur Aueralm ist eine beliebte Winterwanderung und bei guten Schneeverhältnissen über das Söllbachtal auch mit dem Schlitten möglich

Wald hinauf bis zu einer Lichtung (1434 m), und wieder flacher auf den Fockensteingipfel zu. Kurz unterhalb kommt von rechts der Abstiegsweg herauf. Vorbei geht es noch an einigen bizarren Felsformationen, wo man auch einmal die Hände zur Unterstützung einsetzen kann, dann ist der geräumige Gipfel (1564 m) erreicht, der mit seiner freien Aussicht zu einer ausgiebigen Rast einlädt.

Abstieg: Auf bekanntem Weg zurück, bis links der Steig nach Bad Wiessee abzweigt. Ab dem Neuhütteneck folgt man dem Wirtschaftsweg bequem an den Neuhüttenalmen (1329 m) vorbei zur bewirtschafteten Aueralm. Nun drei Abstiegsmöglichkeiten: a) durch das schattige Zeiselbachtal, b) über die Waxelmoosalm und den Höhenrücken des Waxelmoosecks zum Sonnenbichl-Skilift, oder c) über das sonnige und aussichtsreiche Söllbachtal. An der Söllbachklause vorbei am Söllbach entlang zur Hauptstraße und rechts etwa 100 Meter zur Bushaltestelle.

Ausgangspunkt: Lenggries (679 m)
Endpunkt: Bad Wiessee (740 m)
Bahn-/Busverbindung: Lenggries-Bf (von München-Hbf BOB stündlich ab 6.34 Uhr). **Rückfahrt** ab Bad Wiessee Hst Söllbachtal mit RVO-Bus Ringlinie 9559 = Ringlinie A und B. Mit A um 15.00, 16.00, 17.00, 17.40, 18.59 Uhr nach Gmund-Bf; mit B um 14.52, 16.20, 16.52, 17.52, 18.53 Uhr nach Tegernsee-Bf. Jeweils direkter Zuganschluss.
Fahrzeit gesamt: 2 1/2 Std.
Kondition: ★★★
↑ 1100 bis 1200 Hm inkl. Gegenanstiege, 3 Std. bis Geier-, 1 1/2 bis 2 Std. bis Fockenstein; ↓ 1000 bis 1100 Hm inkl. Gegenanstiege, 1 1/2 Std. ab Fockenstein
Anforderungen: ★
Unschwierige Bergwandertour
Jahreszeit: Ende Mai bis Oktober

Hütten und Einkehrmöglichkeiten
Aueralm (1270 m), privat, ganzjährig bewirtschaftet, Montag Ruhetag, Tel. 0 80 22/836 00

Karte: Topogr. Karte 1:50 000, Bad Tölz-Lenggries und Umgebung

Der Geierstein

Tour 9-7

Seekarkreuz (1601 m)

Südöstlich oberhalb von Lenggries ragt das Seekarkreuz auf. Es hat sogar einen bewirtschafteten Alpenvereinsstützpunkt, die Lenggrieser Hütte. Die Aussicht vom Seekarkreuz ins Karwendel und ins Wetterstein ist überraschend schön. Auch im Winter kann man hier heraufwandern und sich mit von der Kälte geröteten Wangen in der gastlichen Hütte aufwärmen.

Benediktenwand vom Seekarkreuz

Die Route

Lenggries – Hohenburg – Mühlbach – Lenggrieser Hütte – Seekarkreuz – Lenggrieser Hütte – Seekaralm – Hirschbachtal – Mühlbach – Hohenburg – Lenggries

Aufstieg: Vom Lenggries-Bf etwa 10 min. geradeaus in südlicher Richtung bis zu einer Straßenkreuzung. Links zum Schloss Hohenburg (Ww.) und am Schloss vorbei bis Mühlbach. Rechts durch den kleinen Ort und über eine große, freie Fläche mäßig steigend an den Waldrand. Beginn des „Grasleitensteigs". Durch Mischwald in einer langgezogenen Querung mäßig steil um den Berg herum auf die Südseite und mit zunehmender Steigung zur Lenggrieser Hütte (1338 m). Ab

> ### Tipp
>
> Das Seekarkreuz bietet eine schöne Winterwanderung. Der Anstieg über den „Grasleitensteig" ist früher schneefrei, einige Rinnen sind jedoch lawinengefährdet. Sicherster Zustieg im Winter: etwa 1 Std. auf der Straße Richtung Hirschtalsattel, dann rechts (Ww.) über den Winterweg zur Seekaralm und zur Lenggrieser Hütte (siehe auch „Abstieg")

dort über den breiten Westrücken in einen Sattel vor dem Gipfelaufbau und zuletzt von Südwesten über den steilen Grat zum Seekarkreuz (1601 m).

Abstieg: Am Aufstiegsweg zur Lenggrieser Hütte zurück und eben zur Seekaralm. Kurz dahinter nordseitig in den Wald und steil mit guten Serpentinen über den Hang hinunter, bis man auf einen Bach trifft. An ihm entlang abwärts zum Hirschbach und zur Hirschtalstraße. Hinaus nach Mühlbach und zurück nach Lenggries.

Varianten

• Abstieg von der Lenggrieser Hütte über den

„Grasleitensteig", bis links der Weg nach Fleck abzweigt. Hinunter nach Fleck und zum RVO-Engbus;
• **Für Knieschoner:** Abstieg vom Seekarkreuz nach Nordosten Richtung Brandkopf und auf die Straße, die zum Hirschtalsattel (1224 m) führt. Nun (bequem!) entweder auf ihr nach Mühlbach und Lenggries, oder „holperiger" ins Söllbachtal und über den „Bauer in der Au" nach Bad Wiessee (Bushaltestelle Söllbachtal)

Hütten und Einkehrmöglichkeiten

Lenggrieser Hütte (1338 m), DAV-Sektion Lenggries, ganzjährig bewirtschaftet, im Frühjahr und Spätherbst jeweils 3 Wochen geschlossen, Tel. 0175/596 28 09

Ausgangs-/Endpunkt: Lenggries (679 m)
Bahn-/Busverbindung: Lenggries-Bf (von München-Hbf stündlich ab 6.34 BOB; 10.34 Uhr kein Zug).
Rückfahrt ab Lenggries-Bf stündlich etwa 1/4 nach der vollen Stunde nach München-Hbf.
Fahrzeit gesamt: 2 1/4 Std.
Kondition: ★★
↑ 900 Hm, 2 1/2 bis 3 1/2 Std.;
↓ 900 Hm, 2 1/2 bis 2 1/2 Std.
Anforderungen: ★
Unschwierige Bergwandertour
Jahreszeit: bei nicht allzu hoher Schneelage ganzjährig

Karte: Topogr. Karte 1:50 000, Bad Tölz-Lenggries und Umgebung

Tour 9-8

Kampen-Überschreitung

Hier ist nicht nur eine Viergipfeltour geboten, sondern auch der alpine Übergang vom Tegernsee ins Isartal. Aussichts- und abwechslungsreich präsentieren sich die Kampen, die am Spitzkamp eine spannende Abstiegsstelle parat halten; ruhig und stimmungsvoll klingt die Tour mit dem Seekarkreuz und einem wohlverdienten Aufenthalt in der Lenggrieser Hütte aus.

Die Route

Bad Wiessee – Aueralm – Neuhüttenalm – Hirschtalsattel – Ochsenkamp – Auerkamp – Spitzkamp – Seekarkreuz – Lenggrieser Hütte – Lenggries
Von der Hst Söllbachtal zur Aueralm (1270 m) drei Möglichkeiten:
a) An der Söllbachklause vorbei durch das Söllbachtal und über den Söllberg;
b) am Gasthaus „Sonnenbichl" vorbei und durch das Zeiselbachtal;
c) am Gasthaus „Sonnenbichl" vorbei und links, noch ehe die Straße ins Zeiselbachtal führt, über die steile Piste hoch, dann in schöner Höhenwanderung über das Waxelmooseck und die Waxelmoosalm zur Aueralm.
Von der Aueralm auf nahezu ebener Straße zur Neuhüttenalm. Östlich des Neuhüttenecks absteigende Querung zum Hirschtalsattel (1224 m).
Überschreitung der Kampen: Vom Hirschtalsattel sehr steiler Anstieg über

Am Aufstieg zum Ochsenkamp

die latschenbewachsene Nordflanke des Ochsenkamp (1594 m). Aussichtsreich immer am Grat entlang über leichte Felsen, durch Latschen und über Wurzeln über den Auerkamp (1607 m), dem höchsten der Kampen, zum Spitzkamp (1604 m).

Übergang zum Seekarkreuz: Kurzer, steiler Abstieg (an einer Passage Drahtseil) hinunter auf den Wirtschaftsweg der Mühlthalalm, um den Brandkopf herum und zum Seekarkreuz (1601 m). Über den breiten Nordostrücken in 1/2 Std. auf diesen vierten Gipfel der Tour. Ein letzter Blick auf das prächtige Panorama, das uns den ganzen Tag begleitet hat!

Abstieg: In 1/2 Std. gehen wir zur Lenggrieser Hütte (1338 m) mit ihren diversen Durstlöschern hinunter. Der Abstieg über den „Grasleitensteig" nach Mühlbach ist kein Problem mehr. Erwischen wir den Engbus bei Schloss Hohenburg, haben wir Glück gehabt. Andernfalls erwartet uns noch ein halbstündiger Teerstraßenhatscher nach Lenggries.

> **Tipp**
>
> Das Seekarkreuz kann von Lenggries aus fast den gesamten Winter über gegangen werden; sowohl über den „Grasleitensteig" als auch über den Winterweg, der nach etwa 1 Std. vom Weg zum Hirschtalsattel abzweigt.

Hütten und Einkehrmöglichkeiten

Aueralm (1270 m), ganzjährig bewirtschaftet, Montag Ruhetag, meist Ende November/Anfang Dezember geschlossen, Tel. 0 80 22/836 00; **Lenggrieser** Hütte (1338 m), DAV-Sektion Lenggries, ganzjährig bewirtschaftet, im Frühjahr und Spätherbst jeweils drei Wochen geschlossen, Tel. 0175/596 28 09

Karte: Topogr. Karte 1:50 000, Bad Tölz-Lenggries und Umgebung

Ausgangspunkt: Bad Wiessee (740 m)
Endpunkt: Lenggries (679 m)
Bahn-/Busverbindung: Von Gmund-Bf (München-Hbf BOB stündlich ab 6.34 Uhr) mit RVO-Bus Ringlinie B (direkter Anschluss) nach Bad Wiesee, Hst Söllbachtal. **Rückfahrt** ab Lenggries-Bf (dorthin evtl. mit dem RVO-Engbus, ab Schloss Hohenburg; kein Hinweis) BOB stündlich etwa 1/4 Std. nach der vollen Stunde nach München-Hbf
Fahrzeit gesamt: 3 1/4 Std.
Kondition: ★★★
↑ 1050 Hm, 5 Std. bis Seekarkreuz; ↓ 900 Hm, 2 Std.
Anforderungen: ★★
Bergtour, die Trittsicherheit erfordert
Jahreszeit: Juni bis Oktober

Tour 9-9

Neureuth (1263 m) und Gindelalmschneid (1335 m)

Die nördlichen Randgipfel der Tegernseer/Schlierseer Berge sind wahrhaftig kein großes Gebirg'. Diese besseren Bergspaziergänge bieten jedoch allemal prächtige Ausblicke zu den Höheren, im Rückblick auf den Tegernsee und in der Vorausschau auf die Schlierseer Seite. Die zwei berühmten oberbayerischen Seen auf einen Streich!

Die Route

Tegernsee – Neureuth – Gindelalmschneid – Gindelalm – Breitenbachtal – Krainsberg - Schliersee
Aufstieg: Von Tegernsee gibt es viele Wege auf die Neureuth: schmale Wald- und Wiesenwege, Wirtschaftswege, Forststraßen. Je nach Lust und Laune bzw. Wanderkarte auf einem der zur Wahl stehenden Anstiege zum frei gelegenen, beliebten Gasthaus Neureuth (1263 m) am Ostiner Berg.

Ausgangspunkt: Tegernsee (747 m)
Endpunkt: Schliersee (784 m)
Bahn-/Busverbindung: Tegernsee-Bf (von München-Hbf BOB stündlich ab 6.34 Uhr; kein Zug um 10.34 Uhr).
Rückfahrt ab Schliersee-Bf BOB stündlich etwa zur halben Stunde nach München-Hbf
Fahrzeit gesamt: 2 Std.
Kondition: ★
↑ 600 Hm, 2 Std.; ↓ 650 Hm, 1 1/2 Std.
Anforderungen: ★
Unschwierige Bergwandertour
Jahreszeit: Mai bis November

Übergang zur Gindelalmschneid und Abstieg nach Schliersee: Auf einem breiten Weg ziemlich eben zum teilweise freien, teils bewaldeten Rücken der Gindelalmschneid. Erst auf den letzten Metern steigt der Weg nochmals an. Links unter uns sehen wir bereits die Gindelalm (1242 m). Wir überschreiten den Gipfel (1335 m) und steigen dann nach links ab (rechts führt der Weg zur Kreuzbergalm und zur Baumgartenschneid) zu dieser einfach bewirtschafteten Alm. Von der Almsiedlung in östlicher Richtung auf

Bayerische-Voralpen-Blick vom Weg zur Gindelalmschneid; ganz links der Hirschberg

einem Wirtschaftsweg ohne Mühen ins Breitenbachtal und über Krainsberg nach Schliersee.

Eine weitere Abstiegsmöglichkeit von der Gindelalm führt über den Höhenrücken des Rainerbergs zum Huberspitz (1052 m) und zum Bahnhof in Hausham.

Tipp

a) Auf die Neureuth kann man den gesamten Winter über gehen. Der Anstieg über Café Liebermann ist auch mit Schlitten möglich, allerdings handelt es sich um eine sehr steile, rassige Abfahrt (nichts für Anfänger oder kleine Kinder);
b) bei geringer Schneelage kann man auch auf die Gindelalmschneid weiterwandern, evtl. sogar die gesamte Überschreitung ausführen;
c) von Hausham auf den Huberspitz kann man auch den ganzen Winter über gelangen; bei hoher Schneelage auch mit Schlitten möglich. Die Abfahrt ist einfacher als die von der Neureuth

Hütten und Einkehrmöglichkeiten

Gasthaus Neureuth (1263 m), ganzjährig bewirtschaftet, Montag Ruhetag (außer feiertags; dann Dienstag Ruhetag), Tel. 0 80 22/44 08;
Gindelalm (1242 m), einfache Sommerbewirtschaftung;
Wirtshaus „Plattenhäusl" am Huberspitz, ganzjährig bewirtschaftet, im Winter zeitweise nur an Wochenenden, Tel. 0 80 26/57 57

Karte: Topogr. Karte 1:50 000, Mangfallgebirge

Tour 9-10

Baumgartenschneid
(1448 m)

Parallel südlich zum Kamm Ostiner Berg – Gindelalmschneid erhebt sich jener der Baumgartenschneid, auch er noch ein Gras-/Waldgebirgszug, ehe es mit dem Wallberg und schon gar mit Risserkogel/Blankenstein felsig wird. Ludwig Thomas Lieblingsberg soll „der Baumgarten" gewesen sein – wobei man berücksichtigen muss, das Thoma Jäger und nicht Bergsteiger war.

Die Route

a) Tegernsee – Riederstein – Baumgartenschneid und zurück;
b) Tegernsee – Riederstein – Baumgartenschneid – Sagfleckl – Kreuzbergalm – Gindelalmschneid – Neureuth – Tegernsee

Karwendel von der Baumgartenschneid

a) Von Tegernsee-Bf über die Bahnhof-
straße Richtung Schloss und weiter
über die Kleinbergstraße. Den Ww. folgen entweder direkt über das Pfliegel-
eck (1106 m) oder auf dessen Südseite
zum Wirtshaus Galaun (1080 m), das
nach langjähriger Pause wieder bewirtschaftet ist. Auf dem alten Wall-
fahrtsweg an 14 Kreuzwegstationen vorbei in $1/2$ Std. zum Riedersteinkircherl
(1207 m), das verwegen auf einem Felsen thront. Ein stabiles Holzgeländer
sorgt für Sicherheit, und die Bank an der
Kirche lässt den Tiefblick zum Tegernsee so richtig genießen.

Der Weiterweg zur Baumgartenschneid (1448 m) beginnt flach, über-
windet mit ein paar Serpentinen einen
kurzen Steilhang und leitet mit geringer Steigung zum Gipfelaufschwung.
Über ein paar steilere Kehren zum
Kreuz. Abstieg über den Aufstiegsweg.

Ausgangs-/Endpunkt: Tegernsee
(747 m)
Bahn-/Busverbindung: Tegernsee-Bf
(von München-Hbf BOB stündlich ab
6.34 Uhr). **Rückfahrt** von Tegernsee-Bf
BOB stündlich etwa 20. min. nach der
vollen Sunde nach München-Hbf
Fahrzeit gesamt: 2 Std.
Kondition: ★ bzw. ★★
a) ↑ 700 Hm, 2 bis 2 $1/2$ Std., ↓ 700 Hm,
1 $1/2$ Std.; *b)* ↑ 900 Hm, 4 Std. bis Gindelalmschneid, ↓ 900 Hm, 1 $1/2$ Std.
Anforderungen: ★
Unschwierige Bergwandertour
Jahreszeit: Mai bis November

Tipp

Sowohl der Weg zum Riedersteinkircherl als auch der Aufstieg über die
Neureuth zur Gindelalmschneid sind
sehr schöne Winterwanderungen.
Rodeln kann man von der Neureuth
und vom Galaun: Von der Neureuth
ziemlich steil und bei Vereisung nicht
ungefährlich, nichts für kleine Kinder;
vom Galaun etwas gemütlicher und
familiärer.

b) Wer Lust auf eine sehr reizvolle
Runde hat, steigt über die Baumgarten-
alm ab zum Sagfleckl (1154 m) und
wandert sanft ansteigend, an der bewirtschafteten Kreuzbergalm vorbei,
hinauf zur Gindelalmschneid (1335 m).
Auf einem nahezu ebenen, breiten Weg
in $1/2$ Std. zum Wirtshaus Neureuth
(1263 m), das aussichtsreich überm
Tegernsee steht.

Der Abstieg von der Neureuth ist der
einzig steile Abschnitt dieser ansonsten
gemütlichen Tour, egal welchen der
vielen Wege man wählt. Zum Tegernsee
zurück führen sie alle.

Hütten und Einkehrmöglichkeiten
Wirtshaus Galaun (1080 m),
ganzjährig bewirtschaftet, Montag
Ruhetag, Tel. 0 80 22/27 30 22
Wirtshaus Neureuth (1263 m),
ganzjährig bewirtschaftet, Montag
Ruhetag (ausgenommen feiertags,
dann Dienstag), Tel. 0 80 22/44 08

Karte: Topogr. Karte 1:50 000,
Mangfallgebirge

Tour 9-11

Bodenschneid (1669 m)

Bodenschneid-Ausblick zum Tegernsee

Ist sie ein Tegernseer oder ein Schlierseer Berg? Am besten, wir einigen uns auf beides. Ein bekannter Gipfel! Die Bodenschneid kennt ja auch beinahe jedes Münchner Kind (jedenfalls war das früher so), und wer die Tour auf bzw. über sie wie vorgeschlagen unternimmt, kommt in den Genuss eines richtiggehenden Drei-Seen-Trips.

Die Route

Kistenwinterstube – Bodenalm – Bodenschneid – Obere Firstalm - Spitzingsattel
Aufstieg: Von der Kistenwinterstube etwa 5 min. den Weg zurück Richtung Enterrottach, bis ein alter Ww. rechterhand zur Bodenschneid weist. In langgezogenen Serpentinen auf dem alten Wirtschaftsweg schön schattig durch den Wald zur Bodenalm. Ein schönes altes Kreuz steht am Beginn der Lichtung der Bodenalm. Darüber sieht man bereits den Gipfel der Bodenschneid (1669 m), den man steil durch Wald aufwärts erreicht. Ein herrlicher Tiefblick zum Schliersee belohnt für die Aufstiegsmühen.
Abstieg: Immer mit Blick zum Schliersee auf gutem Weg über den sehr steilen Hang hinunter Richtung Bodenschneidhaus (1365 m). Wenig vor ihm zweigt rechts der Weg zu den Firstalmen und zum Spitzingsee ab, allerdings lohnt sich der kurze Abstecher

zur Einkehr in der gemütlichen Hütte.
Zu den Firstalmen schlängelt sich der Weg an der Nordseite um die Bodenschneid herum, meist im Wald, ohne große Höhenunterschiede, schön schattig aber teilweise sehr schmierig. Bequem und rasch geht es dann von der Oberen Firstalm (1375 m) über die Forststraße hinunter zum Spitzingsattel – begleitet vom Glitzern des Spitzingsees.

Varianten

• **Für Alternative:** Vom Bodenschneidhaus über den Brecherspitz (1683 m) nach Fischhausen-Neuhaus;
• **Für Gipfelhungrige:** Von der Bodenschneid über Stümpfling (1506 m), Roßkopf (1580 m), Rothkopf (1602 m) und Stolzenberg (1609 m) zur Albert-Link-Hütte

Hütten und Einkehrmöglichkeiten

Bodenschneidhaus (1365 m), DAV-Sektion Bodenschneid, ganzjährig bewirtschaftet, Tel. o 80 26/46 92;

Obere Firstalm (1375 m), privat, ganzjährig bewirtschaftet, Tel. o 80 26/73 02;

Albert-Link-Hütte (1000 m), DAV-Sektion München, ganzjährig bewirtschaftet, Urlaubszeiten evtl. November oder April (beim Hüttenwirt nachfragen), Tel. o 80 26/712 64

Karte: Topogr. Karte 1 : 50 000, Mangfallgebirge

Ausgangspunkt: Enterrottach (784 m)
Endpunkt: Spitzingsattel
Bahn-/Busverbindung: Von Tegernsee-Bf (München-Hbf BOB 8.23 Uhr) mit RVO-Buslinie 9560 Richtung Valepp-Spitzingsee bis Hst Kistenwinterstube (Direktanschluss; fährt nur bis 20.10.2002. Alternativ von Enterrottach schöner Wanderweg bis Abzweigung Bodenschneidanstieg).
Rückfahrt mit RVO-Buslinie 9562 ab Hst Spitzingsattel um 15.02, 16.02, 17.02, 18.02 Uhr nach Schliersee-Bf und mit BOB (direkter Anschluss) nach München-Hbf
Fahrzeit gesamt: 3 ¹/₂ Std.
Kondition: ★★
↑ 800 Hm, 2 bis 2 ¹/₂ Std.;
↓ 650 Hm, 2 Std.
Anforderungen: ★
Unschwierige Bergwandertour
Jahreszeit: Mai bis November

Tour 9-12

Brecherspitz (1683 m)

Von Norden anreisend ist der Brecherspitz ein markanter Berg. Er gibt dem Schliersee als schön geformte Pyramide den alpinen Hintergrund, wirkt trotz seiner relativ geringen Höhe ausgesprochen beherrschend. Ohne Zweifel ist der Brecherspitz, der einst einmal als „Spitzing" bezeichnet wurde, einer der meistfotografierten Gipfel der Bayerischen Alpen.

Die Route

Fischhausen-Neuhaus – Ankelalm – Brecherspitz – Obere Firstalm – Spitzingsattel
Aufstieg: Von Fischhausen-Neuhaus-Bf (799 m) durch die Waldschmidtstraße (Ww. Brecherspitze, Ankelalm) und auf dem Fahrweg zur Ankelalm, die im Sommer einfach bewirtschaftet ist. Von der Alm

> **Tipp**
>
> Die Straße von der Oberen Firstalm zum Spitzingsattel ist im Winter eine beliebte Rodelbahn.

in östlicher Richtung über einen steilen Grashang auf den Nordrücken des Brecherspitz. Immer am Rücken teils über leichte Felsen, teils durch dichte Latschen hinauf; im Sommer eine schweißtreibende Angelegenheit. Das letzte Stück zum Gipfel ist sehr steil, aber nirgends schwierig. Vom Brecherspitz genießt man den Tiefblick zu zwei Seen: Im Norden der Schliersee,

Ausgangspunkt: Fischhausen-
Neuhaus (799 m)
Endpunkt: Spitzingsattel
Bahn-/Busverbindung: Fischhausen-
Neuhaus-Bf (von München-Hbf BOB
stündlich ab 6.34 Uhr). **Rückfahrt** ab
Hst Spitzingsattel um 13.02, 15.02,
16.02, 17.02, 18.02 Uhr mit RVO-Buslinie
9562 nach Schliersee-Bf und mit der
BOB nach München-Hbf
Fahrzeit gesamt: 2 ¹/₂ Std.
Kondition: ★★
↑ 880 Hm, 3 Std.;
↓ 550 Hm, 2 Std.
Anforderungen: ★★
Unschwierige bis mäßig schwierige
Bergwandertour, im Abstieg Trittsicher-
heit erforderlich
Jahreszeit: Ende Mai bis Oktober

im Süden der Spitzingsee. An einem
klaren Herbsttag leuchten sie im
schönsten Blau.

   Abstieg: Er verläuft über den
anfangs breiten Südwestrücken, der
sich zu einer felsigen Schneid verengt.
Drahtseile erleichtern den Übergang.
Der folgende Grashang ist steil, jedoch
ohne Schwierigkeiten und endet an
der bewirtschafteten Oberen Firstalm.
Auf der bequemen Forststraße hinunter zum Spitzingsattel.

Hütten und Einkehrmöglichkeiten
Obere Firstalm (1375 m), ganzjährig
bewirtschaftet, Tel. 0 80 26/73 02

Karte: Topogr. Karte 1:50 000,
Mangfallgebirge

Tour 9-13

Aiplspitz (1759 m) und Jägerkamp (1746 m)

Diese Gipfel bilden die nordseitige
Barriere der Rotwandgruppe.
Während der Jägerkamp vollkommen
unschwierig zugänglich ist, weist der
Aiplspitz schon wesentlich mehr
Felsbildung auf, und selbst an seiner
Normalroute gibt es Sicherungen.
Für geübte Berggeher lohnend ist der
Nordgrat des Berges mit seiner anre-
genden leichten Kletterei.

Die Route
**Geitau – Geitauer Alm – Aiplspitz – Jäger-
kamp – Josefsthal**
Aufstieg: Von Geitau-Bf durch den Ort.
Man hält sich immer rechts und geht
bei den letzten Häusern wiederum
rechts über die Wiese und über den
Bach zu den ersten Bäumen. Dem
Wirtschaftsweg folgend durch Wald,
zuletzt ziemlich steil zur Geitauer
Alm. Am Brunnen beginnt der steile,
schwach ausgeprägte Steig in den
Sattel am Fuß des Aiplspitz-Nordgrats

Aiplspitz

Ausgangspunkt: Geitau (769 m)
Endpunkt: Spitzingsattel
Bahn-/Busverbindung: Geitau-Bf (von München-Hbf BOB stündlich ab 6.34 Uhr). Rückfahrt ab Hst Spitzingsattel mit RVO-Buslinie 9562 um 15.02, 16.02, 17.02, 18.02 Uhr nach Schliersee-Bf und von dort stündlich mit der BOB nach München-Hbf; oder von Fischhausen-Neuhaus-Bf mit der BOB stündlich etwa 20 min. nach der vollen Stunde
Fahrzeit gesamt: 2 3/4 Std.
Kondition: ★★★
↑ 1100 Hm, 4 1/2 bis 5 Std.; ↓ 1000 Hm, 2 Std.
Anforderungen: ★★
Durchaus anspruchsvolle Bergtour, am Aiplspitz-Nordgrat unschwierige Kletterei (I); auch für den Abstieg Trittsicherheit erforderlich
Jahreszeit: Juni bis Oktober

(etwa 1550 m). Die letzten Meter in den Sattel sind sehr steil. Über den Nordgrat in schöner leichter Kletterei, teilweise etwas ausgesetzt, zum kleinen Gipfel (1759 m).

Übergang zum Jägerkamp: Mit Konzentration geht es an den Abstieg, denn der felsige Westgrat verlangt Trittsicherheit und hier und dort auch mal die Hände zur Unterstützung. An den schwierigeren Stellen beim Tanzeck helfen Drahtseile. Danach gemütlich oberhalb der Schnittlauchmoosalm hinüber zum Jägerkamp (1746 m). Dort rastet man zwischen Schliersee im Norden und Spitzingsee im Süden und freut sich wieder einmal über die

Aussicht auf unsere bayerischen Vorberge und den Alpenhauptkamm.

Abstieg: Wer noch einkehren möchte, geht zurück Richtung Schnittlauchmoosalm, hinunter zur bewirtschafteten Schönfeldhütte (1410 m) und von dort zum Spitzingsattel mit Bushaltestelle. Schöner jedoch ist der Abstieg nach Norden über die Jägerbauernalm, immer mit Blick auf den Schliersee, zuletzt durch schönen Mischwald in angenehmen Serpentinen zur Spitzingstraße. Der Straße wenige Meter bergab folgen, dann nach links auf die alte Spitzingstraße wechseln, auf der man bald Josefsthal, einen Ortsteil von Neuhaus, erreicht. Nun zu Fuß durch den Ort zum Bahnhof Fischhausen-Neuhaus.

Varianten

• **Für Genießer:** Vom Spitzingsattel oder von Spitzingsee über die Schönfeldhütte auf den Aiplspitz (siehe auch oben; Abstiegsroute);
• **Für Alternative:** Von der Spitzingstraße über die Jägerbauernalm auf den Jägerkamp;
• **Für Findige:** Von Aurach (BOB-Hst Fischbachau) durch das Aurachtal und über den Nordgrat auf den Aiplspitz

Hütten und Einkehrmöglichkeiten

Schönfeldhütte (1410 m), DAV-Sektion München, ganzjährig bewirtschaftet, Tel. 0 80 26/74 96

Karte: Topogr. Karte 1:50 000, Mangfallgebirge

Tour 9-14

Die Runde überm Spitzingsee

Bei dieser lohnenden Rundtour werden die höchsten und interessantesten Gipfel der Rotwandgruppe „mitgenommen": Rotwand, Hochmiesing, Aiplspitz. Dabei sind auch einige bergsteigerisch anregende Passagen zu bewältigen. Dies und die meist großartige Aussicht machen die Runde hoch überm Spitzingsee zum unvergesslichen Erlebnis.

Die Route

1. Tag: Spitzingsattel – Schönfeldhütte – Oberer Lochgraben – Taubensteinsattel – Lempersberg – Rotwandhaus;
2. Tag: Rotwandhaus – Rotwand – Miesingsattel – Hochmiesing – Kleintiefenthalalm – Taubensteinhaus – Krottenthaleralm – Aiplspitz – Jägerkamp – Spitzingsattel oder Josefsthal

1. Tag: Vom Spitzingsattel den vielen Ww. Richtung Jägerkamp, Schönfeldalm usw. folgen. Der Weg beginnt steil, führt bald in den Wald und wird wieder flacher. Ein nasses Wegstück ist durch Holzbohlen erleichtert. Vom Ende des Waldes in angenehmer Steigung hinauf zur bewirtschafteten Schönfeldhütte (1410 m). Über die Lichtung des Oberen Lochgrabens zum Taubensteinsattel. Wer Lust hat, macht noch einen kurzen Abstecher auf den Taubenstein (1692 m). Auf dem Weiterweg wird eine kurze Felspassage gequert, ein

Drahtseil hilft über diese Stelle. Dann folgt der schönste Teil des Anstiegs: Ein bequemer Höhenweg quert die Westflanke des Lempersbergs, führt hinauf zu den westlichen Felsausläufern der Rotwand und leitet dann mit sanftem Gefälle zum Rotwandhaus (1765 m).

2. Tag: Am nächsten Morgen über den sanierten Gipfelweg in langgezogenen Serpentinen zur Rotwand (1884 m). Sehr steiler Abstieg über den schmalen Nordgrat zum Miesingsattel (1700 m), bei Nässe unangenehm. Vom Miesingsattel auf den Hochmiesing, der nur einen Meter niedriger ist als die Rotwand. Auf dem geräumigen Gipfel nimmt man sich am besten Zeit für ein zweites Frühstück. Solcherart gestärkt zurück zum Miesingsattel und hinunter zur Kleintiefenthalalm. Mit geringem Gegenanstieg hinauf

Rotwand von Südosten

zum gemütlichen Taubensteinhaus
(1567 m). Von dort zur Krottenthaleralm (1435 m) hinab und über den
grasigen Südhang auf den Aiplspitz
(1759 m). Der Abstieg über den felsigen
Westgrat verlangt Trittsicherheit,
hie und da auch mal die Hände zur
Unterstützung. (Siehe Tour 9-13).
Hinüber zum Jägerkamp (1746 m),
dem letzten Gipfel der Runde mit
schönem Tiefblick auf den Schliersee
im Norden und den Spitzingsee im
Süden.

Wer noch einkehren möchte, geht
hinunter zur bewirtschafteten Schönfeldhütte und von dort zum Spitzingsattel mit Bushaltestelle. Schöner jedoch ist der Abstieg nach Norden
über die Jägerbauernalm, immer mit
Blick auf den Schliersee, zuletzt durch
schönen Mischwald in angenehmen

*Jägerbauernalm und Schliersee vom
Jägerkamp-Ostgrat*

Ausgangspunkt: Spitzingsattel
Endpunkte: Spitzingsattel oder
Fischhausen-Neuhaus
Bahn-/Busverbindung: Ab Schliersee-
Bf (von München-Hbf BOB stündlich ab
6.34 Uhr) mit RVO-Buslinie 9562 nach
Spitzingsee, Hst Spitzingsattel. **Rückfahrt** ab Spitzingsattel um 15.02, 16.02,
17.02, 18.02 Uhr mit RVO-Buslinie 9562
nach Schliersee-Bf und von dort stündlich mit der BOB nach München-Hbf;
oder von Fischhausen-Neuhaus-Bf mit
der BOB stündlich etwa alle 20 min.
nach der vollen Stunde
Fahrzeit gesamt: 2 3/4 Std.
Kondition: ★★★
1. Tag: ↑ 700 Hm, 3 bis 3 1/2 Std.;
2. Tag: ↑ 700 Hm (mit Gegenanstiegen),
↓ 1300 Hm bis Spitzingsattel, 1600 Hm
bis Josefsthal mit Gegenanstiegen,
4 1/2 bis 5 Std.
Anforderungen: ★★
Bergwandertour, Trittsicherheit und
Schwindelfreiheit erforderlich
Jahreszeit: Juni bis Oktober

Serpentinen zur Spitzingstraße. Der
Straße wenige Meter bergab folgen,
dann nach links auf die alte Spitzingstraße wechseln, auf der bald Josefsthal, ein Ortsteil von Neuhaus,
erreicht ist. Nun zu Fuß durch den
Ort zum Bahnhof Fischhausen-Neuhaus.

Hütten und Einkehrmöglichkeiten

Schönfeldhütte (1410 m), DAV-Sektion
München, ganzjährig bewirtschaftet,
Tel. 0 80 26/7496;

Rotwandhaus (1765 m), DAV-Sektion Turner-Alpenkränzchen München, ganzjährig bewirtschaftet, von Anfang November bis Weihnachten nur an Wochenenden, Tel. 0 80 26/76 83;
Taubensteinhaus (1567 m), DAV-Sektion Bergbund München, ganzjährig bewirtschaftet, von Anfang November bis Mitte Dezember geschlossen, Tel. 0 80 26/76 83

Karte: Topogr. Karte 1:50 000, Mangfallgebirge

Forsthaus Valepp

Tipp

Von der Bushaltestelle Spitzingsee Kirche kann man, wenn nicht zu viel Schnee liegt, fast den ganzen Winter über zur Schönfeldhütte und zum Rotwandhaus gehen: Kurz am See entlang auf der Straße Richtung Valepp folgen, bis nach wenigen Metern viele Ww. nach links zeigen. Auf der Straße bis zur Bergwachthütte. Von dort
  a) Zur Schönfeldhütte der Straße weiter folgen, am Gasthaus Igler und am Polizeiheim vorbei, den Oberen Lochgraben queren und zuletzt links (westlich) ansteigen;
  b) zum Rotwandhaus kurz nach der Bergwachthütte rechts abbiegen („Brückerl") und dem Wirtschaftsweg bzw. der Ratrack-Spur zum Rotwandhaus folgen bis zum Sattel oberhalb der Wildfeldalm. Kurzer Gegenabstieg in eine Mulde und über die letzten Meter hinauf zum Rotwandhaus. Dieser Anstieg ist relativ lawinensicher und ohne Ski leichter zu begehen als die Querung der Gipfelflanke.

Tour 9-15

Österreichischer Schinder (1808 m)

Schon ein gutes Stück abseits vom bisweilen munteren Touristenauf- und -abtrieb im Rotwandgebiet steht der Schinder im Grenzkamm wie seine Nachbarn Hinteres Sonnwendjoch und Halserspitz. Vom Stolzenberg, von der Rotwand, vom Jägerkamp – allemal fällt der Schinder wegen seiner großen nordostseitigen Schuttreise auf. Wir werden sie kennen lernen ...

Die Route

Valepp – Trausnitzalm – Österreichischer Schinder – Schindertor – Schinderkar – Schlagalm – Valepp
Aufstieg: Vom Forsthaus Valepp auf der Straße zurück und ein kurzes Stück Richtung Enterrottach bis zur Johannesbrücke. Über die Brücke, bis zur ersten Kehre auf der Forststraße, dann auf schönem Wanderweg durch Wald (einmal eine kurze, gesicherte

Felspassage) zur Trausnitzalm, die sehr schön am Rand einer Lichtung liegt. Von der Alm in großem Bogen zur Südseite des Berges und über den latschenbewachsenen Südrücken auf den Gipfelgrat. Abwechslungsreich über den unschwierigen, teils felsigen, überwiegend latschenbewachsenen Grat zum aussichtsreichen Gipfel des Österreichischen

Ausgangspunkt: Forsthaus Valepp (893 m)
Endpunkt: Hst Schlagalm Valepp
Bahn-/Busverbindung: Ab Schliersee-Bf (von München-Hbf BOB 7.34 Uhr) mit RVO-Buslinie 9562 bis Spitzingsee Kirche; weiter mit RVO-Buslinie 9560 (nur bis 20.10.2002; Direktanschluss, 9.05 Uhr, bis Forsthaus Valepp; die Busse um 10.00 und 11.03 Uhr fahren bis Hst Johannesbrücke).
Rückfahrt ab Hst Schlagalm Valepp um 16.38 Uhr oder Hst Forsthaus Valepp um 15.35 und 17.35 Uhr nach Spitzingsee Kirche und mit RVO-Buslinie 9562 (Direktanschluss) nach Schliersee-Bf. Von dort BOB (direkter Anschluss) stündlich nach München-Hbf
Fahrzeit gesamt: 3 1/2 Std.
Kondition: ★★
↑ 1030 Hm, 3 Std.;
↓ 1030 Hm, 1 1/2 bis 2 Std.
Anforderungen: ★★
Anspruchsvolle Bergwandertour; für den Abstieg Trittsicherheit und etwas Klettergewandtheit erforderlich
Jahreszeit: Juni bis Oktober

Schinders (1808 m). An heißen Sommertagen eine durchaus anstrengende Unternehmung!

Abstieg: Er ist wesentlich interessanter. Zuerst geht es weiter am Kamm, dann südseitig durch steile Latschen hinunter (eine felsige Rinne ist mit einem Drahtseil gesichert). Zuletzt rechts (im Abstiegssinn) ins Schindertor, eine schmale Einscharung zwischen Österreichischem und Bayrischem Schinder. Zusammen mit den Zackenkämmen der beiden Schindergipfel verleiht das „Tor" dem Berg sein charakteristisches Aussehen.

Von der sonnigen Südseite schaut man nun ins steile, schattige Nordkar – zuerst kein besonders einladender Anblick. Die ersten Abstiegsmeter über schuttbedeckte Schrofen werden mit Hilfe eines Drahtseils überwunden. Dann geht es in ein Felsloch, das den Durchstieg ins eigentliche Kar vermittelt. Ein Drahtseil und Eisenklammern helfen über diese nicht sehr hohe, aber steile und schwierigste Stelle der gesamten Tour. Schon steht man am Beginn der riesigen Geröllreise und läuft hinunter, dass es grad so staubt – ein Genuss für alle, die es können. Durch den Karboden mit seinen alten Ahornbäumen geht es dann gemütlich hinaus zur Bushaltestelle Schlagalm Valepp bzw. zum Forsthaus Valepp.

Varianten

• **Für Genießer:** Der Auf- und der Abstieg über die Trausnitzalm (ohne Schinderkar) ist wesenlich einfacher;

Ausblick vom Schinder auf Risserkogel und Blankenstein

• **Für Neugierige:** Von Valepp auf das Hintere Sonnwendjoch (1986 m), den höchsten Gipfel der Schlierseer Berge;
• **Für Romantiker:** Von Valepp zur Erzherzog-Johann-Klause (814 m)

Hütten und Einkehrmöglichkeiten
Unterwegs keine;

Forsthaus Valepp (893 m), ganzjährig bewirtschaftet, November bis Weihnachten geschlossen, Tel. 0 80 26 / 712 81

Karte: Topogr. Karte 1 : 50 000, Mangfallgebirge

10. Region Bayerisches Inntal und Kaisergebirge

Bayerische Voralpen, Chiemgauer Alpen, Zahmer/Wilder Kaiser

Berge in der Wendelsteingruppe der Bayerischen Voralpen aber auch zum Beispiel das Kranzhorn oder der Heuberg, die bereits zu den Chiemgauer Alpen gehören, sind gleichwohl Gipfel des bayerischen Inntals. Unmittelbar an dieses angrenzend erhebt sich das berühmte Kaisergebirge.

Verkehrsverbindungen

Das bayerische Inntal erreicht man mit der Deutschen Bundesbahn ab München-Hauptbahnhof oder -Ostbahnhof über Rosenheim in Richtung Kufstein. Bis Kufstein fährt man von München aus durch, wenn man ins Kaisergebirge möchte.

An Wochenenden fahren die meisten Züge über Rosenheim nach Salzburg weiter. Wenn man nach Kufstein will, muss dann meist in Rosenheim umgestiegen werden. Dies hat auch für die Rückfahrt nach München Gültigkeit.

In Richtung Rosenheim gibt es noch keinen regelmäßigen Takt. Allerdings fahren die Züge von München aus etwa stündlich mit Anschluss nach Kufstein.

Die meisten Regionalbusse im Inntal fahren nur werktags bis Samstagmittag. Über das Sudelfeld gibt es keine RVO-Verbindung. Eine private Firma betreibt seit einigen Jahren eine Buslinie über das Sudelfeld nach Bayrischzell, die „Wendelstein-Ringlinie". Mit ihr können einige Ausgangspunkte zu Bergzielen angefahren werden. Allerdings muss man teils lange Fahrzeiten in Kauf nehmen. Nähere Hinweise sind bei den einzelnen Touren vermerkt. Der Fahrplan der „Wendelstein-Ringlinie" ändert sich halbjährlich, abgestimmt auf die Zugfahrpläne. Größere Gruppen müssen angemeldet werden.

In Kufstein gibt es einen Stadtbus, der alle 20 min. fährt, auch nach Kufstein-Sparchen, dem Ausgangspunkt für das Kaisertal. Zurück nach Kufstein fährt der letzte Bus um 18.30 Uhr. Zu Fuß geht man die Strecke in etwa 1/2 Std.

An die Südseite des Kaisergebirges fährt sonntags kein Bus. Ab Hintersteiner See verkehrt werktags und samstags ein „Seebus".

Informationen

Wendelstein-Ringlinie,
Tel. 0 80 66/90 63 33,
Fax 0 80 66/90 63 34,
Internet: www.wendelstein-ringlinie.de
Fremdenverkehrsamt Scheffau,
Tel. 0043/(0)5358/7373.
Die beste Möglichkeit ist, mit dem Ruftaxi zu fahren. Hinweise dafür siehe Tour 10-6.

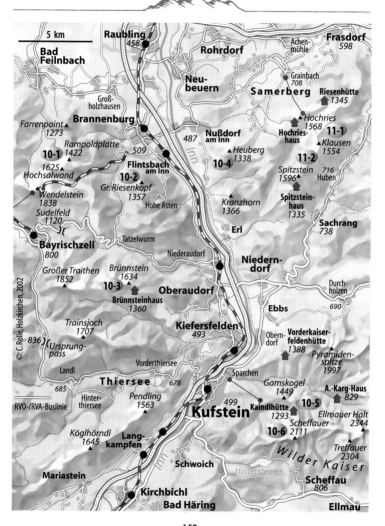

5 km

Raubling *458*

Bad Feilnbach

Rohrdorf

Achen-mühle

Frasdorf *598*

Groß-holzhausen

Neu-beuern

Grainbach *708*

Samerberg

Riesenhütte *1345*

Farrenpoint ▲ *1273*

Brannenburg

Rampoldplatte ▲ *1422*

Hochries *1568* ▲

11-1

10-1

1625 ▲

Hochsalwand

509

Flintsbach am Inn

Nußdorf am Inn

487

Heuberg ▲ *1338*

10-4

Hochries-haus

▲ *Klausen* *1554*

11-2

10-2

Gr. Riesenkopf *1357*

Spitzstein *1596* ▲

716

Huben

Wendelstein *1838*

Hohe Asten

Kranzhorn *1366*

Spitzstein-haus *1335*

Sudelfeld *1120*

Tatzelwurm

Erl

Sachrang *738*

Bayrischzell *800*

Niederaudorf

Niedern-dorf

Großer Traithen *1852*

Brünnstein *1634*

10-3

Oberaudorf

Durch-holzen

Brünnsteinhaus *1360*

Trainsjoch *1707*

Kiefersfelden *493*

Ebbs *690*

836 Ursprung-pass

Obern-dorf

Vorderkaiser-feldenhütte *1388*

Pyramiden-spitze 1997

Landl

Vorderthiersee

Sparchen

Thiersee *678*

685

Hinter-thiersee

Pendling *1563*

Gamskogel 1449 ▲

A.-Karg-Haus ▲ *829*

10-5

RVO-/RVA-Buslinie

Kufstein

499

Kaindlhütte *1293*

Ellmauer Halt 2344 ▲

Köglhörndl *1645*

Lang-kampfen

Scheffauer 2111 ▲

10-6

Treffauer 2304 ▲

Mariastein

Schwoich

Wilder Kaiser

Kirchbichl

Bad Häring

Scheffau *806*

Ellmau

©C. Rolle, Holzkirchen, 2002

Tour 10-1

Rampoldplatte (1422 m) und Hochsalwand (1625 m)

Rampoldplatte und Hochsalwand sind „Brannenburger Hausberge"; Trabanten des Wendelsteins, aber angenehm ruhig im Verhältnis zum „Bayerischen Berg", der doch an manchen Wochenend- oder Ferientagen hoffnungslos überlaufen ist. Zur Hochsalwand gibt's einige pfiffige Stellen.

Ausgangs- und Endpunkt:
Brannenburg (509 m)
Bahnverbindung: Brannenburg-Bf
(Abfahrt von München-Hbf 6.33, 7.41 Uhr, von München-Ost 8.57 Uhr).
Rückfahrt ab Brannenburg-Bf um
15.59, 17.23, 18.10, 18.59 Uhr
Fahrzeit gesamt: 2 Std.
Kondition: ★★★
↑ 1200 Hm, 5 Std.; ↓ 1150 Hm, 3 Std.
Anforderungen: ★★
Bis zur Rampoldplatte unschwierige Bergwandertour; der Übergang zur Hochsalwand fordert Trittsicherheit
Jahreszeit: Juni bis Oktober

Die Route

Brannenburg – Schlipfgrubalm – Schuhbräualm – Rampoldplatte – Hochsalwand – Mitteralm – Brannenburg
Aufstieg: Von Brannenburg-Bf am Kirchbach entlang hinauf zum Postheim und der Straße über Lechen folgen bis zur Abzweigung zum Gasthaus Kogl. Bei dieser Abzweigung geradeaus am Kirchbach weiter, an der Schlipfgrubalm (850 m) vorbei und immer der Forststraße entlang zur Schuhbräualm (1157 m). Dort zweigt links (nördlich) ein kleiner Steig ab. Über den steilen Wiesenhang hinauf zur Rampoldalm. Im Rechtsbogen erreicht man den Nordrücken, über den man an den Gipfelaufbau der Rampoldplatte gelangt. In wenigen Minuten ganz hinauf.

Die Hänge der Rampoldplatte sind Weidegebiet und deshalb nach starken Regenfällen sehr schmierig. Im Frühsommer entschädigen sie mit einer Fülle von Alpenblumen.

Von der Rampoldplatte folgt man dem schmalen Rücken in Richtung Lechnerköpfl und quert es an seiner Westseite. Der folgende Aufstieg zur Hochsalwand ist schattig, steil und teilweise felsig, schwierigere Stellen sind mit Drahtseilen gesichert. Im Sattel am Westgrat der Hochsalwand steht man wieder in der Sonne. Über den Westgrat in wenigen Minuten auf den Gipfel. Gegenüber ragt der Wendelstein auf und man kann der Zahnradbahn zuschauen, wie sie sich durch seine Flanke hinaufwindet Richtung Bergstation.

Abstieg: Man folgt dem langen Westrücken der Hochsalwand bis zur Reindleralm. Im Frühsommer sind die Wiesen hier blau von Enzian und Schusternagerl. Kurz unterhalb der Reindleralm trifft der Steig auf den Wendelsteinweg. Ihm folgt man links (östlich). Über die Forststraße zur

Hochsalwand/Wendelstein; in der Tiefe die Schlipfgrubalm

Mitteralm (1200 m) an der Mittelstation der Zahnradbahn. Von dort nahe der Bahntrasse über Aipl hinunter nach Brannenburg.

Hütten und Einkehrmöglichkeiten

Schlipfgrubalm (850 m), ganzjährig bewirtschaftet, Mittwoch Ruhetag, Tel. 0 80 34/29 83, keine Übernachtungsmöglichkeit;
Schuhbräualm (1157 m), bewirtschaftet 1. Mai bis 30. Oktober, Montag Ruhetag, Tel. 0 80 34/239, keine Übernachtungsmöglichkeit;
Mitteralm (1200 m), DAV-Sektion Bergbund Rosenheim, ganzjährig bewirtschaftet, Dienstag Ruhetag, Schließungszeiten meist während der Revision der Wendelstein-Zahnradbahn, Tel. 0 80 34/27 60

Karte: Topogr. Karte 1 : 50 000, Mangfallgebirge

Tour 10-2

Großer Riesenkopf (1337 m) und Hohe Asten (1104 m)

Markant grüßt der Große Riesenkopf ins bayerische Inntal, und weithin sichtbar ist auch das hellgetünchte Kirchlein auf dem Petersberg, das einige Kunstschätze birgt. Man sollte es sich beim Abstieg vom Riesenkopf nicht entgehen lassen, genauso wenig wie die Astenhöfe, wo man behaglich einkehren kann.

Ausgangspunkt: Brannenburg (509 m)
Endpunkt: Flintsbach (478 m)
Bahnverbindung: Brannenburg-Bf (von München-Hbf 6.33, 7.41, 10.33 Uhr, von München-Ost 8.57 Uhr).
Rückfahrt ab Flintsbach-Bf ab 14.15, 15.20, 15.56, 17.20, 18.07 Uhr
Fahrzeit gesamt: 2 Std.
Kondition: ★★
↑ 850 Hm, 3 Std.; ↓ 850 Hm, 2 Std.
Anforderungen: ★
Unschwierige Bergwandertour, im Gipfelbereich Trittsicherheit angenehm
Jahreszeit: Mai bis November

Die Route

Brannenburg – Großer Riesenkopf – Hohe Asten – (Petersberg) – Flintsbach
Aufstieg: Vom Brannenburg-Bf am Kirchbach entlang aufwärts bis zur Mühlenstraße, dort links bis zu den letzten Höfen (Steinberg, Altenburg) und zu einer großen freien Fläche, die in Richtung Wald überquert wird.

Auf einem schönen alten Weg in langgezogenen Kehren durch dichten Wald (im Sommer schattig), zuletzt über eine kurze, steile Stufe (Drahtseil und Holzleiter) auf den Ostrücken, wo man auf den von der Asten heraufführenden Weg gelangt. Nach rechts und in wenigen Minuten über den steilen Rücken auf den Gipfel.

Bei den Astenhöfen; Blick zum Heuberg

Dieser kleine Berg bietet eine überraschend schöne Aussicht auf das Kaiser- und auf Teile des Mangfallgebirges und nach Norden zum Chiemsee, dem „bayerischen Meer".

Tipp

Der Weg von Flintsbach zu Petersberg und Hoher Asten ist das ganze Jahr über zu begehen, der Weiterweg zum Großen Riesenkopf ist auch im Winter häufig gespurt

Abstieg: Man folgt kurz dem Aufstiegsweg, bleibt aber am steilen Rücken, bis der Weg nach rechts abbiegt und deutlich flacher zur Riesenkopfalm zieht. Auf dem Wirtschaftsweg erreicht man bald die Astenhöfe mit Gastwirtschaft. In den alten Bauernstuben werden die Gäste mit Speisen aus eigener Produktion verwöhnt. Die gemütliche Einkehr ist im Rosenheimer Land berühmt und von den Einheimischen sehr geliebt – entsprechend schwierig bekommt man an einem Schönwettersonntag einen Platz.

Aber es gibt noch eine Möglichkeit: Auf der Forststraße weiter absteigen, bis rechter Hand das Petersbergkirchl zu sehen ist. Ein ehemaliger Kreuzweg leitet in 10 min hinauf zur romanischen Wallfahrtskirche hoch über dem Inntal. Daneben steht das alte Mesnerhaus, heute ein Gasthaus. Vom Petersberg ist der Abstieg nicht mehr weit, vorbei an der Burg Falkenstein nach Flintsbach.

Einkehrmöglichkeiten

Hohe Asten (1104 m), ganzjährig bewirtschaftet, Freitag Ruhetag, Tel. 0 80 34/21 51;
Petersberg (847 m), ganzjährig bewirtschaftet, Mittwoch Ruhetag, evtl. November bis Weihnachten geschlossen, Tel. 0 80 34/18 20

Karte: Topogr. Karte 1:50 000, Mangfallgebirge

Tour 10-3

Brünnstein (1634 m)

D er Brünnstein, ein markanter Berg in der Wendelsteingruppe, ragt von der Sudelfeldseite breit mit felsiger Krone auf, während er aus dem Inntal als schroffer Geselle erscheint. Auf dem Gipfel steht ein kleines Kapellchen, die Aussicht – insbesondere zum Kaiser – ist berühmt. Der „Julius-Mayr-Weg" kann bei sorgsamer Sicherung auch mit Kindern unternommen werden.

Die Route

Sudelfeld – Brünnsteinhaus – Brünnstein – Himmelmoosalm – Ghs. „Rosengasse" - Sudelfeldstraße
Aufstieg: Vom Gasthaus „Zum Feurigen Tatzelwurm" an den herrlichen Wasserfällen vorbei zum Waldparkplatz. Von dort auf gutem Steig, dann auf Forststraße über die Schoißeralm bis zur großen Straßenkehre. Dort geradeaus weiter über Almwiesen in den Wald und auf schmalem Steig über eine kurze Steilstufe empor. Danach zieht sich der Weg schön und flach um den Ostrücken des Brünnsteins herum auf die Südseite und zum Brünnsteinhaus (1360 m) mit seinem „Biergarten" unter alten Bäumen.

Direkt am Haus beginnt der Zustieg zum „Julius-Mayr-Weg", durch den Hinweis „Nur für Geübte" nicht zu übersehen. Auf gutem Steig über den steilen Hang hinauf (Achtung auf Steinschlag) zu den ersten Sicherungen. „Schlappe" Drahtseile leiten über die erste unschwierige Stufe zu einem Felswandl mit Klammern und einer kleinen Leiter. Der Weg verschwindet kurz in einem engen Felsspalt, danach folgen ein Band (Drahtseil) und nochmals eine gut begehbare Leiter. Weiter am straffen

Brünnstein-Kapellchen mit Wildem Kaiser

Ausgangspunkt: Sudelfeld, Ghs. „Zum Feurigen Tatzelwurm" (764 m)
Endpunkt: Sudelfeldstraße, Hst „Rosengasse"
Bahn-/Busverbindung: Ab Brannenburg-Bf (an 9.45 Uhr; Abfahrt von München-Ostbahnhof um 8.57 Uhr) um 9.48 Uhr mit der Wendelstein-Ringlinie (Direktanschluss) zur Hst Ghs. „Zum Feurigen Tatzelwurm" (an 10.25 Uhr).
Rückfahrt ab dort um 17.16 Uhr oder ab Hst „Rosengasse" um 17.18 Uhr mit der Wendelstein-Ringlinie nach Bayrischzell, BOB-Bf (ca. 1/2 Std. Wartezeit).
Fahrzeit gesamt: 3 Std.
Kondition: ★★
↑ 900 Hm, 3 Std.;
↓ 800 Hm, 3 Std. (lange Wegstrecke)
Anforderungen: ★★
Bis Brünnsteinhaus unschwierige Bergwandertour; der gesicherte Steig zum Gipfel fordert Trittsicherheit und Schwindelfreiheit, für Ungeübte Klettersteig-Sicherheitsausrüstung
Jahreszeit: Juni bis Oktober

Drahtseil über unschwierige Felsen. An einer kurzen, steileren Wandstelle heißt es gut zupacken, dann leiten die letzten Sicherungen zum schmalen Gipfelgrat. Vorbei am Kapellchen und über eine kleine Scharte zum Gipfelkreuz.

Abstieg: In der Scharte beginnt der Abstiegsweg. Zuerst gilt es noch einmal, eine kurze, leichte Felsstufe zu überwinden. Dann geht es auf gutem Wanderweg entweder durch den Wald zurück zum Brünnsteinhaus (dann

empfiehlt sich der Abstieg zum „Tatzelwurm") oder direkt hinunter über freie Almwiesen zur Himmelmoosalm. Weiter kurz auf dem Wirtschaftsweg in Richtung Seeonalm, dann rechts ab in Richtung Rosengasse. In ständigem leichten Auf und Ab die Waldhänge des Traithenmassivs queren bis zum Gasthaus „Rosengasse". Auf der geteerten Fahrstraße zum Sudelfeld und zur Bushaltestelle.

Varianten

• Wo der Sudelfeld-Anstieg das Brünnsteinhaus erreicht, zweigt ostseitig der schöne, steile Waldweg durch das Brünntal ab. Dieser Weg endet an einer Forststraße. Dort links halten und entweder über Buchau oder über das Gasthaus Hocheck nach Oberaudorf absteigen. Ab Oberaudorf-Bf über Rosenheim nach München-Ostbahnhof bzw. -Hbf (laufend Zugverbindungen);
• Über die Himmelmoosalm auf den Großen Traithen (1852 m) und Abstieg zur Rosengasse.

Hütten und Einkehrmöglichkeiten

Brünnsteinhaus (1360 m), DAV-Sektion Rosenheim, ganzjährig, November bis 26.12. nur an Wochenenden bewirtschaftet, Mitte Januar bis Mitte Februar geschlossen, Tel. 080 33/40 31;
Gasthaus Rosengasse, ganzjährig bewirtschaftet

Karte: Topogr. Karte 1 : 50 000, Mangfallgebirge

Tour 10-4

Heuberg (1338 m) und Maria Kirchwald

D as vielgipfelige Heubergmassiv erkennt man bereits von einigen Gegenden des Voralpenlandes, vor allem aber vom Irschenberg aus gut. Der Heuberg als solcher ist der Wandergipfel, alle anderen Gipfelpunkte sind schwieriger zu erreichen. Wem es nichts ausmacht, genau so lang mit Bahn/Bus unterwegs zu sein als auf Tour, kann sich getrost den Heuberg vornehmen.

Die Route

Nußdorf – Bichleralm – Heuberg – (Wasserwand) – Daffnerwaldalm – Kirchwald – Nußdorf

Aufstieg: In Nußdorf an der Kirche vorbei, rechts halten, in südlicher Richtung aus dem Dorf und über ein freies Feld (Richtung Steinbruch), bis der Weg in den Wald führt. Anfangs auf einer Fortstraße gemütlich empor, bis der Weg zum Heuberg links abzweigt. Auf schmalem Pfad sehr steil empor, unter der Kindlwand durch und zur einzigen waldfreien Stelle dieses Anstiegs, auf dem die Bichleralm liegt. Steil weiter an den Felsen der Kindlwand entlang bis in einen Sattel zwischen Kindlwand und Heuberg. Nicht mehr ganz so steil über den breiten Rücken, zuletzt im freien Gelände auf den Heuberg. Von dort hat man einen herrlichen

Daffnerwaldalm mit Spitzstein

Blick nach Süden, das ganze Inntal entlang mit einer Bergkette nach der anderen, bis in die Zillertaler und Stubaier Zentralalpen.

Abstieg: Vom Gipfel nördlich über den kurzen Grashang hinunter an den Fuß der Wasserwand. (Wer noch Lust auf eine Kraxelei hat, steigt in 1/4 Std. über unschwierige, aber abgeschmierte Felsen an einem stabilen Drahtseil auf den Gipfel. Abstieg am Anstiegsweg.)

Vom Fuß der Wasserwand östlich durch einen kurzen Waldgürtel und über freie Almwiesen zu den Daffnerwaldalmen (1050 m): Zwei gemütliche, bewirtschaftete Hütten wetteifern hier um die Gunst ihrer Gäste! Der weitere

Ausgangs-/Endpunkt: Nußdorf am Inn (487 m)
Bahn-/Busverbindung: Ab Bayrischzell, BOB-Bahnhof (an 7.58 Uhr; Abfahrt von München-Hbf um 6.34) um 8.10 Uhr mit der Wendelstein-Ringlinie nach Nußdorf (an 9.28 Uhr). **Rückfahrt** ab dort um 16.33 mit der Wendelstein-Ringlinie nach Brannenburg-Bf (an 16.39 Uhr; an Wochenenden 1 Std. Wartezeit). RVO-Anschlüsse nur werktags.
Fahrzeit gesamt: 4 Std.
Kondition: ★★
↑ 950 Hm, 2 ¹/₂ bis 3 Std.;
↓ 950 m, 1 ¹/₂ bis 2 Std.
Anforderungen: ★★
Bergwandertour, Aufstieg sehr steil, Trittsicherheit angenehm
Jahreszeit: Mai bis November

Abstieg ist problemlos. Auf der Forststraße erreicht man bald Kirchwald (692 m), eine Einsiedelei aus dem Jahr 1644, die noch von einem Klausner bewohnt wird. Mit schöner Barockkirche und Heilquelle ist Kirchwald ein Ort der Ruhe. Von hier noch ¹/₄ Std. nach Nußdorf.

Einkehrmöglichkeiten

Daffnerwaldalmen (1050 m):
Deindllalm, Tel. 0 80 34/22 17, und Laglerhütte, Tel. 0 80 34/87 37, während der Sommersaison durchgehend, über das Winterhalbjahr nur an Wochenenden bewirtschaftet

Karte: Topogr. Karte 1:50 000, Chiemsee und Umgebung

Petersköpfl (1745 m), Stripsenkopf (1807 m), Gamskogel (1449 m)

D rei Kaisergipfel – wenn auch nicht die wildesten – und zwei klassische Höhenwege: Sonnkaiser-Höhenweg und Bettlersteig. Und dies alles kombiniert zu einer beschaulichen Drei-Tage-Tour, die ungemein reich ist an landschaftlichen Höhepunkten. Vor allem kommt man den berühmten Kletterbergen Predigtstuhl, Fleischbank und Totenkirchl ganz nah.

Die Route

1. Tag: Kufstein-Sparchen – Rietzalm – Vorderkaiserfeldenhütte – (Naunspitze oder Petersköpfl);
2. Tag: Vorderkaiserfeldenhütte – Hochalm – Feldalmsattel – (Stripsenkopf) - Stripsenjochhaus – Hans-Berger-Haus oder Hinterbärenbad;
3. Tag: Hinterbärenbad – Bettlersteig – Gamskogel – Duxeralm – Elfenhain – Kufstein-Bf
1. Tag: Von Kufstein-Sparchen auf der Sparchenstiege in 20 Min. über die erste Steilstufe, danach fast eben zum Parkplatz der Kaisertalbewohner. Nochmals über ein steileres Stück (Kopfweiden), dann geht's relativ flach ins Kaisertal hinein und am Veitenhof vorbei bis zu Wegteilung. Zwei Möglichkeiten: Links führt der alte Wirtschaftsweg ziemlich steil durch den

bewaldeten Südhang direkt hinauf zur
Rietzalm. Rechts bzw. geradeaus geht
es wesentlich flacher, aber auch 1 Std.
länger durch das vordere Kaisertal auf
der neuen Straße zur Rietzalm. Bei
diesem Anstieg kommt man an den
schönen alten Kaiserhöfen Pfandlhof
und Hinterkaiserhof mit der berühmten Antoniuskapelle vorbei. Ab der
Rietzalm ist es nicht mehr weit zur
Vorderkaiserfeldenhütte (1388 m),

Totenkirchl
(rechts) vom
Ropanzen

Ausgangspunkt: Kufstein-Sparchen
(etwa 500 m)
Endpunkt: Kufstein-Bf (484 m)
Bahn-/Busverbindung: Ab Kufstein-Bf
(von München-Hbf bzw. -Ostbahnhof
über Rosenheim) alle 20 min. mit dem
Stadtbus nach Sparchen (sonntags nur
Kleinbus). **Rückfahrt** ab Kufstein-Sparchen nach Kufstein-Bf alle 20 min.
(letzter Bus 18.30 Uhr)
Fahrzeit gesamt: 2 1/2 Std.
Kondition: *1. Tag* ★, *2. Tag* ★ (mit Stripsenkopf ★★), *3. Tag* ★★
1. Tag ↑ 900 Hm bis Hütte (bis Petersköpfl 1200 m), 2 1/2 bis 3 bzw. 3 1/2
bis 4 Std.; *2. Tag* ↑ 300 Hm bis Hütte
(550 Hm bis Stripsenkopf), 3 bis 4 bzw.
4 bis 5 Std., ↓ 650 bzw. 750 Hm (ab
Stripsenkopf 250 Hm mehr), 1 bis 1 1/2
bzw. 1 1/2 bis 2 Std.; *3. Tag* ↑ 600 Hm,
3 Std., ↓ 950 Hm, 2 bis 2 1/2 Std.
Anforderungen: *1. Tag* ★, *2. Tag* ★
(mit Stripsenkopf ★★), *3. Tag* ★★
Unschwierige Bergwandertour, Trittsicherheit vor allem am Stripsenkopf
und am Bettlersteig erforderlich
Jahreszeit: Juni bis Oktober

die aussichtsreich hoch überm Inntal
liegt.

Gipfelaufstieg: Links an der Hütte
vorbei in angenehmen Kehren bis in
den Sattel zwischen Naunspitze und
Petersköpfl. Links in 1/2 Std. über unschwierige Schrofen auf die Naunspitze (1633 m). Zum Petersköpfl (1745 m)
über einen kurzen Steilaufschwung an
den Rand des großen Plateaus und in
2 min. zum Gipfelkreuz.

Abstieg: Am Gipfel Wegweiser nach
Hinterkaiserfelden. Landschaftlich
sehr schön in abwechslungsreichem
Auf und Ab am Plateaurand entlang,
bis der Weg wieder steil hinunter führt
zur lieblich gelegenen Hinterkaiserfel-
denalm. Nun auf einem nahezu ebenen Wanderweg zurück zur Vorderkaiserfeldenhütte.

2. Tag: Zuerst kurz wieder Richtung
Hinterkaiserfelden, aber schon bald
zweigt der Höhenweg zur Hochalm
und zum Stripsenjoch rechts ab. Anfangs durch Wald, dann aussichtsreich

Stripsenjochhaus mit Fleischbank/Predigtstuhl

in fortwährendem Auf und Ab durch die Südflanke der Pyramidenspitze (im Hochsommer wird es in den Latschen schnell heiß). Nach einem etwas längeren Gegenanstieg hinunter zur Hochalm (1403 m). Hier ist etwa die Hälfte der Strecke zum Stripsenjochhaus geschafft. Etwa 100 Hm Aufstieg zum Rücken des Ropanzen, dann abwärts in den Feldalmsattel. Ein letzter Gegenanstieg führt ins Joch zwischen Oberem Häusl- und Stripsenkopf. Von dort nahezu eben zum Stripsenjochhaus, das urplötzlich aus dem Latschengrün auftaucht. Wer Lust auf einen Gipfelabstecher hat, kann im Joch zwischen Oberem Häuslkopf und Stripsenkopf seinen Rucksack stehen lassen und ohne Gepäck zum Stripsenkopf steigen. Der Anstieg

ist steil aber interessant, denn die Erosion hat hier eigenartige Hauptdolomitgebilde geformt. Eine kurze sandige Felsstufe ist mit einem Drahtseil gut gesichert. Über steile Kehren zum Gipfel. Gewaltig ist der Blick in die Nordwände des Wilden Kaisers: Totenkirchl und Fleischbank stehen vermeintlich zum Greifen nah.

Vom Stripsenjochhaus auf gutem Steig hinunter zu einer der beiden Kaisertalhütten: Das Hans-Berger-Haus ist kleiner, gemütlich und hat eine schöne Aussicht nach Westen. Das Anton-Karg-Haus mit der kleinen Hörfarter-Kapelle ist groß, trutzig, ebenfalls gemütlich und liegt in Hinterbärenbad, das gen Westen keine freie Sicht, jedoch einen grandiosen Blick auf die wuchtige Kleine Halt gewährt.

3. Tag: Von Hinterbärenbad dem Ww. folgend zum Bettlersteig. Anfangs schlängelt sich der Weg im schattigen Hochwald am Hang entlang, quert mehrere Gräben und erreicht schließlich eine schöne Lichtung mit der Straßwalchjagdhütte und einem kleinen Brunnen, ein idealer Rastplatz. Noch einmal wird ein tief eingeschnittener Graben ausgegangen, dann geht es in vielen kleinen Kehren steil hinauf zum Plateau des

> **Tipp**
>
> Die Tour kann an jeder Hütte abgebrochen und entsprechend verkürzt werden; Rückweg jeweils durch das Kaisertal. Der 1. und der 3. Tag sind auch lohnende Tagestouren. Der Anstieg zur Vorderkaiserfeldenhütte und zum Petersköpfl kann fast den ganzen Winter über begangen werden.

Steinbergs, das man bei 1356 m Höhe erreicht. Der sandige Boden wurde durch Holzbohlen gut begehbar gemacht, Drahtseile helfen über die steilste Stufe hinweg. Vom Plateaurand über sanfte Almwiesen nach rechts und gemütlich hinüber zum Gamskogel (1449 m). Ein letzter steiler Anstieg führt hinauf zu diesem kleinen Gipfel zwischen Zahmem und Wildem Kaiser.

Abstieg in westlicher Richtung durch lichten Wald bis zum Brentenjoch. Hier mündet der Weg auf eine breite Fahrstraße. Die erste lange Kehre kann auf der Skipiste abgekürzt

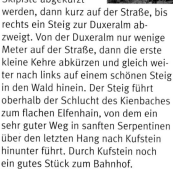

werden, dann kurz auf der Straße, bis rechts ein Steig zur Duxeralm abzweigt. Von der Duxeralm nur wenige Meter auf der Straße, dann die erste kleine Kehre abkürzen und gleich weiter nach links auf einem schönen Steig in den Wald hinein. Der Steig führt oberhalb der Schlucht des Kienbaches zum flachen Elfenhain, von dem ein sehr guter Weg in sanften Serpentinen über den letzten Hang nach Kufstein hinunter führt. Durch Kufstein noch ein gutes Stück zum Bahnhof.

Hütten und Einkehrmöglichkeiten
Vorderkaiserfeldenhütte (1388 m), DAV-Sektion Oberland, ganzjährig bewirtschaftet, Anfang Januar bis Ende Februar geschlossen, Tel. 00 43/(0)53 72/634 82;

Stripsenjochhaus (1580 m), OeAV-Sektion Kufstein, bewirtschaftet Mitte Mai bis Ende Oktober, Tel. 00 43/(0)53 72/625 79 oder 00 43/(0)664/340 80 40;
Hans-Berger-Haus (Kaisertalhaus, 936 m), Touristenverein „Die Naturfreunde", bewirtschaftet Mitte Mai bis Mitte Oktober, Tel. 00 43/(0)53 72/625 75;
Anton-Karg-Haus in Hinterbärenbad (831 m), OeAV-Sektion Kufstein, bewirtschaftet Anfang Mai bis Mitte Oktober, Tel. 00 43/(0)52 86/52 91;
Pfandlhof (783 m), privat, ganzjährig bewirtschaftet, Tel. 00 43/(0)53 72/621 18, Übernachtungsmöglichkeit;
Rietzalm (1161 m), privat, ganzjährig bewirtschaftet, Tel. 00 43/(0)53 72/636 24, Übernachtungsmöglichkeit;
Weinbergerhaus (Brentenjochhaus, 1273 m), ganzjährig bewirtschaftet, Tel. 00 43/(0)53 72/651 48, Übernachtungsmöglichkeit;
Duxeralm (1000 m), privat, ganzjährig bewirtschaftet, keine Übernachtungsmöglichkeit.

Weitere Tourenmöglichkeiten:
Bei Übernachtung im Stripsenjochhaus Aufstieg durch die Steinerne Rinne (im unteren Teil Sicherungen) zur Hinteren Goinger Halt (2192 m)

Karte: AV-Karte 1 : 25 000, Kaisergebirge

Tour 10-6

Scheffauer (2111 m)

Der Scheffauer und der benachbarte Zettenkaiser sind die beiden am weitesten westlich stehenden Felsgipfel des Wilden Kaisers. Während der Zettenkaiser nur mit Kletterei zugänglich ist, kann man den Scheffauer mit seiner plattigen Nordwand von Nord nach Süd auf gesicherten Steigen überschreiten. Eine beliebte Kaiserbergtour!

Ausgangspunkt: Kufstein, Sesselbahn „Kaiserlift" (499 m)
Endpunkt: Hintersteiner See (883 m)
Bahn-/Busverbindung: Ab Kufstein-Bf (Abfahrt von München-Hbf um 7.30 Uhr über Rosenheim) zu Fuß in 20 min. zur Talstation der Sesselbahn „Wilder Kaiser". **Rückfahrt** ab Hintersteiner See um 16.00 Uhr mit dem Seebus nach Scheffau. Von Scheffau-Dorf mit dem Linienbus (nur werktags und samstags) nach Kufstein-Bf. Oder mit dem Ruftaxi vom Hintersteiner See nach Kufstein.
Fahrzeit gesamt: 3 Std.
Kondition: ★★★
↑ 900 Hm, 3 1/2 bis 4 Std., ↓ 900 Hm, 2 1/2 Std.; ↓ zum Hintersteiner See 1230 Hm, 2 1/2 bis 3 Std.
Anforderungen: ★★★
Anspruchsvolle Bergtour, Widauersteig mäßig schwieriger Klettersteig, Trittsicherheit und Schwindelfreiheit erforderlich
Jahreszeit: Juli bis Anfang Oktober

Die Route

Kufstein – Brentenjoch – Kaindlhütte – Scheffauer – Steinerhochalm – Hintersteiner See; oder vom Scheffauer auf der Anstiegsroute zurück
Aufstieg: Von Kufstein mit der Sesselbahn „Kaiserlift" zum Brentenjoch (1204 m). Von dort auf der Straße nach Steinberg zuerst leicht fallend, über den Geißbach und dann direkt über die Almwiesen zur Kaindlhütte (1293 m) beim Almdörfchen Steinberg. Kurz hinter der Hütte, noch ehe man die ersten Almhütten erreicht, zweigt links der Weg zum Scheffauer ab. Über Almwiesen und durch Wald zum „Großen Friedhof", ein Kar, das zu seinem östlichen Ende gequert wird. Hier ist die „Schwachstelle" dieses imposanten Berges: ein System von Rinnen und Bändern leitet 400 m höher in einen Sattel östlich des Gipfels. Durchgehende Sicherungen erleichtern den Anstieg, trotzdem ist Vorsicht angesagt: zum einen wegen der abgeschmierten, geradezu marmorierten Felsen; zum anderen wegen Steinschlag durch Vorausteigende, vor allem in der Ausstiegsschlucht zum Sattel. Auf einem Schrofensteig in 1/4 Std. zum Gipfel. Von dort hat man eine sehr schöne Aussicht in die Zentralalpen, vor allem in die Hohen Tauern zu Großvenediger und Großglockner.

Abstieg: Entweder über den Aufstiegsweg oder über die einfachere Südseite. Vom Sattel über steile, aber unschwierige Schrofen bis zu einem

Scheffauer von Steinberg; der Widauersteig mündet in die Gratscharte links der Bildmitte

Felseinschnitt. Eine glatte Platte ist mit einem Drahtseil gut gesichert. Über einen steilen, teilweise mit Latschen bewachsenen Schrofenhang teils durch Rinnen abwärts, dann über Geröll hinunter in den Wald und zu den Almwiesen der Steinerhochalm. Weiter auf steilem, jedoch einfachen Weg zum Hintersteiner See. Am Nordostufer befindet sich ein großer Parkplatz, dort ist auch die Haltestelle des Seebus und des Ruftaxis.

Hütten

Weinbergerhaus (1273 m), privat, 10 min. von der Bergstation der Sesselbahn „Wilder Kaiser", ganzjährig bewirtschaftet, Tel. 00 43/(0)53 72/651 48;
Kaindlhütte (1293 m), privat, bewirtschaftet Anfang Mai bis Anfang November, Tel. 00 43/(0)664/530 48 82

Wichtige Telefonnummern
Ruftaxi Gatt, Tel. 00 43/(0)53 58/81 12

Karte: AV-Karte 1: 25 000, Kaisergebirge

11. Region Chiemgauer Alpen

Tourengebiete zwischen Inn und Priener Ache, Chiemseeberge

Süd- und südöstlich des Chiemsees erstreckt sich das große Berggebiet der Chiemgauer Alpen. „Voralpen" auch sie, vom Charakter her dem Mangfallgebirge ähnlich, aber wie dieses mit ganz speziellen Eigenheiten. In manchen Regionen der Chiemgauer, wie etwa um ihren Höchsten, dem Sonntagshorn, und in solchen, die sich erstaunlicherweise nahebei erschlossenen Gebieten wie etwa der Hochfellngegend finden, herrscht fast noch Wildnis.

Die Fluren des Chiemgaus sind gleichwohl alpennaher Kulturraum mit bewegter Geschichte. Zeugnis davon geben wiederum die vielen Kirchen und Kapellen ab – denken wir an die kleine gotische Kirche zu Rabenden mit ihrem kunstvollen Flügelaltar oder, mitten in den Bergen, die Streichenkirche. Aber auch die Beispiele von Arbeitskultur, deren Blüte so sehr lange nicht zurückliegt: Das Salz brachte nicht nur Berchtesgaden und Reichenhall Aufschwung und Wirtschaftskraft, sondern auch Traunstein und Rosenheim. Bis dorthin führte einst eine Soleleitung. Eisenerzabbau, Zink- und Bleigruben und die dazugehörigen Hochöfen, Hammerwerke, Meiler – auch dies ist Teil der Chiemgauer Kulturgeschichte. Und nicht zuletzt wirkten die Chiemseemaler wie Haushofer, Wopfner, Sieck, Müller-

Samerberg, die uns heute noch mit ihren Bildern erfreuen.

Seit Jahrzehnten ist die Gegend um den Chiemsee eine der beliebtesten Ferienregionen Deutschlands. Da wird der alpine Ausflug auf Spitzstein, Kampenwand, Geigelstein oder Hochgern zur Pflicht.

Verkehrsverbindungen

In den Chiemgauer Alpen gibt es an Wochenenden oftmals keine Busverbindungen. Diesem Umstand entsprechend wurden mit öffentlichen Verkehrsverbindungen machbare Touren ausgewählt. Eine sehr gute Verbindung schafft Bergsteigern die Chiemgaubahn von Prien am Chiemsee nach Aschau, eine alte, gemütliche Bummelbahn mit einer Fahrzeit von 20 Minuten. Leider kommt man danach ins Priental, also Richtung Sachrang, nur schlecht weiter. Die einzige Möglichkeit, am Wochenende weiter hinein in die Chiemseeberge zu gelangen, ist ein Bus am Samstag-Vormittag, mit dem wenigstens Überschreitungen nach Aschau oder nach Ettenhausen durchgeführt werden können, eventuell mit Übernachtung auf einer der Alpenvereinshütten.

Internet

www.chiemgau.de

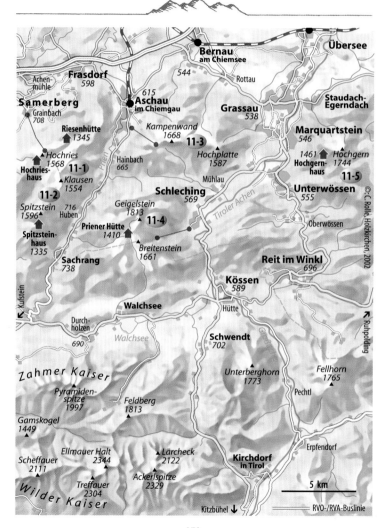

Übersee

Bernau
am Chiemsee

Frasdorf
598

Rottau

544

Achen-
mühle

Samerberg

Grainbach
708

Aschau
im Chiemgau

615

Staudach-
Egerndach

Grassau
538

Riesenhütte
1345

Kampenwand
1668

11-3

Marquartstein
546

Hochries
1568

11-1

Hochplatte
1587

Hochgern-
haus

1461 Hochgern
1744

Hochries-
haus

Hainbach
665

Mühlau

11-5

Klausen
1554

11-2

Schleching
569

Unterwössen
555

Spitzstein
1596

Geigelstein
1813

716
Huben

11-4

Tiroler Achen

Oberwössen

Priener Hütte
1410

Spitzstein-
haus
1335

Breitenstein
1661

Sachrang
738

Reit im Winkl
696

Kössen
589

Walchsee

Hütte

Kufstein

Durch-
holzen

Schwendt
702

Ruhpolding

690

Walchsee

Unterberghorn
1773

Fellhorn
1765

Zahmer Kaiser

Pechtl

Pyramiden-
spitze
1997

Feldberg
1813

Gamskogel
1449

Scheffauer
2111

Ellmauer Halt
2344

Lärcheck
2122

Kirchdorf
in Tirol

Erpfendorf

Ackerlspitze
2329

5 km

Treffauer
2304

Wilder Kaiser

Kitzbühel ↓

RVO-/RVA-Buslinie

©C. Rolfs, Holzkirchen, 2002

Tour 11-1

Klausen (1554 m) und Hochries (1569 m)

Die Klausen-/Hochriesgegend, eine geologisch überaus interessante Region der Chiemgauer Alpen mit ausgeprägten Höhlensystemen, ist ein anmutiges Wandergebiet und hervorragend geeignet für die ganze Familie. Schon aus diesem Grund sollte man die beschriebene Unternehmung als Zwei-Tage-Tour einplanen.

Die Route

1. Tag: Hainbach – Klausenhütte – Klausenberg – Predigtstuhl – Abergalm – Hochries – Riesenalm – Hochries;
2. Tag: Hochries – Riesenhütte – Hofalm – Aschau
1. Tag: Von Hainbach (665 m) kurz der Forststraße folgen (Ww. Klausen), dann auf dem schönen alten Wirtschaftsweg in angenehmer Steigung durch Hochwald aufwärts. Die Forststraße wird mehrmals gequert. Der Anstieg ist schön schattig, bis wir auf 1160 m den Wald verlassen. Hier quert der Weg einen steilen Hang (Hinweis für Winterwanderer:

Hofalm

dieser Bereich ist lawinengefährdet) hinüber zum Schoßbach. Problemlos über diesen und über sanfte Wiesenhänge am Klausenberg entlang hinauf zur Klausenhütte

(1508 m), einem ehemaligen Jagdhaus. Weiter führt der Weg über den felsigen, jedoch leichten Gipfelgrat in ¹/₄ Std. auf den Klausenberg (1554 m) mit seinem kleinen, schmiedeeisernen Kreuz. Über den wieder breiteren Rücken zum Predigtstuhl (1494 m), links hinunter zur Almsiedlung Abergalm und weiter zur Holzerhütte (1283 m). Gut 1 Std. Aufstieg liegen jetzt noch vor uns. Zunächst steil, dann wieder sanfter auf die Hochfläche der Riesenalm. Auf breitem Wanderweg ohne größere Anstrengungen über den Nord-

Ausgangspunkt: Hainbach (665 m)
Endpunkt: Aschau (615 m)
Bahn-/Busverbindung: Ab Prien-Bf (an 9.33 Uhr; Abfahrt von München-Hbf 8.33 Uhr) mit der Chiemgaubahn (Direktanschluss) nach Aschau-Bf (an 9.53 Uhr); von dort 9.59 Uhr mit RVO-Busline 9502 Richtung Sachrang bis Hst Hainbach (einzige Busverbindung am Samstag; sonntags kein Bus). **Rückfahrt** ab Aschau-Bf mit der Chiemgaubahn stündlich nach Prien-Bf, von dort Direktanschluss nach München-Hbf. Die Tour „geht" ab Sommer 2002 auch in umgekehrter Richtung: RVO-Bus 9502 ab Hainbach nach Aschau-Bf 17.19 Uhr (an 17.26). *Siehe auch Tour 11-2!*
Fahrzeit gesamt: 3 Std.
Kondition: ★★★
↑ 1200 Hm mit Gegenanstiegen, 5 bis 6 Std.; ↓ 950 Hm, 2 ¹/₂ bis 3 Std.
Anforderungen: ★
Unschwierige Bergwandertour
Jahreszeit: Juni bis Oktober

ostrücken auf den Hochriesgipfel (1568 m) mit seiner Alpenvereinshütte und umfassenden Aussicht, an klaren Tagen bis in den Bayerischen Wald.

2. Tag: Gemütlicher Abstieg zur Riesenalm und zur urigen Riesenhütte (1346 m). Über die Forststraße geht es weiter zur Hofalm (970 m). Diese ist wie die Klausen ein altes Kleinod: eine noch ursprünglich gebliebene Alm mit einfacher Sommerbewirtschaftung. Kurz vor der Hofalm können wir einen alten Kalkbrennofen bewundern. Auf gutem Wanderweg ist es dann nicht mehr weit hinaus nach Aschau.

Hütten und Einkehrmöglichkeiten

Hochrieshaus (1569 m), DAV-Sektion Rosenheim, ganzjährig bewirtschaftet, Donnerstag Ruhetag, Tel. 0 80 32/82 10;
Riesenhütte (1345 m), DAV-Sektion Oberland, ganzjährig bewirtschaftet, Schließungszeiten im Mai und November, Tel. 0 80 52/29 21;
Klausenhütte (1508 m), privat, ganzjährig bewirtschaftet, im Winter jedoch nur an Wochenenden, Tel. 0171/995 49 52, keine Übernachtungsmöglichkeit;
Hofalm (970 m), einfache Sommerbewirtschaftung;
Frasdorfer Hütte (1000 m), privat, ganzjährig bewirtschaftet, Tel. 0 80 52/51 40

Karte: Topogr. Karte 1 : 50 000, Chiemsee und Umgebung

Unterhalb der Wand des Spitzsteins; Aufstieg Richtung Brandelberg

Tour 11-2

Spitzstein (1596 m) und Klausen (1554 m)

Spitzstein und Klausen, kombiniert zu einer Tour: das ist kein Pappenstiel. Als Tagesunternehmung taugt sie für Ausdauernde. Aber man kann sie auch in Häppchen genießen, zum Beispiel mit Übernachtung im Spitzsteinhaus oder in der Frasdorfer Hütte. Wie es Ihnen gefällt. Deshalb sagen wir auch nicht sturheil „1. Tag, 2. Tag" usw. ...

Ausgangspunkt: Sachrang (738 m)
Endpunkt: Aschau (615 m)
Bahn-/Busverbindung:
Siehe Tour 11-1. Die Tour „geht" ab
Sommer 2002 auch in umgekehrter
Richtung: RVO-Bus 9502 ab Sachrang
Ort 17.13 Uhr (Aschau-Bf an 17.26 Uhr).
Erste mögliche Zugverbindung ab
München-Hbf nach Prien 6.33 Uhr,
dann stündlich
Fahrzeit gesamt: 3 1/4 Std.
Kondition: ★★★
↑ etwa 1200 Hm, ↓ etwa 1300 Hm,
Gesamtgehzeit 8 bis 9 Std. (mit allen
Gipfeln)
Anforderungen: ★★
Bergwandertour, im Bereich des Bran-
delbergs Trittsicherheit angenehm
Jahreszeit: Juni bis Oktober

Die Route

**Sachrang – Mesneralm – Aueralm –
(Spitzsteinhaus – Spitzstein) – Aueralm –
Brandelberg – Zinnenberg – Klausenberg –
Predigtstuhl – Abergalm – Hofalm –
Aschau**

In Sachrang (738 m) an der Kirche vorbei der Bergstraße folgen, bis nach
der großen Linkskehre rechts der Weg
zum Spitzstein über die Mesneralm
abzweigt (man kommt auch geradeaus
über Mitterleiten zum
Spitzsteinhaus). Durch
Wald teilweise steil zur
Mesneralm (1096 m),
dann gemütlicher in sanf-
ter Steigung zur Aueralm.
Dort zweigt der Weiter-

Tipp

Während schneearmer
Winter ist der Spitzstein
von Sachrang über Mitter-
leiten eine schöne Winterwanderung

weg zum Brandelberg ab. (Zum Spitzstein, 1596 m: Ab Aueralm geradeaus
in wenigen Minuten zum Spitzsteinhaus, 1263 m, und über den Südhang
steil in knapp 1 Std. auf den Gipfel mit
Kreuz und kleiner Kapelle. Auf dem
Anstiegsweg zurück zur Aueralm.)
Zum Brandelberg am Waldrand weiter
und an der Spitzsteinwand entlang
durch das ostseitige Spitzsteinkar
queren, bis wir nördlich des Spitzsteins durch Latschen den Grat erreichen. Er wird bald schmal und felsig.
Durch ein enges Felstor auf die Westseite, das Gelände zwingt zu kleineren
Abstiegen. Der Steig umgeht den
Brandelkopf knapp unterhalb seines
Gipfels, kurzer Abstecher zum höchsten Punkt möglich. (Der Brandelkopf
kann nicht überschritten werden, auch
wenn ein deutlicher Pfad dazu einlädt;
ein Felsabbruch macht dies un-
möglich.) Nördlich des Brandelbergs
durch Wald, der an der Hochfläche der
Feichtenalm wieder verlassen wird.
Gemütlich über die ausgedehnte
Hochfläche weiter Richtung Zinnenberg. Der Weg umgeht den Zinnenberg
westseitig. In wenigen Minuten zum
Gipfel (1565 m) und zur Klausenhütte
(1508 m).

Weiter über den felsigen, aber leichten Gipfelgrat in einer
1/4 Std. auf den Klausen-
berg (1554 m). Über den
wieder breiteren Rücken
zum Predigtstuhl
(1494 m) und links hin-
unter zur Almsiedlung

Abergalm. Durch den „Eiskeller" und am Laubenstein vorbei (ein geologisch hochinteressantes Gebiet mit bekannten Höhlen) bis zur Forststraße und zur Hofalm (970 m). Auf gutem Wanderweg hinunter und hinaus nach Aschau.

Varianten

• **Für Zeitlose:** Von der Abergalm zur Holzerhütte absteigen, etwa 100 Höhenmeter Gegenanstieg zur Riesenalm und weiter zur Riesenhütte (Übernachtung). Am nächsten Tag auf die Hochries, Abstieg zurück zur Riesenhütte und über die Hofalm nach Aschau (*siehe Tour 11-1*).

Grenzstein am Brandelberg

Hütten und Einkehrmöglichkeiten

Spitzsteinhaus (1335 m), DAV-Sektion Spitzstein, ganzjährig bewirtschaftet, Anfang November bis 26.12. geschlossen, Tel. 00 43/(0)53 73/83 30; weitere *siehe Tour 11-1*

Karte: Topogr. Karte 1:50 000, Chiemsee und Umgebung

Tour 11-3

Hochplatte (1587 m) und Kampenwand (1668 m)

Eine reizvolle Überschreitung, etwas anspruchsvoll und vor allem ungewöhnlich, wo sich doch die meisten die Kampenwand von Aschau aus zum Ziel nehmen. Dorthin steigen wir ab – nicht ohne der formschönen Hochplatte aufs Haupt gestiegen zu sein und zumindest Hand an die ostseitigen Kampenwandfelsen gelegt zu haben.

Die Route

Mühlau – Hochplatte – Piesenhauser Hochalm – Hochalpenkopf – Kampenwand – Steinlingalm – Aschau

Von Mühlau an der Vogelschau vorbei ins Ramsental. Am Ramsenbach entlang, bis die Straße über den Ramsenbach führt. Abzweigung und Ww. zur Hochplatte. Durch Hochwald steiler Anstieg in vielen Kehren, bis man bei etwa 1400 m auf den direkten Aufstieg von Mühlau trifft (sehr steil unmittelbar über den Südrücken der Hochplatte). Deutlich bequemer auf eine freie Fläche, an der Bergwachthütte (Grassauer Haus) vorbei in einen Sattel und über den Westhang auf die Hochplatte (1587 m). Abstieg auf gleichem Weg in den Sattel. Weiter über den breiten Rücken zur Piesenhauser Hochalm (1400 m). Der Weg verschmälert sich zunehmend zum Steig und wird in der Südflanke von Hochalpenkopf und Kampenwand immer weniger ausge-

Ausgangspunkt: Mühlau bei
Schleching
Endpunkt: Aschau (615 m)
Bahn-/Busverbindung: Von Traun-
stein-Bf (an 7.57 Uhr, Abfahrt von Mün-
chen-Hbf 6.33 Uhr) um 8.30 Uhr mit der
RVO-Buslinie 9509 Richtung Reit im
Winkl bis Hst Abzweigung Mühlau (an
9.31 Uhr) oder Schleching Post. **Rück-
fahrt** ab Aschau-Bf mit der Chiemgau-
bahn stündlich etwa zur vollen Stunde
nach Prien-Bf, von dort Direktanschluss
nach München-Hbf
Fahrzeit gesamt: 4 1/2 Std.
Kondition: ★★★
↑ etwa 1300 Hm, 5 bis 5 1/2 Std.; ↓ 1050
Hm, 2 Std. (mit Hilfe der Kampenwand-
bahn ca. 1 Std. weniger)
Anforderungen: ★★
Bergtour, an der Kampenwand leichte
Kletterei, Trittsicherheit und Schwindel-
freiheit erforderlich
Jahreszeit: Juni bis Oktober

prägt (Trittsicherheit erforderlich).
Unterhalb von dieser teilen sich die
Wege: Ein schwach ausgeprägter Steig
führt ziemlich direkt durch Latschen
und über unschwierige Felsen (Drahtseile) zum Äußeren Ostgipfel der Kampenwand mit dem Chiemgaukreuz.
Der Abstieg (Drahtseile) erfolgt sodann
über die Kaisersäle zur Steinlingalm
(1550 m). Ein deutlicherer Steig umgeht
den Gipfelaufbau ostseitig und führt
nach Norden direkt zur Steinlingalm
hinunter. Auch auf diesem Weg sind
Felspassagen mit Hilfe von Drahtseilen
zu überwinden, allerdings ist er ins-

gesamt einfacher als jener über den
Äußeren Ostgipfel. Spektakulär ist hier
der Durchstieg von der Süd- zur Nordseite durch ein Felsentor mit Tiefblick
zum Chiemsee. Abstieg von der Steinlingalm über die Pisten, vorbei an Gorialm und Schlechtenbergeralm; oder
am Sulten entlang zur Senke zwischen
diesem und der Gedererwand (Roßbo-
den) und westlich über Kohlstatt nach
Aschau zum Bahnhof.

Hütten und Einkehrmöglichkeiten

Piesenhauser Hochalm (1400 m),
einfache Sommerbewirtschaftung
etwa 1. Juni bis 5. Oktober;
Steinlingalm (1550 m), ganzjährig
bewirtschaftet, Montag Ruhetag,
Tel. 0 80 52/29 62, keine Übernachtungsmöglichkeit;
Gorialm (1250 m), ganzjährig bewirtschaftet, im Mai nur an Wochenenden,
November geschlossen;
Schlechtenbergeralm (1280 m),
ganzjährig bewirtschaftet

Karte: Topogr. Karte 1 : 50 000,
Chiemsee und Umgebung

*Am Äußeren Ostgipfel
der Kampenwand*

Tour 11-4

Geigelstein (1813 m)

Geigelstein – der Blumenberg in den Chiemgauer Alpen. Gut, dass sein Kerngebiet unter Naturschutz gestellt wurde. Aber leider gibt immer noch, oder sollte man sagen: immer wieder, private Nutzungsinteressen – aktuell ein Almstraßenprojekt –, die sich den Teufel um alpinen Naturschutz scheren. So etwas dürfte heutzutage einfach nicht mehr passieren.

Ausgangspunkt: Hst Geigelstein Huben (716 m) im Priental
Endpunkt: Ettenhausen (568 m)
Bahn-/Busverbindung: Anfahrt *siehe Tour 11-1.*
Rückfahrt ab Ettenhausen um 17.10 Uhr (einzige Verbindung an Wochenenden) mit RVO-Buslinie 9509 nach Übersee-Bf (an 18.04 Uhr; ab 18.13 Uhr nach München-Ost oder München-Hbf); oder in Marquartstein umsteigen in den RVO-Bus 9505 nach Prien-Bf (an 18.05 Uhr; ab 18.24 Uhr nach München)
Fahrzeit gesamt: 4 Std.
Kondition: ★★
↑ 1100 Hm, 3 1/2 bis 4 Std. (mit Breitenstein ca. 1/2 Std. länger);
↓ 1250 Hm, 2 bis 2 1/2 Std. (bei Liftabfahrt ab Wuhrsteinalm 1 Std. weniger)
Anforderungen: ★
Unschwierige Bergwandertour
Jahreszeit: Mai bis November

Geigelstein-Gipfel

Die Route

Huben – (Priener Hütte) – Geigelstein – (Breitenstein) – Wuhrsteinalm – Ettenhausen
Aufstieg: Von der Hst Geigelstein Huben über eine freie Fläche und in den Wald. Auf breitem Weg etwa 1/4 Std. in südlicher Richtung ansteigen, bis man bei einer Diensthütte auf eine breite Forststraße trifft. Von dieser zweigt man bereits nach ein paar Minuten links auf einen schmalen Steig ab (Ww. „Fußweg zum Geigelstein"). Schattig durch den Wald bis zur Schreckalm. (Wer zur Priener Hütte, 1410 m, möchte, geht hier rechts und quert hinüber zur breiten Fahrstraße.) Kurz nach der Schreckalm betritt man freies Gelände, quert die Ostflanke der Mühlhornwand und wandert über die Oberkaseralm schon recht hoch Richtung Gipfelhang hinüber. Hinauf in den Sattel am Nordrücken des Geigelsteins und in 1/4 Std.

durch steile, felsdurchsetzte Latschengassen zum Gipfel mit Kreuz und kleiner Kapelle. Die Aussicht ist großartig.

Abstieg: In steilen Serpentinen über
die Südabdachung des Geigelsteins in
einen Sattel. (Dort Abzweigung auf
eher dürftigem Steig zum Breitenstein,
1661 m, siehe auch „Varianten".) Ziemlich steil hinunter zur Wirtsalm, dann
auf Forststraßen über die Wuhrsteinalm
nach Ettenhausen. (Die Südabdachung
des Geigelsteins und der Abstieg zur
Wirtsalm sind im Frühsommer mit
Blumen übersät; kurze Zeit später
beginnt bei den Roßalmen, s. u., die
Blütenpracht)

Varianten

• Vom Geigelsteingipfel am Anstiegsweg zurück und vom Nordrücken Richtung Weitlahnerkopf am Wandspitz
vorbei auf die Hochfläche der Roßalmen (im Frühsommer herrliche Flora).
Abstieg über Haidenholz-, Schuster-
bauer- und Blasialm nach Schleching
(Bus ab Schleching Post um 17.12 Uhr);
• Wie oben auf den Breitenstein, südseitiger Abstieg und durchs „Karl" zur
Wuhrsteinalm (reizvoll)

Hütten und Einkehrmöglichkeiten

Priener Hütte (1410 m), DAV-Sektion
Prien, ganzjährig bewirtschaftet,
Tel. 0 80 57/428;
Wuhrsteinalm (1160 m), bewirtschaf-
tet Mai bis Oktober und Weihnachten
bis Ostern, Tel. 0 86 49/218 oder 894;
Roßalmen (1741 m), einfache
Sommerbewirtschaftung

Tour 11-5

Hochgern (1744 m)

Zweifellos zählt der Hochgern zu
den bekanntesten Bergen der
Chiemgauer Alpen. Zusammen mit seinem östlichen Nachbarn, dem seil-
bahnerschlossenen Hochfelln, bildet
er jenen beeindruckenden Hintergrund
und zugleich eine der berühmten An-
sichten in den bayerischen Alpen, wie
man sie von Norden über den Chiemsee hinweg genießt.

Die Route

**Staudach oder Marquartstein – Schnap-
penkapelle – Staudacher Alm – Hochgern –
Hochgernhaus – Agergschwendalm –
Marquartstein**
Aufstieg: Von Staudach (540 m) durch
den Ort bis an den Fuß des Hochgern
und über den steilen Waldrücken in
vielen Kehren zur Schnappenkapelle
(1260 m). Oder von Marquartstein
durch den Ort etwa 100 Höhenmeter
auf der Teerstraße hinauf zum Waldparkplatz. Auf dem breiten Wanderweg in langgezogenen Kehren (weiter,
aber nicht so mühsam wie von Staudach) ebenfalls zur Schnappenkapelle.
Von dort hat man einen sehr schönen
Tiefblick zum Chiemsee. Weiter recht
bequem zur Staudacher Alm, die
am Fuß der steilen Nordflanke in einem
weiten Kessel liegt. Der Weg überlistet
die Steilstufe mit schier zahllosen
kleinen Kehren. In einem großen
Linksbogen erreichen wir die Kamm-

Blick über den Chiemsee zum Hochgern

Ausgangspunkt: Staudach-Egerndach (540 m)
Endpunkt: Marquartstein (546 m)
Bahn-/Busverbindung: Ab Prien-Bf (an 9.33 Uhr; Abfahrt von München-Hbf 8.33 Uhr) um 9.50 Uhr mit RVO-Buslinie 9505 nach Staudach (an 10.15 Uhr) oder Marquartstein (an 10.19 Uhr).
Rückfahrt ab Marquartstein um 17.35 Uhr mit RVO-Bus 9505 nach Prien-Bf (an 18.05 Uhr); von dort um 18.24 Uhr nach München-Ost oder München-Hbf
Fahrzeit gesamt: 3 1/2 Std.
Kondition: ★★
↑ 1200 Hm, 3 1/2 bis 4 Std.;
↓ 1200 Hm, 2 bis 2 1/2 Std.
Anforderungen: ★
Unschwierige Bergwandertour
Jahreszeit: Juni bis Oktober

höhe und treffen auf den Weg vom Hochgernhaus. Gemeinsam geht es weiter über den Kamm zum letzten Aufschwung und in 10 min. zum Gipfel des Hochgern (1744 m). Wie bei vielen Rand-Alpenbergen ist die Aussicht nicht nur nach Süden großartig, sondern auch nach Norden: Zu unseren Füßen der tiefblaue Chiemsee, das „bayerische Meer", der weite Chiemgau, und an klaren Tagen sehen wir sogar bis zu den Bergkämmen des Bayerischen Waldes.

Abstieg: Zurück wählen wir den viel bequemeren Weg über den langgezogenen und aussichtsreichen Gipfelkamm zum Hochgernhaus (1461 m) und folgen dann dem

Wirtschaftsweg zur Agergschwendalm und nach Marquartstein.

Hütten und Einkehrmöglichkeiten

Staudacher Alm (1150 m), bewirtschaftet Anfang Juni bis Ende September;
Hochgernhaus (1461 m), ganzjährig bewirtschaftet, Tel. 0 86 41/619 19;
Agergschwendalm (1040 m), Mai bis Oktober durchgehend bewirtschaftet, sonst bei schönem Wetter, Tel. 0 86 41/84 81

Karte: Topogr. Karte 1 : 50 000, Chiemsee und Umgebung

Tipp
Der Weg von Marquartstein über die Agergschwendalm zu Hochgernhaus und Hochgern ist eine schöne Winterwanderung; bis zur Agergschwendalm auch mit Schlitten möglich.

12. Region Berchtesgaden

Tourengebiete Watzmannstock, Hagengebirge, Göllstock, Untersberg

Neben dem Wettersteingebirge sind es die Berchtesgadener Alpen, die mit ihren eigenwilligen, sagenumwobenen, mächtigen Gebirgsstöcken im Sinn des Wortes die Höhepunkte der Bayerischen Alpen bilden. Der großartige Watzmann ist ihr zweithöchster Berg.

Auch der Hohe Göll mit seiner in Pfeiler und Schluchten gegliederten Westwand ist ein herrlicher Gipfel; und ebenso sagenhaft wie der Watzmann, dazu mit Höhlen durchlöchert wie ein Schweizerkäs', steht der Untersberg als nördlichstes Gebirg' der Berchtesgadener Alpen gegen Salzburg hin.

Berchtesgaden und seine Ortsteile – das sind die trutzigen Häuser, das alte Fresko mit den Affenszenen, die Bergkirchen Maria Gern, Ettenberg und Kunterweg; das ist das Salzbergwerk, der romanische Kreuzgang des ehemaligen Stifts. Die Geschichte der Fürstpropstei geht einher mit jener des Salzes und der darob unausweichlichen Scharmützel insbesondere mit Salzburg und seinem Wolf Dietrich von Raitenau – bis über den letzten Propst Konrad von Schroffenberg hinaus in die Zeit nach der Säkularisation, in der dann die bayerischen Könige das Landl entdeckten. Sie wiederum baten die Künstler um sich: die Maler, die Schreiber, die Musiker. Mit der Eisenbahn kam der Tourismus, kamen endlich auch die Bergsteiger, die sich von famosen Führern wie Grill-Kederbacher oder Punz-Preiss auf unbetretene Gipfel und durch geheimnisvolle Wände lotsen ließen.

Verkehrsverbindungen

Berchtesgaden erreicht man mit der Deutschen Bundesbahn ab München-Hbf oder -Ostbahnhof Richtung Salzburg mit Umsteige-Bf Freilassing. Vor dem Bahnhof in Berchtesgaden befindet sich ein großer Busbahnhof. Alle genannten Buslinien fahren hier ab – mit mehr oder weniger direktem Anschluss an den Zug.

Die günstigste Verbindung dürfte sein: Abfahrt München-Hbf 6.33 Uhr. Abfahrtszeit aller wichtigen Buslinien 9.40 Uhr ab BusBf Berchtesgaden. Rückfahrt von Berchtesgaden-Bf nach München-Hbf: 12.39, 13.47, 14.39, 15.47, 16.31 und 18.39 Uhr. Achtung: Alle angegebenen Fahrzeiten, auch bei den einzelnen Touren, haben nur an Wochenenden Gültigkeit.

Die Fahrzeit nach Berchtesgaden ist sehr lang, einfache Strecke 3 Std. Aus diesem Grund haben wir vier stressfreie Zwei-Tage-Touren mit Übernachtung auf einer Alpenvereinshütte ausgewählt.

Internet

www.berchtesgaden.de

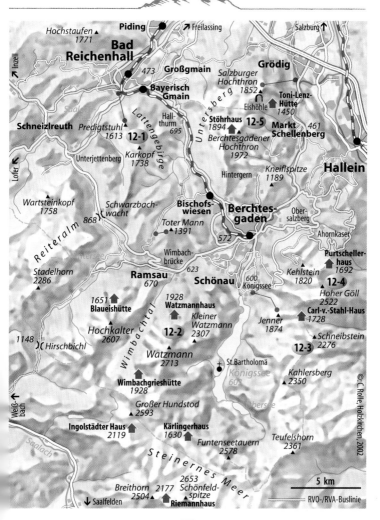

Tour 12-1

Über das Lattengebirge

Wer hat noch nichts gehört von der „Schlafenden Hex'", vom „Bayerischen Löwen", von der „Steinernen Agnes". Das sind Felsgebilde im Lattengebirge, und den Nordteil desselben durchqueren wir bei dieser zauberhaften Tour, die mit einem bergsteigerisch interessanten Aufstieg besticht.

Die Route

Bayerisch Gmain – Alpgartenrinne – Hochschlegel – (Karkopf) – (Dreisesselberg) – Rotofensattel – Hallthurm
Aufstieg: Von Bayerisch Gmain-Bf durch den Ort zum Alpgarten. Den Wappbach überqueren und rechts des Bachs auf schmalem Steig aufwärts bis zu Wegteilung (780 m). Auf dem rechten Weg durch lichten Hochwald rasch höher zum Beginn der Alpgartenrinne. Der Weg verläuft auf einer schmalen, sandigen und felsigen Rippe. An der engsten Stelle ist schon so viel Erdreich abgebrochen, dass man nur noch mit Hilfe von gut gesicherten Stegen weiterkommen kann. Nach dieser abenteuerlichen Einlage leitet der Steig in vielen Kehren durch die steile, grasige Ostflanke auf den Rücken zwischen Predigtstuhl (1613 m)

Steinerne Agnes

und Hochschlegel (1688 m). Dort trifft er auf den breiten Wanderweg, der zum Hochschlegel führt. Weiter über den Rücken südlich in den Sattel zwischen Schreck und Karkopf. (Zum Karkopf, 1738 m, dem höchsten Gipfel des Lattengebirges, ist es ein Abstecher von wenigen Minuten.) Nun zum Sattel vor dem Dreisesselberg (1680 m). Nach rechts führt der Abstiegsweg hinunter in die Südflanke, geradeaus erreicht man in 10 min. den Gipfel.

Abstieg: Vom Sattel nach Süden absteigen, bis der Weg im Wald nach Osten quert. Eben, zuletzt etwas ansteigend, zur „Steinernen Agnes", einem

Ausgangspunkt: Bayerisch Gmain (522 m)
Endpunkt: Hallthurm (695 m)
Bahn-/Busverbindung: Bayerisch Gmain-Bf (von München-Hbf oder -Ost Richtung Berchtesgaden). **Rückfahrt** ab Hst Hallthurm-Bf (kein Zughalt!) um 16.16, 17.30 Uhr (gut 1 Std. Wartezeit auf Zuganschluss), 18.30 Uhr mit RVO-Buslinie 41 nach Bayerisch Gmain oder Bad Reichenhall-Bf; von dort nach München-Ost bzw. -Hbf
Fahrzeit gesamt: 6 1/2 Std.
Kondition: ★★★
↑ 1200 Hm, 4 bis 4 1/2 Std. bis Dreisesselberg
↓ 1200 Hm, 3 Std.
Anforderungen: ★★
Bergtour; der Anstieg durch die Alpgartenrinne erfordert Trittsicherheit und Schwindelfreiheit
Jahreszeit: Juni bis Oktober

freistehenden Gebilde aus Hauptdolomit; der Sage nach eine Sennerin, die zum Schutz vor einem Jäger, der ihr nachstellte, in Stein verwandelt wurde. Weiter zieht sich der Weg ziemlich eben hinüber zu den Rotofentürmen. Aus der Ferne betrachtet sehen diese Felstürme zusammen mit dem Signalkopf aus wie das Profil einer schlafenden Hexe. Der Steig verläuft im Rotofensattel (etwa 1280 m) der Hexe quasi „mitten durchs Gesicht". Über einen sehr steilen Waldhang geht es hinunter nach Hallthurm (695 m). Wer dort den Bus verpassen sollte, kann auf einem parallel zur Bahnlinie verlaufenden Sträßchen nach Bayerisch Gmain zurückgehen.

Varianten

• **Für Genießer:** Eine leichtere Anstiegsmöglichkeit aufs Lattengebirge besteht ab Bad Reichenhall-Bf: Zum Südrand des Ortes und gegenüber der Talstation der Predigtstuhl-Seilbahn über den Waxriesssteig und die Schlegelalm zum Predigtstuhl bzw. Hochschlegel.

Die bequemste „Variante" ist natürlich die Auffahrt mit der Seilbahn.

Hütten und Einkehrmöglichkeiten

Predigtstuhl-Hotel an der Bergstation der Predigtstuhlseilbahn, ganzjährig bewirtschaftet
Haus Schlegelmulde, einfache Bewirtschaftung

Karte: Topogr. Karte 1 : 50 000, Berchtesgadener Alpen

Watzmann-Mittelspitze vom Hocheck

Tour 12-2

Watzmann-Hocheck
(2651 m)

Einmal möchte jede(r) Bergfreund(in) auf den Watzmann! Sein nördlichster Gipfelpunkt, das Hocheck, lässt sich relativ unschwierig ersteigen. Der Übergang zur Mittelspitze fordert hingegen schon etwas mehr Einsatz, und der Weiterweg von dort zur Südspitze mit Abstieg ins Wimbachgries gehört bereits zu den großen Bergtouren.

Die Route

**1. Tag: Wimbachbrücke – Watzmannhaus;
2. Tag: Watzmannhaus – Watzmann-Hocheck – Watzmannhaus – Wimbachbrücke
1. Tag:** Von der Hst Wimbachbrücke (623 m) über den Wimbach und der Forststraße folgen, bis nach etwa 10 min. der Weg zum Watzmannhaus rechts abzweigt. Auf dem breiten Fußweg in weiten Kehren zur Stubenalm und an der Talstation der Materialseilbahn vor-

Ausgangs-/Endpunkt: Ramsau-
Wimbachbrücke (623 m)
Bahn-/Busverbindung: Berchtesgaden-Bf; ab dort mit der RVO-Buslinie
46 Richtung Ramsau bis Hst Wimbachbrücke. **Rückfahrt** ab dort 16.28, 17.29
Uhr (jeweils 1 Std. Wartezeit in Berchtesgaden-Bf) und 18.07 Uhr
Fahrzeit gesamt: 6 1/2 Std.
Kondition: ★★★
1. Tag: ↑ 1300 Hm, 3 1/2 bis 4 Std.;
2. Tag: ↑ 700 Hm, 2 1/2 Std.; ↓ 2000 Hm,
4 bis 4 1/2 Std.
Anforderungen: ★★
Bergtour, Trittsicherheit und Schwindelfreiheit erforderlich
Jahreszeit: Juli bis September

bei zur Mitterkaseralm. Der Weg wird
zum Steig und windet sich in vielen
Kehren zur herrlich gelegenen Falzalm
hinauf. (Superblick zur Westwand des
Kleinen Watzmanns.) Über den steilen
Ostrücken in vielen Kehren zum Watzmannhaus (1928 m) auf dem Falzköpfl.

2. Tag: Vom Watzmannhaus
südwestlich über einen steilen Gras-
und Schrofenhang in Kehren bis unter
die Hocheck-Schulter. Ein Steilaufschwung („Hochstieg") wird mit Hilfe
von Drahtseilen überwunden. Weiter
dem Grat entlang in westlicher Richtung, der Steig verläuft immer knapp
unterhalb der Grathöhe. Über den
flachen Grat zum letzten Aufschwung
und steil über unschwierige Felsen
zum Gipfel des Hochecks (2651 m)
mit seinem Unterstandshüttchen.
Hier begeistern neben der Fernsicht

vor allem die Nah- und Tiefblicke:
Hinüber zur klotzigen Watzmann-Mittelspitze (2713 m), hinunter ins Watz-
mannkar mit den parallel zueinander
stehenden Watzmannkindern.
Abstieg: Auf der Anstiegsroute

Varianten

• **Für Romantiker:** Am Hüttenzustieg
gibt eine interessante Variante, die
etwa 1/2 Std. länger dauert: Vom Parkplatz Wimbachbrücke den Ww. zur
Wimbachgrieshütte und zur Wimbachklamm folgen. Auf dem Sträßchen aufwärts, bis der Weg zur Wimbachklamm
links abzweigt. Zum Bach hinunter
und zum Beginn der Klamm. Auf Holz-
stegen geht es durch die eindrucksvolle
Bachschlucht. Danach überquert man
den Wimbach und steigt zum üblichen
Watzmannhausweg auf.

Hütten und Einkehrmöglichkeiten

Watzmannhaus (1928 m), DAV-Sektion
München, bewirtschaftet Pfingsten bis
Oktober, Tel. 0 86 52/96 42 22;
Mitterkaseralm, einfache Sommer-
bewirtschaftung

Weitere Tourenmöglichkeiten

Überschreitung des Watzmanngrats
über Watzmann-Mittelspitze (2713 m)
und -Südspitze (2712 m) mit Abstieg
ins Wimbachgries und zur Wimbachgrieshütte; von dort zurück nach Wimbachbrücke

Karte: Topogr. Karte 1 : 25 000,
Nationalpark Berchtesgaden

Tour 12-3

Schneibstein (2276 m) und Kleine Reib'n

Die „Kleine Reib'n" ist eine bekannte, nicht allzu schwierige Skitour. Doch sie hat auch im Sommer ihre Reize. Man ahnt die Weite und Einsamkeit des Hagengebirges im Süden, erfreut sich an den prächtigen Ausblicken hinüber zum Göllstock und zum Watzmann, der sogar ein wenig von seiner Ostwand enthüllt.

Die Route

Königssee – Königsbachalm – Carl-von-Stahl-Haus – Schneibstein – Windscharte – Seeleinsee – Priesbergalm – Königsbachalm – Königssee

1. Tag: Von Königssee durch den Parkplatz zur Talstation der Jennerbahn. Über den breiten Steig der „Hochbahn" mit herrlichen Tiefblicken zum Königssee bis zur Vereinigung mit der Straße, die von Vorderbrand herüberkommt. Auf der Straße weiter zur Königsbachalm. Links abzweigen, auf einem schmaleren Sträßchen zum Schneibsteinhaus (1670 m) und in $^1/_4$ Std. auf Steig zum Stahl-Haus (1728 m). (Ganz bequem erreicht man das Stahl-Haus, wenn man mit der Jennerbahn zur Bergstation fährt und auf gutem Steig in ca. $^1/_2$ Std. zum Schutzhaus wandert.)

  2. Tag: Vom Stahlhaus zunächst ziemlich flach an den Schneibstein heran. Auf gutem Steig durch Latschen und über unschwierige Schrofen, zu-

Königssee und Steinernes Meer von der Hochbahn

Ausgangs-/Endpunkt: Königssee (600 m)
Bahn-/Busverbindung: Berchtesgaden-Bf; ab dort mit der RVO-Buslinie 41 nach Königssee. **Rückfahrt** ab Jennerbahn (Busline 41) am besten 16.04, 17.50 und 17.59 Uhr (günstigste Zuganschlüsse)
Fahrzeit gesamt: 6 $^1/_2$ Std.
Kondition: ★★★
1. Tag: ↑ 1300 Hm, 3 $^1/_2$ bis 4 Std.;
2. Tag: ↑ 700 Hm, 2 $^1/_2$ Std.; ↓ 2000 Hm, 4 bis 4 $^1/_2$ Std.
Anforderungen: ★★
Bergtour, Trittsicherheit und Schwindelfreiheit erforderlich
Jahreszeit: Juli bis September

letzt über das Geröll des breiten Nordrückens auf den großen Gipfel (2276 m). Der Schneibstein ist der nördliche Eckpunkt des Hagengebirges, einer riesigen Hochfläche, die nun vor uns liegt und über deren Rand unser Weiterweg führt. Wir wandern gemächlich zur Windscharte hinunter, unterm Windschartenkopf (2211 m) durch und über kurze Steilstufen, dann wieder flache Passagen zum Seeleinsee, einem kleinen, in einem Kessel gelegenen See. Ein kurzer Gegenanstieg und wir stehen an der Weggabelung: Geradeaus geht es weiter Richtung Röth und Steinernes Meer, rechts führt unser Weg steil hinunter zur Priesbergalm. Dann wieder gemächlicher, vorbei an der Branntweinbrennhütte (hier wird Enzian gebrannt und auch ausgeschenkt) zur Königsbachalm und über die „Hochbahn" hinunter nach Königsee.

Variante

• Vom Carl-von-Stahl-Haus auf das Hohe Brett (2340 m) und evtl. weiter auf den Hohen Göll (2522 m); anstrengende Bergtour

Hütten und Einkehrmöglichkeiten

Carl-von-Stahl-Haus (1728 m), OeAV-Sektion Salzburg, ganzjährig bewirtschaftet, Tel. 0 86 52/27 52;
Königsbachalm, einfache Sommerbewirtschaftung

Karte: Topogr. Karte 1 : 25 000, Nationalpark Berchtesgaden

Tour 12-4

Hoher Göll (2522 m)

Der Hohe Göll gehört zu den bekanntesten und begehrtesten Gipfeln in denBerchtesgadener Alpen, sowohl bei Kletterern als auch bei klassischen Bergsteigern. Man kann ihn auf durchaus rassigen Klettersteigen, die altbekannt sind und früher schon häufig begangen wurden, überschreiten. Der Aufstieg bringt uns über den Mannlgrat, der Abstieg führt uns zum Purtschellerhaus.

Ausgangspunkt: Kehlsteinhaus (1820 m)
Endpunkt: Hst Ahornkaser an der Roßfeld-Höhenringstraße
Bahn-/Busverbindung: Ab Berchtesgaden-Bf (von München-Hbf 6.33 Uhr) mit der RVO-Buslinie 49 um 9.50 Uhr zur Hst Kehlstein-Parkplatz (an 10.25 Uhr).
Rückfahrt ab Hst Ahornkaser mit RVO-Buslinie 49 nur 11.18 und 16.00 Uhr (Berchtesgaden-Bf an 11.56 bzw. 16.29 Uhr)
Fahrzeit gesamt: 7 Std.
Kondition: ★★
1. Tag: ↑ 700 Hm, 3 Std., ↓ 850 Hm, 2 Std.;
2. Tag: ↓ 200 Hm, 3/4 Std.
Anforderungen: ★★★
Anspruchsvolle Bergtour mit mäßig schwierigem Klettersteig, Trittsicherheit und Schwindelfreiheit erforderlich
Jahreszeit: Juli bis September

Hoher Göll vom Eckerfirst

Die Route

1. Tag: Kehlsteinhaus – Mannlgrat – Hoher Göll – Purtschellerhaus;
2. Tag: Purtschellerhaus – Ahornkaser

1. Tag: Vom Kehlstein-Busparkplatz über den asphaltierten Panoramaweg in 10 bis 15 min. zu Fuß, oder durch den Tunnel zum Lift und damit ganz bequem zum Kehlsteinhaus. Auf den Touristenrundweg und durch eine Bresche in der Mauer (Hinweistafel) zum Grat und zu den ersten Drahtseilen. Durch zwei abenteuerliche Engpässe, dann in stetem Auf und Ab mit wechselnden Schwierigkeiten mal an der Ost-, dann an der Westseite des Grats bis zur Mannlscharte. Ein senkrechter, enger Kamin, mit Steigklammern bestens gesichert (schwierigste Stelle), leitet auf die Geröllabdachung des Hohen Göll und damit zum viel zu frühen Ende dieses schönen Klettersteigs. Bald kommt von links die Route vom

Purtschellerhaus herauf (Abstiegsweg). Gemeinsam über den breiten, schuttbedeckten und immer flacher werdenden Rücken zum Gipfel. Die Aussicht ist großartig, vor allem zum Steinernen Meer und zum Hochkönig, auf dessen höchstem Punkt man das Matrashaus erkennen kann.

Der Abstieg folgt zunächst dem Aufstiegsweg über den breiten Geröllrücken abwärts, bis der Hinweis zum Purtschellerhaus rechts in die Nordflanke leitet. Es gibt zwei Möglichkeiten: über die gesicherte „Schusterroute" (Eisenstifte, Drahtseile), oder etwas leichter und auch sparsamer gesichert über den „Kamin" (Achtung auf ausgesetzte Altschneefelder im Frühsommer). Wieder gemeinsam, zuletzt auf schönem, schmalen Steig zum Purtschellerhaus (1692 m) am Eckerfirst. Es wartet mit einer Besonderheit auf: Mitten durch die Gaststube verläuft die deutsch-österreichische Grenze.

2. Tag: Vom Purtschellerhaus auf gutem Steig zum Eckersattel und zum Ahornkaser (nicht zur Enzianhütte absteigen, dort keine Bushaltestelle).

Hütten und Einkehrmöglichkeiten

Purtschellerhaus (1692 m), DAV-Sektion Sonneberg, bewirtschaftet Pfingsten bis Mitte Oktober, Tel. 0 86 52/24 20;
Kehlsteinhaus (1820 m), keine Übernachtungsmöglichkeit

Karte: Topogr. Karte 1:25 000, Nationalpark Berchtesgaden

Tour 12-5

Berchtesgadener Hochthron (1972 m)

Der Untersberg, jener sagenhafte „Zauberberg", hat zwei grundverschiedene „Gesichter": westseitig felsendurchsetzte Latschen-Steilhänge, ost- und südseitig graugelbrote Wände mit berühmten Kletterrouten.

Die Route

1. Tag: Marktschellenberg – Toni-Lenz-Hütte (Schellenberger Eishöhlenhütte) – (Schellenberger Eishöhle) – (Salzburger Hochthron);
2. Tag: Toni-Lenz-Hütte – Mittagscharte – Berchtesgadener Hochthron – Stöhrhaus – Bischofswiesen

1. Tag: Vom alten Schellenberger Paßturm führt ein guter Weg durch dichten Hochwald zunächst zur Jagdhütte Mitterkaser. Von dort über freier werdende Hänge landschaftlich sehr schön zur Toni-Lenz-Hütte (Schellenberger Eishöhlenhütte, 1450 m). Der Untersberg ist von einem riesigen Höhlensystem durchzogen, geschätzt werden 200 Höhlen. Die Schellenberger Eishöhle ist in den 1930er Jahren allgemein zugänglich gemacht worden, Höhlenführungen finden immer zur vollen Stunde statt. Der Sage nach sitzt im Untersberg Kaiser Karl der Große oder, je nach Sagenversion, Kaiser Friedrich Barbarossa und wartet auf seine Wiederkunft ... Wer den Nachmittag anstatt im Berg lieber

Ausgangspunkt: Marktschellenberg (461 m)
Endpunkt: Bischofswiesen (614 m)
Bahn-/Busverbindung: Berchtesgaden-Bf; ab dort mit RVO-Buslinie 40 (erster Bus 9.40 Uhr) nach Marktschellenberg, Hst „Eishöhle". **Rückfahrt** ab Bischofswiesen-Bf um 14.47, 16.38 und 18.47 nach München-Ost bzw. -Hbf
Fahrzeit gesamt: 6 Std.
Kondition: ★★
1. Tag: ↑ 1000 Hm, 3 Std. (zum Salzburger Hochthron 1 1/2 Std. mehr);
2. Tag: ↑ etwa 500 Hm, 2 1/2 bis 3 Std., ↓ 1350 Hm, 2 1/2 bis 3 Std.
Anforderungen: ★★
Bergwandertour, am Thomas-Eder-Steig Schwindelfreiheit und Konzentration erforderlich (schon mehrere Unfälle)
Jahreszeit: Juni bis Oktober

hoch droben verbringen will, dem sei der Salzburger Hochthron (1852 m) empfohlen, auch wenn man dann den Thomas-Eder-Steig zur Mittagscharte zweimal aufsteigen muss.

2. Tag: Von der Toni-Lenz-Hütte über den Thomas-Eder-Steig in die Mittagscharte: eine kühne, in den Fels gesprengte Steiganlage mit mehr als 450 Stufen und mehreren Tunnels. Tunnelfenster erlauben fesselnde Tiefblicke. Der Steig ist nicht schwierig, und auch weniger Geübte, vorausgesetzt sie konzentrieren sich auf den Weg, werden ihre Freude daran haben. Von der Mittagscharte (1670 m), der tiefsten Senke am Untersbergstock, nach links (westlich) und zur latschen-

bewachsenen Hochfläche hinauf. Ein guter Weg führt südwärts über das Plateau (bei Nebel achtsam sein!) in stetem Auf und Ab zum Berchtesgadener Hochthron (1972 m). Nicht weit vom Gipfel (¹/₄ Std.) lockt das Stöhrhaus (1894 m) mit diversen Durstlösch-Angeboten und einer vorzüglichen Speckknödelsuppe.

Von der Hütte auf gutem Weg durch Latschen absteigen zu einer ersten Weggabelung. Dort links Richtung Gern, über die erste Kehre des „Leiterl" abwärts und bei neuerlicher Wegverzweigung rechts (der links abzweigende Weg zum Scheibenkaser bleibt unbeachtet) Richtung Almbachwand. Nun folgt der schönste Teil des Abstiegs: Auf dem breiten Stöhrweg geht es nahezu eben und aussichtsreich unterhalb der Almbachwand genau nach

Süden, auf König Watzmann und seine Trabanten zu. Durch Wald hinunter, zuletzt westlich nach Bischofwiesen.

Varianten

• Von und nach Bischofswiesen ist der Berchtesgadener Hochthron eine schöne Tagestour. (Gehzeit etwa 7 Std.)

Hütten und Einkehrmöglichkeiten

Toni-Lenz-Hütte (Schellenberger Eishöhlenhütte, 1450 m), privat, bewirtschaftet Anfang Juni bis Mitte Oktober, Tel. 00 43/(0)664/134 16 90;
Stöhrhaus (1894 m), DAV-Sektion Berchtesgaden, bewirtschaftet Ende Mai bis Mitte Oktober, Tel. 0 86 52/72 33

Karte: Topogr. Karte 1:50 000, Berchtesgadener Alpen

Stöhrhaus, darüber Sonntagshorn, links Kaiser, Reiteralm, Loferer Steinberge

REGISTER
der Tourenausgangs- und -endpunkte